Dario Deloie

Soziale Psychotherapie als Klinische Sozialarbeit

Therapie & Beratung

Dario Deloie

Soziale Psychotherapie als Klinische Sozialarbeit

Traditionslinien – Theoretische Grundlagen – Methoden

Psychosozial-Verlag

Bibliografische Information der Deutschen Nationalbibliothek
Die Deutsche Nationalbibliothek verzeichnet diese Publikation
in der Deutschen Nationalbibliografie; detaillierte bibliografische Daten
sind im Internet über http://dnb.d-nb.de abrufbar.

Originalausgabe
© 2011 Psychosozial-Verlag
Walltorstr. 10, D-35390 Gießen
Fon: 06 41 – 96 99 78 – 18; Fax: 06 41 – 96 99 78 – 19
E-Mail: info@psychosozial-verlag.de
www.psychosozial-verlag.de

Umschlagabbildung: Paul Klee: »Hauptweg und Nebenwege«, 1929.
Umschlaggestaltung & Satz: Hanspeter Ludwig, Wetzlar
www.imaginary-art.net
Druck: Majuskel Medienproduktion GmbH, Wetzlar
www.majuskel.de
Printed in Germany
ISBN 978-3-8379-2126-7

Inhalt

Den Pionierinnen der Sozialen Arbeit, allen therapeutisch tätigen Sozialarbeiterinnen und Sozialarbeitern und den »Hard-to-reach«-Adressaten gewidmet.

Vorwort

»Gesund sein ist schön, wenn man nicht allein sein muß.«

Sigmund Freud
an Martha Bernays, 29. April 1885

Im August 2009 besuchte ich das Sigmund Freud Museum in Wien und stieß auf das obige Zitat von Freud, das auf ein Lesezeichen gedruckt war. Als nettes kleines Präsent, als Bucheinlage, kaufte ich es. Erst später kam ich auf die Idee, dieses Zitat an den Beginn dieser Arbeit zu setzen, da es das auszumachen schien, was als Kerngedanke der Klinischen Sozialarbeit und damit auch einer mit dieser Disziplin verbundenen Sozialen Psychotherapie steht: Gesundheit ist mit dem Sozialen untrennbar verbunden.

Soziale Arbeit[1] und Psychotherapie beschäftigen mich schon seit Beginn meines Berufslebens und waren für mich in meiner Praxis als Sozialarbeiter und Therapeut für Integrative Therapie in der rehabilitativen Arbeit mit psychisch Kranken und in der Suchttherapie integraler Bestandteil. Engelke et al. haben darauf hingewiesen, dass wissenschaftliche Fragestellungen immer auch vor dem psychologischen Hintergrund der Wissenschaftler[2] zu erklären sind (vgl. Engelke et al. 2008, S. 20ff.). Die Auseinandersetzung mit einer Sozialen Psychotherapie ist so vor dem Hintergrund meiner beruflichen Laufbahn zu erklären und prägt damit meinen Blick auf die zentralen Fragestellungen dieser Arbeit. So ist mein Fokus nicht durch ein isoliertes

1 In der Regel wird in dieser Arbeit der Terminus »Soziale Arbeit« verwendet. In denjenigen Kapiteln, die sich mit dem amerikanischen Social Work beschäftigen, wird die übliche Übersetzung »Sozialarbeit« genutzt. Eine Ausnahme bildet zum einen der Begriff »Klinische Sozialarbeit«, zum anderen wird aus Gründen der Vereinfachung vom »Sozialarbeiter« gesprochen, wobei der Terminus für den deutschen Sektor auch die Sozialpädagogen einschließt. Nur wenn explizit Sozialpädagogen gemeint sind, wird diese Berufsbezeichnung aufgeführt.

2 Aus Gründen der Vereinfachung wird in dieser Arbeit die männliche Schreibweise gewählt.

psychologisches Muster zu verstehen; die »Einfärbung meiner Brille« ist auch ein soziales Phänomen. Das Psychologische, also wie ich die Welt sehe, ist darüber hinaus durch meine Erfahrungen im sozialen Raum geprägt, hier durch die Arbeit in sozialpsychiatrischen und suchttherapeutischen Arbeitsfeldern. Soziale Erfahrungen spiegeln sich aber nicht nur im aktuellen Kontext wider, sondern sind auch zeitliche Phänomene, Niederschläge, die das Innere prägen. Das Psychische ist also vom Sozialen nicht zu lösen, beides bildet eine untrennbare Größe. Das Interesse dieser Arbeit ist also vor meinem psychosozialen Hintergrund zu betrachten, d.h., inter- und intrapersonelle Faktoren stehen in einem starken Abhängigkeitsverhältnis. Es ist eine »Person-in-Environment«-Perspektive.

Kürzlich kam ich auf einer Suchttagung mit einem Arzt ins Gespräch, und wir unterhielten uns über die schwierige Personalsituation in Suchtkliniken. Da er meinen beruflichen Hintergrund nicht kannte, sprach er »frei von der Leber« und gab an, dass Sozialarbeiter in der stationären Suchtkrankenhilfe »platt« seien und von Psychologischen Psychotherapeuten zunehmend verdrängt würden. Der Versuch einer Konstituierung einer Klinischen Sozialarbeit zur Rettung der beruflichen Stellung von Sozialarbeitern im therapeutischen Sektor sei seiner Auffassung nach zum Scheitern verurteilt. Suchttherapie war bis vor wenigen Jahren eine Domäne therapeutischer Sozialarbeit, umso mehr traf mich diese »Analyse« in meiner beruflichen »Ehre« und gab mir zusätzlich einen Ansporn für diese Arbeit.

Mein besonderer Dank gilt den vielen Klienten und Patienten, die ich in meiner therapeutisch-sozialarbeiterischen Tätigkeit begleiten durfte. Ohne deren Offenheit hätte ich nicht so viel über ihre psychosozialen Notlagen lernen können. Diese Erfahrungen fließen in die vorliegende Arbeit mit ein. Danken möchte ich auch meinen ehemaligen Kollegen und Kolleginnen einer sozialpsychiatrischen Übergangseinrichtung, die mich in die psychosoziale Arbeit mit psychisch Schwerstkranken einführten und mir den wichtigen »Mix« von »klassischer Sozialarbeit« und Sozialtherapie aufzeigten.

Meinem jetzigen Vorgesetzten, dem ärztlichen Leiter der Suchtabteilung eines psychiatrischen Krankenhauses, möchte ich danken, dass er mir die Freiräume gab, diese Arbeit zu schreiben diese Arbeit zu schreiben, und meinen Kollegen und Kolleginnen der Entwöhnungsstation, die mich in so manchen Stresssituationen ertragen mussten. Ferner möchte ich den Kollegen der Abteilung für Klinische Sozialarbeit Dank sagen. Die gemeinsame Konzeptarbeit regte mich an, mich mit der Thematik Klinische Sozialarbeit auseinanderzusetzen.

Meiner Kollegin aus der ambulanten Suchtarbeit möchte ich für eine jahrelange fruchtbare Zusammenarbeit im ambulanten Suchtsektor danken. Ihre gestalttherapeutische Arbeit und ihr Einbezug des sozialen Raumes haben mich maßgeblich beruflich geprägt.

Mein persönliches Weiterkommen, meine therapeutische Kompetenz und meinen theoretischen Background verdanke ich dem Fritz Perls Institut in Hückeswagen, an dem ich meine psychotherapeutische Weiterbildung absolvierte. Tiefe Dankbarkeit verspüre ich gegenüber meinen Lehrtherapeuten – hier möchte ich insbesondere meinen Lehranalytiker erwähnen, der mit unendlicher Geduld meine Narrative begleitete, und meine Kontrollanalytikerin. Ihre Klarheit war ein Geschenk. Als bereichernd stellte sich die Begegnung mit den vielen anderen Ausbildungskandidaten heraus, von denen mir in der Zwischenzeit einige zu wichtigen Wegbegleitern wurden. Hier sei insbesondere meine Intervisionsgruppe zu nennen.

Mit Blick auf die Fachhochschule Koblenz, an der ich studierte und diese als Master-Thesis konzipierte Arbeit schrieb, danke ich meinen Professoren, Lehrkräften und Mitstudierenden für die Erfahrung, die ich machen konnte, den eigenen Gedanken und Theorien zu trauen und diese wissenschaftlich zu untermauern. Vielen Dank für die vielen Ermutigungen.

Auch meinen Freunden und Verwandten, die ich im Laufe des Studiums sehr vernachlässigt habe, danke ich für ihre Geduld und Unterstützung.

Meiner Ehefrau möchte ich ganz besonders herzlichen Dank sagen für den vielen Beistand und ihr Verständnis. Sie musste manche meiner Krisen während des Schreibens tapfer aushalten.

1 Einleitung – Annäherung an den Begriff der Sozialen Psychotherapie

»Unter den vielen kontroversen Punkten, die in der Diskussion um eine ihren Standpunkt suchende Sozialarbeit aufgeworfen werden, ist die Frage nach Funktion und Modalitäten ihrer therapeutischen Komponente eine der umstrittensten« (Hoffmann 1977, S. 5). Diese von Hoffmann bereits 1977 beschriebene Annahme über die Position einer therapeutischen Sozialarbeit ist nach einer Latenzzeit dieses Themas in den 1980er Jahren und Anfang der 1990er Jahre wieder hoch aktuell, und zwar mit der Auseinandersetzung um das Modell des amerikanischen Clinical Social Work. Wendt hatte 1995 als Vorsitzender der Deutschen Gesellschaft für Soziale Arbeit auf diesen US-amerikanischen Zweig der Sozialarbeit verwiesen, der sich seit dem Ende der 1960er Jahre in den USA durch Sozialarbeiter entwickelte, die ihren Schwerpunkt in der psychosozialen Arbeit und Behandlung sahen (vgl. Gahleitner/Hahn 2008, S. 7). Wendt definiert Klinische Sozialarbeit »als Einsatz professioneller Sozialarbeit in der Behandlung psychosozialer und soziosomatischer Beeinträchtigungen und Störungen sowie in der Teilhabe an der Heilbehandlung von Krankheiten und an der Wiederherstellung von Gesundheit generell« (Wendt 1998, S. 173). Neben Beratung übernimmt er aus dem amerikanischen Vorbild auch den Behandlungsaspekt, wenn auch nicht im engen »medizinischen«, individualisierten Sinne. Das therapeutische Verständnis ist ein zutiefst psychosoziales, d.h., es geht nach Wendt, aber auch bei anderen Vertretern der deutschen Klinischen Sozialarbeit, immer um die Interaktion von inter- und intrapersonellen Dimensionen. Die Implementierung der Klinischen Sozialarbeit in Deutschland, insbesondere die Installierung von speziellen Masterstudiengängen für Klinische Sozialarbeit zunächst an der Fachhochschule in Coburg, löste eine heftige

Debatte um den Sinn einer solchen Spezialisierung aus. Insbesondere die Vertreter des Deutschen Berufsverbandes für Soziale Arbeit e.V. (DBSH) wendeten sich zunächst gegen eine spezialisierte therapeutische Fachsozialarbeit und postulierten, dass die Sozialarbeiter über genügende Fähigkeiten für die psychosoziale Praxis verfügen (vgl. Trost 2001, S. 11). »Von mehr therapeutischer Kompetenz und Zuordnung bzw. Anerkennung als Heilberuf ist die Rede. Benötigen wir dies für unser Ego oder ist es eine fachliche Notwendigkeit [...]? Ich denke letzteres sicher nicht« (ebd.). So die Auffassung von Trost, dem damaligen Vorsitzenden der Bundesfachgruppe Gesundheitswesen im Deutschen Berufsverband für Soziale Arbeit e.V. Fundamentale Kritik von disziplinärer Seite kam von Senftleben: »Die Frage, was Soziale Arbeit mit Gesundheitswesen zu tun hat, ist einfach und klar zu beantworten. Die Antwort lautet: nichts! Im strengen Sinne des Wortes existiert in Deutschland kein Gesundheitswesen« (Senftleben 2001, S. 18). Er kritisiert in scharfer Form das reduktionistische medizinische Denken, das Krankheitsbekämpfung und nicht Gesundheit im Fokus habe:

> »Die Ausrichtung am vermeintlichen Gegensatzpaar ›krank/gesund‹ entspricht zwar der klassischen medizinischen Orientierung, muss aber als völlig unzureichend bzw. sogar als völlig falsch angesehen werden. Eine Medizin, die mit riesigem Ressourcenaufwand Krankheit bekämpft, wird kein wesentliches Mehr an Gesundheit schaffen, da individual-kurative Ansätze in die menschengemachten Entstehungshintergründe von Krankheit überhaupt nicht greifen« (ebd.).

Das Konzept des Clinical Social Work als behandlungsorientierte Sozialarbeit ist für ihn absolut nicht innovativ und stellt eine nicht notwendige Anpassung an das oben skizzierte medizinische Krankheitsmodell dar (vgl. Senftleben 2001, S. 18ff.). Zeitgleich plädierten 17 Professoren der Deutschen Gesellschaft für Soziale Arbeit e.V. (DGSA) für eine Klinische Sozialarbeit als eine spezifische Theorie und Praxis, als ein Teilgebiet der Sozialarbeit (vgl. Deutsche Gesellschaft für Soziale Arbeit e.V. Arbeitskreis Sozialarbeit und Gesundheit 2001, S. 16f.). Zwischenzeitlich hat sich die Fachsozialarbeit für Klinische Sozialarbeit im wissenschaftlichen Bereich und in der Praxis Sozialer Arbeit sukzessive etabliert und die kritischen Stimmen sind »stiller geworden«. Klinische Sozialarbeit wird als werdende Wissenschaft verstanden und zeichnet sich nach Schaub durch drei Dimensionen aus: Systematik-Praxis, Theorien, Methoden-Handlungsfelder (vgl. Schaub 2008, S. 25). Die Zentralstelle für Klinische Sozialarbeit zertifiziert seit 2001 Sozialarbeiter als Fachsozialarbeiter für Klinische Sozialarbeit, nach Nachweis entsprechender Qualifikationen, und kooperiert u.a. mit dem Deutschen Berufsverband für Soziale Arbeit e.V. (vgl. Zentralstelle für Klinische Sozialarbeit). Und dennoch, der Aspekt einer therapeutischen Arbeit in der Klinischen Sozialarbeit wird weiterhin hinterfragt. »So einhellig Beratung als Kernkompetenz akzeptiert ist, so umstritten war und ist Behandlung als Aufgabe der Sozialarbeit, auch wenn Sozialarbeit in Behandlungskontexten tätig ist« (Hahn/Pauls 2008, S. 22).

Dies gilt insbesondere, wenn von Psychotherapie in der Sozialarbeit die Rede ist. Pauls spricht von einem Spannungsverhältnis, das seit der Professionalisierung von Sozialer Arbeit zur Psychotherapie besteht (vgl. Pauls 2004, S. 121). Dass diese kritische Haltung eine überwiegend nationale bzw. eine europäische Sichtweise ist, zeigen die Verhältnisse in den Vereinigten Staaten. Dort gilt die Psychotherapie als ein methodischer Baustein der Klinischen Sozialarbeit. Folgende Definition von Social Work der National Association of Social Workers (NASW) in den USA zeigt dies eindrücklich:

> »Die Praxis der Sozialarbeit besteht in der professionellen Anwendung von Werten, Grundsätzen und Techniken der Sozialarbeit zu einem oder mehreren der folgenden Zwecke: Menschen dabei zu helfen, greifbare Dienstleistungen in Anspruch zu nehmen; Beratung und Psychotherapie für Einzelpersonen, Familien und Gruppen anzubieten; Gemeinden oder Gruppen dabei zu unterstützen, Gesundheits- oder Sozialdienstleistungen anzubieten oder zu verbessern; an Gesetzgebungsprozessen teilzunehmen. Die Praxis der Sozialarbeit erfordert eine Kenntnis der menschlichen Entwicklung und des Verhaltens; eine Kenntnis der sozialen, wirtschaftlichen und kulturellen Einrichtungen; ein Wissen um die Interaktion all dieser Faktoren« (National Association of Social Workers 2009; Übers. i.A. d. Verf.).

Clinical Social Worker und Psychologen in den USA stellen die größte Absolventengruppe in psychotherapeutischen Instituten dar (vgl. Dentler 2005, S. 200), und Sozialarbeiter führen die meisten Psychotherapien im engeren Sinne durch (vgl. Pauls 2004, S. 124). Dieser Aspekt des Clinical Social Work gilt für deutsche Verhältnisse als nicht übertragbar. Die unterschiedlichen Gesellschaftssysteme werden immer angeführt. Amerikanische Verhältnisse seien divergent zu den deutschen, und somit seien die Methoden des Clinical Social Work, insbesondere die der Psychotherapie, nicht eins zu eins kopierbar. Wright weist in diesem Zusammenhang darauf hin, dass die US-amerikanische Society eine unterschiedliche Betrachtungsweise von sozialen Problemlagen, deren Ätiologie und Lösungen hat. Zwei Aspekte seien hier herausgestellt: Die Auslöser und die Kausalität von sozialen Notständen werden im Individuum und/oder im familiären System lokalisiert. Ferner existiert keine verfassungsrechtliche Festschreibung von sozialstaatlichen Versorgungssystemen (vgl. Wright 2008, S. 231f.). Kleve hat die Unterschiede von Sozialarbeit (hier der grundständigen) zur klassischen Psychotherapie folgendermaßen skizziert:

> »Sozialarbeit [unterscheidet sich] methodisch von klassischer Psychotherapie gerade dadurch […], dass sie versucht, psychosoziale Probleme nicht nur zu individualisieren; vielmehr wird in der sozialarbeiterischen Interaktion seit jeher – stärker als in der Psychotherapie – der soziale Kontext markiert, um Probleme aus ihrem sozialen Bedingungsgefüge heraus zu verstehen und sie in ihrem sozial-ökologischen Zusammenhang zu beeinflussen« (Kleve 2007, S. 108f.).

Tatsache ist jedoch, dass in Deutschland – lange vor der Inauguration der Klinischen Sozialarbeit – Psychotherapie durch Sozialarbeiter durchgeführt wurde. Kritisch wurde dies als »Therapeutisierung« der Sozialen Arbeit diskreditiert. Aber wenn von Behandlungskompetenzen in der Klinischen Sozialarbeit gesprochen wird, kommen wir um eine soziale oder sozialarbeiterische Psychotherapie nicht umhin. »Um den Anforderungen der klienten- bzw. patientennahen Praxis (›direct practice‹) gerecht zu werden, brauchen wir eine beratungskompetente und auch mit den Basismethoden psychotherapeutischer Gesprächsführung vertraute Klinische Sozialarbeit« (Hahn/Pauls 2008, S. 32). Mit Sozialer Psychotherapie ist nicht die zu Recht kritisierte individuumszentrierte, klassische Psychotherapie gemeint, sondern eine Psychotherapie, die zwar heilend tätig ist, im Sinne von Strotzka die Symptomminimalisierung und Strukturveränderung der Persönlichkeit im Fokus hat. Als weitere Zielsetzungen kommen hierbei jedoch nach Pauls die soziale Integration und die Veränderung der Umwelt hinzu (vgl. Strotzka 1975, S. 4; Pauls 2004, S. 126). Petzold und Orth sprechen in diesem Zusammenhang von vier Aspekten der (Psycho-)Therapie, der kurativen, der gesundheitsfördernden, der persönlichkeitsentwickelnden und der kultur- und gesellschaftskritischen Dimension, die dem hier vertretenen Verständnis von Sozialer Psychotherapie nahe kommen (vgl. Petzold/Orth 1999, S. 9). Diese Soziale Psychotherapie ist gerade für Klienten bzw. Patienten mit Multiproblemsituationen, wie z.B. für Suchtkranke, deshalb erfolgversprechender, da sie die sozialen Lebensbedingungen als eine auf innerpsychische Probleme fixierte Psychotherapie systematisch integriert.

Die World Health Organisation (WHO) zeigt seit Jahrzehnten die Zusammenhänge von biologischen, psychischen und sozialen Faktoren für die seelische Gesundheit auf und macht auf die Notwendigkeit aufmerksam, die soziale Dimension in der Behandlung mehr zu integrieren (vgl. WHO, Regionalbüro für Europa 2004; WHO 2001; Gahleitner/Hahn 2008, S. 10). Für die Psychotherapie in Deutschland ist dieser Umstand auch seit Inkrafttreten des Psychotherapeutengesetzes (PsychThG) absolut nicht erfüllt (vgl. Bundesministerium für Justiz b). Die psychotherapeutische Versorgung obliegt den Psychologischen Psychotherapeuten und den Ärzten mit der Facharztausbildung in psychotherapeutischer Medizin. Sozialarbeiter wurden aus der Erwachsenenpsychotherapie ausgeschlossen. Dieser berufspolitisch begründete Ausschluss ist nach Auffassung von Pauls sachlich nicht zu vertreten (vgl. Pauls 2004, S. 121ff.). Aber dieser Ausschluss ist letztlich, neben machtpolitischen Interessen der Ärzte und der Psychologen, auch das Resultat einer in sich zerstrittenen Sozialarbeit-Community. Einerseits negiert sie kategorisch die therapeutischen Aspekte der Sozialen Arbeit, und andererseits wendet sie sich blind den klassischen Psychotherapiemethoden zu, ohne sozialarbeitswissenschaftliche Fundierung.

In dieser Arbeit gehe ich von der These aus, dass Soziale Arbeit bereits seit dem Beginn ihrer Professionalisierung einen (psycho-)therapeutischen Ansatz – weit vor der sogenannten »Therapeutisierung« der 1970/1980er Jahre – entwickelt hatte und durch viele Fachkollegen in unterschiedlichen ambulanten und stationären Arbeitsfeldern ausgeübt wird. Der (psycho-)therapeutische Aspekt Sozialer Arbeit wird, wie dargestellt, in der neueren Diskussion um eine Klinische Sozialarbeit kontrovers diskutiert und von den Kritikern als mangelnde sozialarbeiterische Professionalisierung verstanden bzw. vor dem Hintergrund mangelnder beruflicher Identität bewertet. Der Behandlungsaspekt, insbesondere der psychotherapeutische, wird der Sozialen Arbeit als nicht zugehörig angesehen. Auch die Befürworter einer Fachsozialarbeit für Klinische Sozialarbeit halten sich beim Thema Psychotherapie merkwürdig zurück und führen professionstheoretische Einwände gegen die Psychotherapie in der Sozialen Arbeit auf. Hier wird die Auffassung vertreten, dass psychotherapeutisches Handeln in der Sozialen Arbeit und Psychotherapie durch Sozialarbeiter wichtige Funktionen für die Adressaten der Sozialen Arbeit und für die Professionalisierung erfüllen.

Es soll der Versuch unternommen werden, die (psycho-)therapeutischen

Traditionslinien Sozialer Arbeit aufzuzeigen und die aktuelle Theoriedebatte um eine Klinische Sozialarbeit nachzuzeichnen, die als Basiskonzept einer sozialen Psychotherapie verstanden wird. Es wird ein Konzept von Sozialer Psychotherapie vertreten, das die individuumszentrierte Vorgehensweise einer Psychologischen Psychotherapie überschreitet, indem es den sozialen Kontext als einen ätiologischen Faktor bei der Entstehung von psychosozialen Störungen bewertet und das soziale Umfeld auch als Ressource betrachtet. Soziale Psychotherapie löst sich von der reinen Defizitorientierung und integriert salutogenetische und gesundheitsfördernde Betrachtungsweisen. Soziale Psychotherapie versteht sich bewusst als Verfahren, das sich bemüht, auch Klienten bzw. Patienten mit Multiproblemlagen zu versorgen, und sich von der exklusionsfördernden, »mittelschichtorientierten« klassischen Psychotherapie distanziert. Soziale Psychotherapie auf Basis von Sozialer Arbeit strebt die Minimierung gesundheitlicher Ungleichheit an. Die Betrachtung Sozialer Psychotherapie erfolgt in dieser Arbeit auf drei unterschiedlichen Ebenen:

- Reflexionsaspekt: Psychotherapeutische Modelle mit den ihnen innewohnenden Menschenbildern sind hilfreich, um Klienten in ihrer psychischen Entwicklung und im aktuellen Status zu verstehen, ohne direkte Anwendung psychotherapeutischer Methoden.
- Methodischer Aspekt: Soziale Psychotherapie, verstanden als systematisierte Ausdrucksform menschlicher Interaktion und Kommunikation, ist im methodischen Sinne in vielen Bereichen der Sozialen Arbeit notwendig.[3] Beispielsweise ist der Ansatz der Klientenzentrierten Psychotherapie nützlich, um einen vertrauensvollen Zugang zu den Adressaten zu finden. Hilfreich ist beispielsweise auch die psychotherapeutische Methode der motivierenden Gesprächsführung in der Sucht- oder ggf. in der Schuldenberatung.
- Funktionaler Aspekt: Soziale Psychotherapie übernimmt heilkundliche Tätigkeit. Diese Soziale Psychotherapie im engeren Sinne erfolgt durch Klinische Sozialarbeit als eine unter mehreren Funktionen wie Beratung oder anwaltliche Aufgaben. Ferner bildet die Klinische Sozialarbeit die berufliche Grundlage einer weiterführenden psychotherapeutischen Qualifikation, in der Soziale Psychotherapeuten diese Tätigkeit exklusiv durchführen.

---

3 Die Differenzierung in einen methodischen und funktionalen Aspekt der Psychotherapie wurde von Hey (2000, S. 168) beschrieben.

Teil I

Historischer Kontext Sozialer Psychotherapie

2 Traditionslinien (psycho-) therapeutischer Sozialarbeit

Von der Social Diagnosis zur Fachsozialarbeit Klinische Sozialarbeit

»Die Soziale Arbeit ist traditionell eine ›behandelnde‹ Profession. Jane Addams, Mary Richmond, Alice Salomon haben in selbstverständlicher Weise sozialarbeiterisches Vorgehen in Bezug auf die Gesundheit der Menschen beschrieben und methodisch-theoretisch fundiert« (Pauls 2004, S. 197).

2.1 Historie des amerikanischen Casework als Methode der (psycho-)therapeutischen Sozialarbeit

2.1.1 Richmond: Social Diagnosis und Social Therapy

Die moderne Sozialarbeit ist in ihrer klinischen Ausprägung ohne die Arbeiten von Richmond zum Casework nicht zu verstehen. Das (Social) Casework (Soziale Einzelfallhilfe oder Soziale Einzelhilfe) mit den Elementen der Sozialen Diagnostik und Sozialen Therapie wurzelt in ihren Arbeiten. Zentral ist die psychosoziale Betrachtungsweise, also die Verschränkung von individuellen und Umweltfaktoren, die als »Person-in-Environment«-Perspektive bezeichnet wird. »Soziale Einzelfallhilfe bezeichnet die Prozesse, die zur Persönlichkeitsbildung beitragen, indem sie bei jedem Einzelnen die bewusste Anpassung des Menschen an seine soziale Umwelt fördern« (Richmond 1922, S. 98, Übers. i. A. d. Verf.).

Diese Perspektive wurde später im Begriff des »psychosozialen Menschen« von Turner (1979) aufgriffen. Ohne auf Richmond Bezug zu nehmen, gibt es auch eine Similarität zur Betrachtungsweise H. G. Petzolds, des Gründers der Integrativen Therapie. In seiner anthropologischen Grundformel wird der Mensch immer im Kontext und Kontinuum betrachtet (vgl. Petzold 1993b, S. 56ff.). Die Bedeutsamkeit der Richmond'schen »Person-in-der-Situation«-Perspektive für die damalige, aber auch heutige Soziale Arbeit wird durch sie folgendermaßen formuliert:

»Die Sozialarbeiter der Vereinigten Staaten stellen eine große Berufsgruppe dar. Die Mehrheit von ihnen arbeitet als Soziale Einzelfallhelfer – eine Arbeit, deren unmittelbares Ziel individuelle Verbesserungen für die Einzelpersonen oder die Familien sind, im Unterschied zu einer Besserstellung in der Masse. Besserstellung in der Masse und individuelle Verbesserungen sind jedoch genauso ineinander verflochten wie Sozialreformen und Soziale Einzelfallhilfe Hand in Hand gehen« (Richmond 1917, S. 25; Übers. i. A. d. Verf.).

Richmond veröffentlichte 1917 das Lehrbuch *Social Diagnosis*, mit dem sie die Intention verfolgte, die Methodik des Social Work wissenschaftlich zu lehren. Ihre wissenschaftlichen Erkenntnisse basierten auf empirischen Daten, mit denen sie Praxisfälle von Fürsorgern systematisch analysierte, auswertete und eine Theorie des Casework entwickelte. In ihrer wissenschaftlichen Arbeit nahm sie Bezug auf psychologische und medizinische Konzepte. Dies zeigt sich deutlich in der Verwendung der Begrifflichkeiten »Diagnose« und »Therapie« (vgl. Galuske 2009, S. 75). »Die SozialarbeiterIn als ›soziale Ärztin‹ versucht in einem Prozess von Anamnese, Diagnose und Therapie, ›soziale Erkrankungen‹ von Individuen zu heilen« (ebd.). Dieser Einfluss entstand vermutlich aus den Kontakten mit zwei namhaften Ärzten der John-Hopkins-Universität in Baltimore, die als Berater für ihre Tätigkeit als Generalsekretärin der Charity Organization Society fungierten, ferner aus zahlreichen Hospitationen von Medizinstudenten in ihrer Wohltätigkeitsorganisation. Spätere Theoretiker der Einzelfallhilfe griffen diese aus der Medizin entliehenen Metaphern auf und entwickelten diese Methode für das Social Work weiter. Des Weiteren spielten schon in den »Gründerjahren« der modernen Sozialarbeit berufspolitische Motivationen eine Rolle. Die damals in Kliniken tätigen Social Worker versuchten sich durch Annäherungen an die hoch angesehene medizinische Disziplin vom Pflegepersonal abzugrenzen. Richmond war aber auch durch die Chicagoer Schule und das »Settlement Movement« beeinflusst und deren soziologischen Erkenntnissen, dass Umgebungsfaktoren von besonderer Bedeutung bei der Entstehung von sozialen Problemlagen seien und ihrer Veränderung eine zentrale Bedeutung in der Sozialen Arbeit zukomme (vgl. Müller 2006, S. 22ff.). Die psychosoziale Perspektive, der

»doppelte Fokus [bedeutet], menschliches Verhalten nicht losgelöst von den individuellen und sozialen Lebensverhältnissen zu begreifen. Das theoretische Konzept und die methodische Strategie dieser anspruchsvollen Person-in-

> Environment-Anforderung impliziert, den Klienten und seine soziale Situation als wechselseitige Beziehung zu erfassen sowie auch die helfende Person in ihrem Einfluss auf dieses und in diesem System zu reflektieren« (Geißler-Piltz et al. 2005, S. 133).

Die Soziale Einzelfallhilfe, die von Richmond inauguriert wurde und in den USA zunehmend an Bedeutung gewann, wurde von Brair und Miller 1971 zu sechs Aspekten subsumiert:

- Soziogenese: Die Ätiologie humaner Fehlanpassung liegt in der sozioökonomischen Umwelt begründet.
- Psycho-/Somatogenese: Die biologisch-genetischen und kognitiven Anlagen prägen den Stil des individuellen Umgangs mit den äußeren Faktoren.
- Menschenbild/Ethik: Menschen besitzen Würde und einen intrinsischen Wert. Daraus leitet sich das Recht auf Hilfe ab.
- Psychosoziale Diagnose: eine für das Casework funktionale und effektive Diagnostik, die einer präzisen Exploration von Daten der inter- und intrapersonellen Faktoren bedarf. Dabei werden der aktuelle Kontext und das lebensgeschichtliche Kontinuum fokussiert.
- Therapeutische Beziehung: Die Exploration bedarf einer Intersubjektivität der Beziehung zwischen Klient und Sozialarbeiter.
- Behandlungsplan: erfolgt auf Basis der psychosozialen Diagnose. Der Behandlungsverlauf ist ebenfalls maßgeblich von der Qualität der Klient-Therapeuten-Relation abhängig (vgl. Briar/Miller 1971, S. 8f.).

Das frühe Casework zeichnete sich, wie oben bereits aufgeführt, durch ein disziplinäres Denken aus, das in den Vereinigten Staaten einen Boom für dieses Verfahren der Sozialarbeit auslöste.

> »Die frühe Hinwendung zu wissenschaftlichem Denken verstärkte sich schnell: Einmal durch die allmähliche Bürokratisierung der Gesellschaften für Wohltätigkeitsorganisationen, zum anderen, weil die neuen bezahlten Mitarbeiter nach berufsständischer Anerkennung strebten. Durch ihre Bemühungen, Status zu erlangen, waren sie gezwungen, wissenschaftlich-methodische Grundlagen für ihre Arbeit zu schaffen und dies wieder traf sich mit dem Bedürfnis der Organisationen, wissenschaftlich-rationell zu arbeiten« (Germain 1982, S. 25).

Damit war der Übergang von der Laientätigkeit zur professionellen therapeutischen Sozialarbeit geschaffen, die sich in den USA einer starken Wissenschaftlichkeit verpflichtet fühlte.

Richmond-Ansatz: Bedeutsamkeit für die Soziale Psychotherapie

- Professionalisierung der helfenden therapeutischen Tätigkeit
- Ethik in der therapeutischen Beziehung
- Wissenschaftlich fundierte Methodik des Casework
- Psychosoziale Perspektive (»Person-in-Environment«/Soziogenese-Psychogenese)
- Einfluss der Bezugswissenschaften: Medizin, Psychologie und Soziologie
- Therapeutische Beziehung als essenzielle Variable für den Behandlungserfolg (Diagnostik/Intervention)

2.1.2 »Diagnostic School«: Casework und Psychoanalyse

Das von Richmond entwickelte Casework wurde in den Vereinigten Staaten bei allen Unterschieden zwischen den Schulen bis zum Zweiten Weltkrieg die dominierende Methode in der Sozialarbeit, obwohl es weitere Ansätze wie Gruppen- und Gemeinwesenarbeit gab. Es setzte jedoch ein zunehmender Einfluss von therapeutischen Sichtweisen ein, insbesondere der Psychoanalyse, der bis in die 1960er Jahre anhielt (vgl. Geißler-Piltz et al. 2005, S. 135). Diese »Therapeutisierung« des Social Work in den USA ist vor dem Hintergrund mehrerer Entwicklungen zu bewerten:

- Veränderte Klientel. Zu den traditionellen Adressaten der Sozialarbeit, die insbesondere von Armut betroffen waren, kamen Menschen mit psychischen Problemen hinzu, dies aufgrund der zunehmenden Modernisierung der Gesellschaft. Ferner musste sich die Sozialarbeit auch mit den enormen psychosozialen Problemen von traumatisierten Kriegsrückkehrern aus dem Ersten Weltkrieg auseinandersetzen (vgl. Hoffmann 1977, S. 8).
- 1909 unternahmen Freud und seine »Schüler« Jung und Ferenczi eine Vortragsreise in den USA. Die psychoanalytischen Ideen wurden ab den 1920er Jahren dann von amerikanischen Sozialarbeitern aufgrund

der veränderten Problemlagen aufgegriffen (vgl. Geißler-Piltz et al. 2005, S. 136).

- Durch die Emigration von jüdischen Psychoanalytikern verstärkte sich in den USA in den 1930er Jahren der Einfluss der Psychoanalyse auf das Social Work. Deren akademische Abschlüsse wurden in den USA nicht anerkannt, sodass sie sich in der Sozialarbeit engagierten. In deren praktischer Arbeit flossen die tiefenpsychologischen Erkenntnisse mit ein. Viele nahmen auch Lehrtätigkeiten in den Fortbildungsinstituten für Sozialarbeit auf und trugen somit zur Ausbreitung der Psychoanalytischen Sozialarbeit bei (vgl. ebd.; Hahn/Pauls 2008, S. 23f.).

Die Interaktion von Psychoanalyse und Sozialarbeit in der »Gründerzeit« des Social Work in den USA ist eng mit dem Begriff der »Diagnostic School« verbunden.

> »In den 1920er Jahren erfreute sich der psychoanalytische Denkansatz bei den Sozialen Einzelfallhelfern großer Beliebtheit. Dabei wird besonderer Wert auf eine Diagnose basierend auf der Vorgeschichte des Klienten gelegt und die Behandlung beruht auf der Offenlegung und Verarbeitung früher Kindheitstraumata. Ausgangsbasis dafür waren Freud'sche Vorstellungen unter anderem über das Unbewusste […], über Widerstand und psychischen Determinismus. Diese Ideen wurden letztendlich als diagnostische Schule oder als Denkansatz Freuds bezeichnet. […] Anhänger der diagnostischen Schule sprachen dem Individuum nicht gänzlich die Fähigkeit ab, ihre Umwelt ändern zu können, aber sie sahen psychische Krankheiten als Ergebnis der Unfähigkeit eines Individuums an, mit innerem und äußerem Druck fertig zu werden« (Dorfman 1996, S. 7f.; Übers. i. A. d. Verf.).

Problemlagen der Adressaten werden als Interaktion zwischen emotionalen und Umweltkräften, ganz in der Tradition von Richmond, bewertet (vgl. Geißler-Piltz et al. 2005, S. 138). »Zentraler Punkt einer jeden Diskussion ist das Verständnis dafür, dass Probleme sowohl individueller als auch sozialer Natur sind, dass ein Fall immer einen Komplex aus inneren und äußeren Faktoren darstellt« (Hamilton 1948, S. 25; Übers. i. A. d. Verf.). Diese Aussage stammt von der als »most influential spokesperson« der »Diagnostic School« geltenden Hamilton. Mit ihrem Standardwerk *Theory and Practice of Social Case Work* prägte sie über 20 Jahre lang die Einzelfallhilfe in den USA. Sie verschriftlichte eine Philosophie und die in ihr liegenden Werte einer modernen Fürsorge (vgl. Dorfman 1996, S. 8f.).

»Sie definierte die berufliche Beziehung, die Verwendung von Ressourcen der Gemeinden und das Zusammenwirken von Gemeinderessourcen, Problemdiagnose und Sozialer Einzelfallhilfe. Hamilton führte die Idee ein, dass der Sozialarbeiter nicht nur die Gefühle des Klienten verstehen muss, sondern den Klienten auch aktiv in die Veränderungen einbinden muss« (Dorfman 1996, S. 9; Übers. i. A. d. Verf.).

»Diagnostic School«: Bedeutsamkeit für die Soziale Psychotherapie

- Integration eines psychodynamischen Menschenbildes und Krankheitsverständnisses (psychoanalytischer Ansatz); im Blickpunkt stehen nicht die sozioökonomischen Determinanten, sondern die Anpassungsleistungen an die Umweltbedingungen (vgl. Hoffmann 1977, S. 9)
- Entwicklung in der Lebensspanne, Schwerpunkt Entwicklungspsychologie der Kindheit
- Psychosoziale Problemlagen und ihre Abhängigkeit vom Unbewussten
- Weiterentwicklung der psychosozialen Perspektive Richmonds
- Beachtung der Patienten- und Klientenwiderstände, »der Angst vor Veränderung«
- Relevanz einer detaillierten psychosozialen Diagnostik; die Exploration der adäquaten bzw. inadäquaten Copingstrategien steht im Fokus der Diagnostik (ebd., S. 9)
- Der Klient als aktiver Partner im therapeutischen Prozess
- Psychotherapie des »kleinen Mannes« (vgl. Bäuerle 1976) bzw. Abkehr von der Mittelschichtorientierung psychotherapeutischer Verfahren; nach Ohlmeier (1984, S. 812ff.) ist die Soziale Arbeit ein psychoanalytischer Ansatz, der ins Soziale ausgeweitet wird

2.1.3 Casework als Psychosocial Therapy

Die Psychosoziale Therapie – Galuske (2009, S. 80) spricht vom »Psychosozialen Ansatz« – als ein Verfahren des Casework gilt als Fortentwicklung der »Diagnostic School« und geht auf Hollis zurück. Der klassische

Ansatz der »Diagnostic School« war ganz im Sinne ihrer psychoanalytischen Grundausrichtung auf die Erhebung der lebensgeschichtlichen Daten fokussiert. Hollis maß der Anamnese zwar auch eine wichtige Relevanz bei, aber nicht in dem Umfang der klassischen »Diagnostic School« nach Hamilton. Dies betraf insbesondere die infantile Entwicklung von Klienten. Dennoch ist sie ein wesentliches Element der psychosozialen Therapie (vgl. Galuske 2009, S. 80f.).

> »Wir sind der Meinung, daß die Erfassung oder die Fallstudie große Bedeutung hat. Sie ist deshalb so wichtig, weil sie eine realistische Grundlage für die Differenzierung liefert, für eine Individualisierung, die durch umfangreiche Kenntnisse über den Komplex der Individual-Situation ermöglich wird. Diese wiederum gehört in den Zusammenhang unseres allgemeinen Wissens über das Individuum, seine Situation und das Zusammenspiel von beidem« (Hollis 1982, S. 63).

Hollis postuliert eine psychosoziale, prozessuale Diagnostik, die sich von der medizinisch-psychologischen Kategorisierung von Krankheiten anhand von Symptomen distanziert (vgl. ebd., S. 63f.).

> »Wir bemühen uns, aus dem vorhandenen Material, das wir vor dem Hintergrund dessen betrachten, was wir über menschliches Verhalten und soziale Gegebenheiten wissen, zu erfahren, welche Schwierigkeiten der Klient hat, was zu ihnen beiträgt, wo Änderungen herbeigeführt werden können, die seine Probleme entschärfen oder lösen, und welche Schritte der Sozialarbeiter unternehmen kann, um dieses Ziel zu erreichen« (ebd., S. 64).

Hollis prägte den Begriff »Person-in-Situation« und präzisierte den doppelten Fokus von Richmond und Hamilton. Sie schuf »ein psychosoziales Verständnis der Mehrdimensionalität menschlicher Entwicklung« (Geißler-Piltz et al. 2005, S. 138). Nach Auffassung von Geißler-Piltz et al. ist dieser Blickwinkel für die sich ab den 1960er Jahren entwickelnde Klinische Sozialarbeit von herausragender Signifikanz, da er die Interaktion von innerpsychischen und äußeren Faktoren in einen systemischen Kontext stellt (vgl. ebd.; Woods/Hollis 2000, S. 39ff.).

> »Der psychosoziale Standpunkt ist heute im wesentlichen ein system-theoretischer Ansatz in der Sozialen Einzelhilfe. Das Hauptsystem, auf das Diagnose und Behandlung abgestellt sind, ist das Person-in-ihrer-Situation-Gefüge oder

einfacher: der Mensch in seiner spezifischen Situation. Das heißt und muß auch so verstanden werden, daß der Mensch, dem geholfen oder der behandelt werden soll, im Zusammenhang mit seinen Interaktionen oder Transaktionen mit der Umwelt gesehen werden und daß der Ausschnitt aus dieser äußeren Welt, in dem er sich in enger gegenseitiger Beeinflussung befindet, ebenfalls begriffen werden muß« (Hollis 1982, S. 48).

»Direct Practice« – in dieser Tradition von Hollis beschränkt man sich nicht auf die Behandlung von Individuen, sondern es können ganz im Sinne familientherapeutischer Verfahren auch ganze Familie als Klienten betrachtet werden. Veränderungen in einem Teil eines Systems, z. B. in einem Familienteil, haben immer auch Auswirkungen auf andere Systemteile und somit auf das ganze System (vgl. ebd.). Die Behandlungsformen richten sich entsprechend der diagnostischen Erhebung aus und streben Veränderungen der Individuen, der sozialen oder zwischenmenschlichen Umwelt oder auf beiden Ebenen an, fokussieren ferner auf die Modifikation der Austauschprozesse zwischen der Person und ihrer sozioökologischen Umwelt. Bei der therapeutischen Arbeit mit dem Einzelnen, der »Direct Practice«, soll ein Bewusstsein des Klienten für sich und sein Umfeld ermöglich werden. Zentral in der psychosozialen Therapie nach Hollis ist die therapeutische Beziehung zum Sozialarbeiter, die auf eine akzeptierende Haltung des Sozialarbeiters gegründet ist. In diesem vertrauensvollen therapeutischen »Klima« kann der Klient Vertrauen zum Therapeuten, zu seinem Umfeld und zu sich selbst schaffen und damit Adaptionsleistungen aufbauen. Hollis betont die Relevanz der Expression von Emotionen im therapeutischen Kontrakt, die erst die geschilderten Veränderungen evozieren (vgl. ebd., S. 49). Die Interventionen, die auf das Individuum ausgerichtet sind, stehen in der psychoanalytischen Tradition, erweitert durch das systemtheoretische Paradigma. Aber auch die Einflussnahme einer humanistisch-psychologischen Sichtweise kann aus den Schriften von Hollis entnommen werden. »Wir gehen davon aus, daß Veränderungen und Wachstum der Persönlichkeit durch die Behandlung in der Sozialen Einzelhilfe ermöglicht werden und daß die durch die Behandlung erzielten Veränderungen in der Umgebung des Klienten eine sinnvolle Anpassung erleichtern« (ebd., S. 49f.).

Folgende generelle Prinzipien sind in der psychosozialen Therapie von besonderer Bedeutung:

- Der sozialarbeiterische Therapeut muss seinen Klienten Akzeptanz, Achtung, »Wärme« entgegenbringen und sich um ihn bemühen und kümmern.

- Im Fokus der therapeutischen Beziehung steht der Klient mit seinen Bedürfnissen.
- Der sozialarbeiterische Therapeut tritt dem Klienten mit einer wissenschaftlichen Objektivität gegenüber. Subjektive Einstellungen des Therapeuten sind bei der Diagnostik und Intervention auszuschalten.
- Der sozialarbeiterische Therapeut hat vorbehaltlos die Selbstbestimmung des Klienten zu respektieren und unterstützt ihn beim Ausbau dieser.
- Temporär kann es zum Schutz des Klienten und um ihn vor Schaden zu bewahren notwendig werden, dessen Selbstbestimmung einzugrenzen (vgl. ebd., S. 50).

Die Entwicklung der psychosozialen Therapie ist vor dem Hintergrund von Debatten innerhalb der Sozialarbeiterschaft und mit anderen Berufsvereinigungen in den Vereinigten Staaten zu betrachten. In den 1950er Jahren entstand eine lebhafte Diskussion um den Standpunkt des Casework. Einigen galt es als klinische Komponente der Sozialarbeit, andere sahen in ihm eine psychotherapeutische Methode. Mit ihrer Publikation zur psychosozialen Therapie verdeutliche Hollis, dass die Fähigkeiten und das Wissen der Sozialarbeiter eine Rolle in der Transdisziplin Psychotherapie spielen. Mit ihrem psychosozialen Ansatz, den sie klar und in einer umfassenden Form als theoretische Grundlage für die Praxis ausarbeitete, versuchte sie sich jedoch mit der psychologischen, aber auch der soziologischen Perspektive von der Psychotherapie im engeren Sinne abzugrenzen und schlug somit eine Brücke zwischen beiden Positionen. Um die 1960er Jahre entstand jedoch ein neuer Graben in der Sozialarbeiter-Community, der nach Turner zu einer inneren Zerreißprobe wurde. Es standen auf der einen Seite die Caseworker, die einen therapeutischen Ansatz vertraten, auf der anderen Seite Sozialarbeiter, die die Notwendigkeit von gesellschaftlichen Veränderungen postulierten.

> »Soziale Einzelfallhilfe, so lautete die Devise, sei eine Art Trostpflaster, das nicht mehr gebraucht werde. Man könnte sogar sagen, dass es schädlich für die Gesellschaft sei, besonders wenn Individuen und Familien dazu ermuntert würden, den Status quo zu akzeptieren, anstatt sie zu motivieren ihre soziale Realität zu verändern. Man befürchtete, dass Psychotherapie dazu führen könnte, dass das Interesse an der Bekämpfung der wahren Ursachen für die sozialen Missstände nachlassen könnte, weil man Menschen mit oberflächlicher Stressbekämpfung half und dadurch nicht mehr nach Ursachen und Lösungen für solches Leid gesucht würde« (Turner 1978, S. 3; Übers. i. A. d. Verf.).

Der psychosoziale Ansatz stellte ebenfalls den Versuch dar, den konträren Positionen eine theoretische Plattform des Handelns zu geben, indem er die Veränderungen des Individuums und der Gesellschaft im Blickfeld hatte (vgl. ebd., S. 3ff.). Bei aller Integration der gesellschaftlichen Perspektive ist dieses Modell des Casework als ein psychotherapeutisches Verfahren in weiterem Sinne zu verstehen. Dies zeigt auch die folgende Definition von Turner:

> »Diese Form psychotherapeutischer Praxis, in der das biologische, psychologische und soziale Wissen um menschliches und soziales Verhalten, Fähigkeiten im Umgang mit Einzelpersonen, Familien, Gruppen und Gemeinschaften und Kompetenzen bei der Beschaffung vorhandener Ressourcen kombiniert sind in einem Umfeld von Einzel-, Gruppen- und Familienbeziehungen, die der Person helfen ihre Persönlichkeit, ihr Verhalten oder ihre Situation dahingehend zu verändern, dass ein befriedigendes, erfülltes menschliches Funktionieren innerhalb ihrer eigenen Werte und Ziele und der verfügbaren gesellschaftlichen Ressourcen möglich ist« (ebd., S. 5; Übers. i. A. d. Verf.).

Psychosocial Therapy: Bedeutsamkeit für die Soziale Psychotherapie

- Erweiterung der psychosozialen Perspektive von Hamilton und Richmond
- Integration von Bezugswissenschaften wie der Psychoanalyse
- Systemtheoretische Rezeption
- Einfluss von Human-psychologischen Ansätzen
- Casework als psychotherapeutisches und sozialtherapeutisches Verfahren
- Therapie als integraler Bestandteil sozialarbeiterischer Praxis

2.1.4 »Functional School«: Casework und die Relevanz von Wachstum

Als zweite große »Schule« des Casework in den USA entwickelte sich in den 1930er Jahren die »Functional School«, die an der Universität von Pennsylvania maßgeblich von Taft und Robinson vorangebracht wurde. Beeinflusst wurden sie durch die Arbeiten des Psychoanalytikers Rank und die

Ideen von Mead, Dewey, Lewin und Thomas (vgl. Geißler-Piltz et al. 2005, S. 137). Die Befürworter dieser Richtung des Casework kritisierten die mechanistisch-deterministische Auffassung des Menschen durch die Rezeption der freudianischen Psychoanalyse innerhalb der »Diagnostic School« (vgl. Smalley 1982, S. 94f.). Es zeigte sich hier der prägende Einfluss von Rank, der eine Aversion gegenüber dem mechanistischen Determinismus hegte, der charakteristisch für die Wissenschaften im neunzehnten Jahrhundert war, und somit insgesamt einer Theorie der Behandlung gegenüber kritisch eingestellt war. In Konklusion darauf gründete er eine »Philosophie« des Helfens (vgl. Germain 1982, S. 30). Drei Themen hatten Taft innerhalb der Rank'schen Philosophie beeindruckt, die er durch die Psychoanalyse selbst erfahren hatte: die Bedeutsamkeit des Widerstandes und des Willens des Klienten, außerdem die Tatsache, dass der Klient die Hilfe in seiner eigenen Form annehmen wird, und ferner die zentrale Stellung der helfenden Beziehung als Katalysator der Veränderung und des Wachstums (vgl. Furman 2008, S. 200f.). Hier zeigt sich eine inhaltliche Nähe zur Humanistischen Psychologie, als deren Vorläufer Rank gilt (vgl. Goddemeier 2009).[4] Die »Functional School« konnte sich nach Auffassung von Geißler-Piltz et al. (2005, S. 138) gegenüber der stark psychoanalytischen Richtung des Casework nicht durchsetzen und hatte auch einen nicht so starken Einfluss auf das Clinical Social Work. Mir scheinen jedoch die Paradigmen, die mit der »Functional School« verbunden werden, der Wachstumsgedanke sowie die Abkehr vom mechanistischen Weltbild, für die deutsche Klinische Sozialarbeit von großer Bedeutung. Denn es geht meiner Auffassung nach bei der Behandlung von Klienten nicht allein um Heilung und Besserung (kurativer Aspekt), sondern auch um den Ausbau der Potenziale, der Entwicklung von Adressaten (evolutativer Aspekt). In der »Functional School« zeigen sich eine ressourcenorientierte Arbeit und erste Ansätze des Empowerment.

> »Sie formulieren ein humanistisches Menschenbild, das den Klienten mit freiem Willen und Verantwortung für sein Tun im Hier und Jetzt ausgestattet sieht. Diese Ausrichtung des Case Work verzichtete explizit auf die Exploration der Vergangenheit bzw. sah diese nur dann indiziert, wenn sie den laufenden Hilfeprozess unterstützen konnte. [...] Da die Methode von der Annahme ausgeht, dass Menschen in einer helfenden Beziehung, die als Widerspieglung

4 Rank und Taft (Pennsylvania School of Social Work) hatten beispielsweise einen wesentlichen Einfluss auf das Gedankengut Rogers (vgl. Heekerens/Ohling 2005, S. 282).

des Alltags begriffen wurde, sich verändern und ›wachsen‹ können, ist der Fokus auf diese Interaktion gerichtet« (Geißler-Piltz et al. 2005, S. 137).

Im helfenden Prozess, der durch wechselseitigen Respekt und eine Atmosphäre des kooperativen Lernens gekennzeichnet ist, hat der Adressat die Möglichkeit, sein Dasein zu erfahren, zu reflektieren und interne und externe Ressourcen zu entdecken und zur Entfaltung zu bringen (vgl. ebd.). Diese Aspekte wurden von der dominierenden »Diagnostic School« ab Mitte des vergangenen Jahrhunderts sukzessive adaptiert. Die in späteren Jahren vielfach kritisierte »Therapeutisierung« der Sozialen Arbeit in der Bundesrepublik, die mit einer wahllosen Übernahme von psychotherapeutischen Konzepten assoziiert wird, zeigt in vielen Punkten eine inhaltliche Nähe zur »Functional School«, zumindest im Menschenbild. Sozialarbeiter in der Bundesrepublik wählten in der überwiegenden Mehrzahl therapeutische Verfahren aus dem Bereich der Humanistischen Psychologie wie Gestalttherapie, Psychodrama, Klientenzentrierte Psychotherapie. Meiner Auffassung nach ist dafür die hohe Kompatibilität der Grundannahmen der Humanistischen Psychologie und der Sozialen Arbeit verantwortlich. Die Adaption dieser Verfahren erfolgte aber in einer eklektizistischen Form, ohne eine wissenschaftliche »Rückkopplung« an die Soziale Arbeit, und dies ist aus disziplinärer und professionstheoretischer Sicht nicht akzeptabel.

Ein Schwerpunkt des funktionalen Ansatzes war die Ausrichtung auf soziale Einrichtungen. Der Kontext der Institutionen und deren Ausrichtung beeinflussten die Zielrichtung, die inhaltlichen Themen, den Zeitrahmen und die qualitative Ausprägung der helfenden, therapeutischen Gespräche. Unter dem Druck der Weltwirtschaftkrise Ende der 1920er und Anfang der 1930er Jahre mussten sich die sozialen Einrichtungen in den USA zunehmend rechtfertigen, sodass die Hilfsmaßnahmen des Casework der »Functional School« zeitlich limitiert und erste Qualitätssicherungsmaßnahmen durch die Methode der Supervision eingeführt wurden (vgl. ebd., S. 137f.).

Smalley, die die Methode des funktionalen Casework weiterentwickelte, definiert das Casework folgendermaßen: »Durch die Methode der Sozialen Einzelhilfe wird ein Klient veranlaßt, sich über einen Beziehungsprozeß, im wesentlichen mit einer Person, zu seinem eigenen und dem allgemeinen sozialen Wohl einer sozialen Hilfe zu bedienen« (Smalley 1982, S. 93).

R. Furman hat die fünf Grundsätze des funktionalen Ansatzes nach Smalley zusammengefasst:

»1. Das Assessment (Diagnose) muss in Verbindung mit der Inanspruchnahme von Leistungen erfolgen;

2. die Behandlung muss bewusst Zeitmanagement und Behandlungsphasen als therapeutische Mittel einsetzen;

3. die behördliche Funktion muss als Richtschnur für den Betreuungsprozess dienen;

4. die Struktur der Behörde muss als Richtschnur für die Helferbeziehung zwischen Sozialarbeiter und Klient dienen; und

5. der Helferbeziehung zwischen Sozialarbeiter und Klient kommt entscheidende Bedeutung zu. Dabei werden die Entscheidungsfähigkeit und die Rechte des Klienten respektiert« (Furman 2008, S. 204; Übers. i. A. d. Verf.).

»Functional School«: Bedeutsamkeit für die Soziale Psychotherapie

- Ressourcenorientierung
- Empowermentstrategien
- Humanistisches Menschenbild: Verantwortung und freier Wille des Klienten (vgl. Geißler-Piltz et al. 2005, S. 137)
- Kritik an der Pathogenese, Öffnung in Richtung Salutogenese (vgl. Furman 2008, S. 201); von der Psychologie der Pathologie hin zur Sozialarbeit der humanen Potenziale
- Relevanz der Gegenwart
- Beachtung des Settings; Potenziale und Grenzen der sozialen Einrichtungen
- Kurzzeitinterventionen
- Evaluierung der Hilfeprozesse

2.1.5 Problem-Solving Approach: Problemlösung in der therapeutischen Sozialarbeit

Der Problem-Solving Approach geht auf die Arbeiten von Perlman zurück und synthetisiert die beiden großen Schulen des Casework, die »Diagnostic School« und die »Functional School«.

»Basierend auf neuen Entwicklungen in der Ich-Psychologie sowie in der Lerntheorie, stellte Perlman […] ein Modell für die Praxis der Sozialarbeit vor, das

> sowohl funktionelle als auch diagnostische Konzepte beinhaltete. Änderungen im ursprünglichen Konzept Freuds von der Rolle und Funktion des Ich im menschlichen Verhalten hatten eine Annäherung an Ranks Willenspsychologie zur Folge. Die Ich-Psychologie erkennt kognitiven Prozessen größere Bedeutung bei der Anpassung des Menschen zu und lieferte so Perlman theoretische Argumente für eine aktivere Rolle des Klienten beim Behandlungsprozess, eine Rolle, die die Stärken des Klienten erkennt und darauf aufbaut, anstatt sich auf die Korrektur seiner Schwäche zu konzentrieren« (Dore 2008, S. 173; Übers. i.A. d. Verf.).

Die grundsätzliche Annahme des problemlösenden Ansatzes ist, »dass das Leben ein problemlösender Prozess ist, d.h. im Leben eines Menschen tauchen immer wieder Probleme auf« (Galuske 2009, S. 82). Der Hilfebedarf eines Individuums steht im direkten Zusammenhang mit seinen Problemlösefähigkeiten und Ressourcen zur Problembewältigung (vgl. ebd.). Perlman (1982, S. 149) differenziert diese Aspekte wie folgt: Hat der Mensch die Motivation sich mit seinen Problemen adäquat auseinanderzusetzen? Hat er die Fähigkeit, sich dem zu stellen? Hat er die Möglichkeit, Ressourcen nutzbar zu machen und entsprechende Wege zu finden?

Die Lösung jeglicher Art von Problemen ist zentral für die Soziale Arbeit und Psychotherapie. Der Problemhilfeprozess, der von großem Interesse für eine in der Tradition der Klinischen Sozialarbeit stehende Soziale Psychotherapie ist, wurde von Perlmann wie folgt beschrieben:

> »1. […] [D]er problemlösende Prozeß soll hemmende Ängste und Befürchtungen verringern und Unterstützung und Sicherheit gewähren, so daß störende Ego-Abwehrmechanismen abgebaut, die Hoffnung auf Befriedigung erhöht und damit Ego-Energie für die zu bewältigende Aufgabe freigesetzt wird.
>
> 2. […] Der problemlösende Prozeß will die Funktionsfähigkeit des Ego in bezug auf Wahrnehmung, Gefühl, Erkenntnis, Verstehen, Wahl, Urteil, Auslese und Handlung wecken und stärken, soweit sie zur Bewältigung des betreffenden Problems erforderlich ist.
>
> 3. […] Der problemlösende Prozeß will diejenigen Möglichkeiten der Umwelt erschließen, die wesentliche Vorbedingungen und Hilfen für befriedigendes und angemessenes Rollenverhalten sind« (ebd., S. 149f.).

Geißler-Piltz et al. (2005, S. 139) sehen bei Perlman die folgenden beiden Aspekte im Vordergrund der professionellen Problemlösung: den Prozess der Behandlung einerseits und die therapeutische Beziehung andererseits. Ein weiterer Faktor erscheint mir von Bedeutung und wird als dritter Punkt benannt: das soziale Umfeld des Klienten (vgl. Perlman 1982, S. 152). Perlman beschreibt den Prozess der Problemlösung als keinen rein rationalen Akt, der nach einer logischen Struktur verläuft.

> »Die Problemlösung besteht nicht aus einer Folge von strategischen Schritten, mit deren Hilfe ein Anwalt oder ein Vermittler eine Schwierigkeit logisch und abstrakt einer Lösung zuführt. […] Der problemlösende Prozeß in der Einzelhilfe ist zunächst und vor allem ein Prozeß, das heißt, eine Reihe sich vorwärts bewegender Vorgänge zwischen handelnden Kräften« (ebd., S. 145f.).

Diese im Prozess wirkenden Kräfte sind die des Sozialarbeiters, die des Klienten und die des Umfeldes. Ganz im Sinne der Ich-Psychologie definiert Perlman sie als Antriebs-, Gefühls-, Wahrnehmungs-, Erkenntnis- und als Anpassungskräfte des Menschen, mit anderen Worten tragen die Ich-Funktionen in der Regel zur Lösung von Problemen bei (vgl. ebd., S. 146). »Wir denken und lernen, fühlen und reagieren, passen uns an und finden uns zurecht – all dies ist Ausdruck und Geschehen der Prozesse, durch die das Ego üblicherweise seine Probleme löst« (ebd., S. 147). Problemlöseprozesse werden nicht nur durch die eigenen Ich-Funktionen »gesteuert«, sondern stehen im Einfluss des »bedeutsamen Anderen«, wie dies Perlman formuliert. Der Mensch lebt in einem Netzwerk von Beziehungen, und Letztgenanntes bzw. die Interaktion zwischen dem Individuum und seinem sozialen Umfeld kann sich positiv oder negativ auswirken. Der therapeutische Sozialarbeiter hat dieses Umfeld in seiner Hilfestellung zu beachten und soll auch versuchen, dieses Soziale Netzwerk gegebenenfalls zu beeinflussen (ebd., S. 152). Darüber hinaus ist er im Rahmen des Problemlöseprozesses ein Teil der sozialen Umwelt des Klienten. Die Sozialarbeiter sollen im Rahmen der Einzelhilfe ihren Klienten authentisches Interesse, Fürsorge, Verständnis, soziale Autorisation und Können entgegenbringen, denn diese Attribute, Fähigkeiten und Haltungen wirken sich helfend und heilend aus, nach Perlman unabhängig von der Ausrichtung des Casework. Sie spricht von der therapeutischen Beziehung als der einflussreichsten Möglichkeit, um Prozesse zu beeinflussen (vgl. ebd., S. 166ff.). Die Bedeutsamkeit der therapeutischen Beziehung, die Perlman der effektiven Therapie beimaß, wurde seit Mitte der 1990er Jahre durch die Psychotherapieforschung, insbesondere durch die Arbeiten von Grawe (2005a, S. 311), Orlinsky (2009) u. a. wissenschaftlich bestätigt. Die folgende Aussage von Perlman zeigt eindrücklich, dass ihr Ansatz der Einzelhilfe ein zutiefst therapeutischer ist:

»Der wichtigste Aspekt der problemlösenden Methode, auf den sie ihren Anspruch auf Gültigkeit gründet, ist jedoch die Tatsache, daß sie die Ego-Fähigkeiten des Klienten so einspannt, daß sie freier und kräftiger werden. Bei der bewußten Anwendung der problemlösenden Arbeitsweise lernt der Klient, seine Fähigkeiten des Erkennens, des Handelns und des Entscheidens zu gebrauchen. Er wird sich der Möglichkeiten bewußt, seine Impulse zu beherrschen und Herr seiner Entschlüsse zu sein, anstatt Opfer seiner vorher unbewußten Triebe. Wenn er entsprechendes Verhalten lernt und sich zu eigen macht (letzteres hängt wesentlich von der Befriedigung ab, die ihm die Beziehung vermittelt), hat er das Rüstzeug zur selbständigen Bewältigung von Problemen seines täglichen Lebens gewonnen« (Perlman 1982, S. 169).

Problem-Solving Approach: Bedeutsamkeit für die Soziale Psychotherapie

- Synthese ichpsychologischer und lerntheoretischer Erkenntnisse
- Fokus auf Problemlösung als kognitivem und emotionalem Prozess
- Stärkung der Ich-Funktionen und Interventionen im sozialen Umfeld
- Relevanz der therapeutischen Perspektive

2.1.6 Socio-Behavioral Approach: Verhaltenstherapeutischer Ansatz des Casework

Als vierte theoretische Hauptrichtung des Casework gilt der Socio-Behavioral Approach (vgl. Roberts/Nee 1982, S. 13). Perlman hatte, wie im vorangegangenen Kapitel beschrieben, in ihrem problemlösenden Ansatz erste lerntheoretische Konzepte adaptiert, aber erst Ende der 1960er Jahre setzte sich die Sozialarbeit zunehmend intensiver mit den Methoden der Verhaltensmodifikation auseinander (vgl. Bronson/Thyer 2001). Es war Thomas, der 1967 sein Buch *The Socio-Behavioral Approach and Applications to Social Work* veröffentlichte und diesen Ansatz für die Sozialarbeit zugänglich machte. Die Attraktivität dieses Therapiekonzeptes liegt für die Sozialarbeit nach Thomas darin, dass es immer um Verhaltensänderung bei Klienten oder ihren Bezugspersonen geht.

> »Der Sozialarbeiter beschäftigt sich ständig intensiv mit dem Verändern von Verhaltensweisen. Vieles von dem, was der Sozialarbeiter in der Einzelhilfe unter der Bezeichnung ›Behandlung‹ oder ›Intervention‹ tut, dient dem Zweck, einen bestimmten Aspekt im Verhalten eines Klienten oder anderer Menschen, mit denen dieser zu tun hat, zu ändern oder zu festigen« (Thomas 1982, S. 199).

Thomas differenziert fünf unterschiedliche »Schulen« in der Verhaltenstherapie: die Operanten, die Reaktiven, die Personalisten, die spezialisierten Techniker und die Eklektiker. Bei den Eklektikern unterscheidet er drei Subtypen: den verhaltensändernden Eklektiker, den Eklektiker des breiten Spektrums und den sozio-verhaltensändernden Eklektiker.[5] Der sozio-verhaltensändernde, eklektizistische Ansatz orientiert sich in seinen verhaltentherapeutischen Methoden an theoretischen Grundlagen der Sozialpsychologie, der Verhaltensmodifikation, an anderen unterschiedlichen Bereichen der Verhaltenswissenschaften und der Praxis und ist nach Auffassung von Thomas die adäquate Form sozialarbeiterischer Unterstützungsleistung, denn sie integriert Komponenten der direkten Hilfe und wird den wissenschaftlichen Kriterien der wichtigsten Behavioral and Social Sciences gerecht (vgl. ebd., S. 206f.). Der Socio-Behavioral Approach setzte sich in den 1970er Jahren zunehmend durch. Eine 1978 durchgeführte Befragung unter Sozialarbeitern in den USA ergab diesbezüglich, dass ein Drittel dieser Berufsgruppe die soziale Lerntheorie, die die Grundlage des genannten Ansatzes bildete, als theoretische Orientierung ihrer Arbeit verwendete (vgl. Bronson/Thyer 2001). In dieser Zeit wurden auch Leitlinien für die Verwendung von verhaltenstherapeutischen Methoden für die sozialarbeiterische Praxis entwickelt. Sie fanden Anwendung u.a. in der Ehe- und Familienberatung und -therapie sowie in der Behandlung von psychischen Störungen (vgl. Gambrill et al. 1971). Wie die vorher dargestellten Konzepte des Casework ist der Socio-Behavioral Approach auf eine psychosoziale Dimension ausgerichtet. Er bietet ein methodisches »Rüstzeug« zur Behandlung von Individuen und Familien, beachtet aber auch die »Person-in-Environment«-Perspektive (vgl. Bronson/Thyer 2001). Seit längerer Zeit hat sich in der Verhaltenstherapie durch die Einbeziehung von inneren Erlebnisinhalten eine Veränderung vollzogen, die als Kognitive Wende be-

5 Aktuell müsste ein sechster Typus hinzugefügt werden, der als »der Kognitive« bezeichnet werden könnte.

schrieben wurde und heute als »Kognitive Verhaltenstherapie« bezeichnet wird. Gambrill wies 1995 darauf hin, dass sich die therapeutischen Sozialarbeiter zunehmend an dieser verhaltenstherapeutischen Richtung orientierten, sich aber dadurch der Fokus von dem Verhalten des Menschen entfernt habe (vgl. Gambrill 1995).

> »Manche Sozialarbeiter haben sich dem kognitiven Ansatz verschrieben und den Verhaltensansatz außer Acht gelassen. Manche Handhabungen grenzen an Kognitivismus (alleiniges Interesse gilt dem Gedanken als Anstoß für Verhalten, dem praktizierten Verhalten der Menschen in realen Situationen kommt wenig oder keine Bedeutung zu und Ergebnisse von wahrnehmbaren Veränderungen in der realen Umgebung werden nicht evaluiert)« (Bronson/Thyer 2001; Übers. i. A. d. Verf.).

Socio-Beavioral Approach: Bedeutsamkeit für die Soziale Psychotherapie

- Im Fokus steht das Verhalten und dessen Modifizierung unter der »Person-in- Environment«-Perspektive
- Strukturierte Interventionen
- Bedeutsamkeit des Modell-Lernens, des Lernens durch Konsequenzen
- Bedeutsamkeit von Stimuli
- Bedeutsamkeit von Verhalten und innerem Erleben (Kognitionen)

2.1.7 Geschichte des Clinical Social Work

Wie skizziert, differenzierte sich das Casework, hier dargestellt als (psycho-) therapeutische Methode des Social Work, bereits früh in ihrer Entwicklung in die »Diagnostic«, die »Psychosocial«, die »Functional School« und später in einem problemlösenden und Verhaltenstherapeutischen Ansatz und bereitete damit den Weg für ein Clinical Social Work in den Vereinigten Staaten. In der deutschen Fachliteratur zur Klinischen Sozialarbeit wird in der Regel Richmond als Wegbereiterin des Casework und des späteren Clinical Social Work genannt (vgl. Hahn/Pauls 2008; Pauls 2004; Geißler-Piltz 2004; Crefeld 2002). Phillips (2009, S. 2ff.) machte in diesem Zusammenhang deutlich, dass die Entwicklung des Clinical Social Work bereits Ende des 19. Jahrhunderts einsetzte, mit dem Aufbau von Wohlfahrtsorganisationen in den USA und der Installierung der ersten Trainingskurse für professionelle Sozialarbeit. Der berufliche Einsatz der Sozialarbeiter erfolgte überwiegend in Krankenhäusern. 1906 wurde Horton, die erste hauptamtliche Sozialarbeiterin in einer psychiatrischen Klinik eingestellt und läutete die Entwicklung einer psychiatrischen Sozialarbeit ein, die ebenfalls als Quelle der amerikanischen Klinischen Sozialarbeit gesehen wird. Von ihr stammt folgende Aussage, die den doppelten Fokus der Klinischen Sozialarbeit, die »Person-in-Environment«-Perspektive vorwegnahm: »Diese Arbeit basiert auf der Wahrnehmung, dass Krankheit oft von widrigen sozialen, moralischen oder industriellen Bedingungen hervorgerufen wird und nicht dauerhaft geheilt werden kann, wenn diese Bedingungen nicht verändert werden« (Horton 1910, S. 45; Übers. i. A. d. Verf.). Als zentrale Figur der Sozialarbeit in der Psychiatrie steht Jarrett, Direktorin des Social Service Department des Boston Psychopathic Hospital. Sie prägte den Begriff »Psychiatric Social Worker« und organisierte erste Fortbildungsangebote für in der Psychiatrie tätige Sozialarbeiter. Sie gründete den Psychiatric Social Worker's Club, der in der American Association of Psychiatric Social Workers seine institutionelle Ausformung fand und eine der fünf Gründungsorganisationen des National Association of Social Workers bildete. Unter den psychoanalytisch orientieren Caseworkern befanden sich eine Vielzahl von Psychiatrie-Tätigen (vgl. Phillips 2009, S. 2f.)

Abbott, eine Professorin für Social Work an der University of Chicago, benutzte erstmalig den Begriff des Clinical Social Work, jedoch mit einer differenten Konnotation zur heutigen Entwicklung. Ihr Ansatz war, nach den Erfahrungen im Hull House, einer von Adams begründeten sozialen Einrichtung in einem Elendsquartier von Chicago, sozialreformistisch geprägt (vgl. Hahn/Pauls 2008, S. 23).

Als weiterer Entwicklungsimpuls des Clinical Social Work, neben der Ausgestaltung des Casework und der psychiatrischen Sozialarbeit, gelten nach 1945 aufflammende Auseinandersetzungen in der amerikanischen Sozialarbeiterschaft. In den USA brach eine Zeit des Social Change und der Reformen an, ausgelöst durch Mental Health Act, Civil Rights Movement und War of Poverty, die das Engagement der therapeutischen Sozialarbeit und der Unterstützungsforschung anstießen. Angestellte Sozialarbeiter aus den Wohlfahrtsverbänden engagierten sich im Interesse ihrer Klientel zunehmend politisch (radical Social Worker). Diese Sozialarbeiter hatten in der Regel niedrigere Qualifikationsstufen und hohe Fallzahlen zu meistern, dominierten aber zahlenmäßig den Berufsverband der Sozialarbeiter und konnten hier ihre Ziele für die Profession positionieren, unter anderem die Aufnahme von geringer qualifizierten Bachelor-Absolventen in die National Association of Social Workers – und dies entgegen der Auffassung der klinisch tätigen Sozialarbeiter. Um der befürchteten professionellen Minderqualifizierung entgegenzusteuern, entstand Ende der 1960er bzw. zu Beginn der 1970er Jahre das Clinical Social Work, aus der der amerikanische Berufsverband für Klinische Sozialarbeit, National Association of Clinical Social Work (NACSW), hervorging (vgl. Geißler-Piltz et al. 2005, S. 139f.).

> »Die klinisch Tätigen verbindet seitdem das Ziel, im Gesundheitssystem neben Ärzten und Psychologen durch hohe Qualitätsstandards wettbewerbsfähig zu sein. Selbstbewusst positionieren sie sich und ihre Dienste als Therapy plus […], die die Behandlung von Einzelpersonen, Familien und Gruppen unter Berücksichtigung des situativen und sozioökonomischen Kontextes vorsieht« (ebd., S. 140).

Der Terminus »Klinische Sozialarbeit« markiert seither eine außerordentliche Professionalisierung der »Direct Practice«, die einen positiven Effekt auch für die gesamte Sozialarbeiterschaft in den USA herbeiführte. Begründet war dies in einer hochqualifizierten, wissenschaftlich universitären Ausbildung. Dieser »Ausbildungsweg« war für die deutsche Soziale Arbeit lange Zeit verschlossen, da die deutschen Universitäten gegenüber handlungsorientierten Studien skeptisch eingestellt waren (vgl. ebd., S. 140). Durch den sogenannten »Bologna Prozess«, mit der Implementierung von Bachelor- und Masterstudiengängen und der Möglichkeit der Promotion von Sozialarbeitern, ist jetzt mit einer Zunahme der Wissenschaftlichkeit innerhalb der Sozialarbeitsprofession zu rechnen.

Die Relation zwischen der Sozialen Arbeit und der Psychotherapie prägte seit jeher die Klinische Sozialarbeit, und es fand eine stetige Auseinandersetzung mit den klassischen Psychotherapiekonzepten, mit ihrem Fokus auf intrapersonelle Aspekte in der Diagnostik und Therapie statt – ein Blickwinkel, der in seiner eingeschränkten Reichweite kritisiert wurde. Es wurde eine neue Disziplin zur Behandlung von psychischen Störungen gefordert,

> »die es erlaube, die speziellen Kompetenzbausteine Sozialer Arbeit zu sammeln, zu überprüfen, zu klassifizieren, zu kodifizieren und zu evaluieren,

um die Erfahrungen auf diesem Gebiet der Psychotherapie besser nutzen zu können. Im Rahmen der Case Work sollten Sozialarbeiter Psychotherapie durchführen und diese durch sozialarbeiterische Methoden erweitern« (Hahn/Pauls 2008, S. 24).

Das frühe Clinical Social Work wurde von Northen in ihrem 1995 erschienenen Buch *Clinical Social Work. Knowledge and Skills* wie folgt definiert – und hat nach Auffassung von Hahn und Pauls (2008, S. 24) bis auf leichte Abwandlungen aktuelle Gültigkeit. Klinische Sozialarbeit wird gesehen als

»die professionelle Anwendung [...] der Theorie und Methoden zur Behandlung und Prävention psychosozialer Dysfunktionalität. [...] Sie basiert auf dem Wissen und der Theorie psychosozialer Entwicklung, des Verhaltens, der Psychopathologie, unbewusster Motive, zwischenmenschlicher Beziehungen, unweltbedingten Stresses, sozialer Systeme und kultureller Verschiedenheiten unter besonderer Berücksichtigung der Person in ihrer Umgebung« (Northen zit. nach Hahn/Pauls 2008, S. 24).

Hahn und Pauls sehen in der vorstehenden Definition des Clinical Social Work folgende bedeutsamen Theorien und Konzepte enthalten: Entwicklungspsychologie, psychoanalytische Krankheitslehre, Stresstheorie, Verhaltenstheorie, Kommunikationstheorie, Systemtheorie, das Konzept der »Diversity in social science and work practice« und den »Person-in-Environment«-Ansatz.

Es zeigt sich ein psychosozialer oder doppelter Fokus, in dem die intra- und interpersonellen Phänomene und deren Interaktion untereinander beachtet werden (vgl. ebd.). Eine detaillierte Ausführung der aktuellen Grundsätze der amerikanischen Klinischen Sozialarbeit erfolgt in Kapitel 3.1.4.

Exkurs: Soziale Gruppenarbeit und Familientherapie

Die Historie des Group Work gilt als vielschichtiger als die des Casework. Galuske hat vier Traditionslinien dieser Methode beschrieben: die Jugendbewegung, die Reformpädagogik, die Gruppendynamik und die Nachbarschaftsheime/Settlements. Erst in den 1930er Jahren fand das Group Work zunehmend Eingang in das amerikanische Social Work und wurde auch später durch das Clinical Social Work adaptiert (vgl. Galuske 2009, S. 89f.). Im Zentrum jeder Gruppenarbeit stehen nach Dorfman (1996, S. 62) Veränderungsprozesse.

> »Klienten, die an Gruppen teilnehmen, profitieren von der Unterstützung durch die anderen Teilnehmer, vom Gefühl, mit ihren Problemen und ihrem Elend nicht allein zu sein und von der Gruppenzugehörigkeit und Kameradschaft. Dieses Format bietet die Möglichkeit, neue Verhaltensweisen auszuprobieren, von anderen zu lernen und im Gegenzug Hilfe anzubieten« (ebd.; Übers. i. A. d. Verf.).

Nach Dorfman verfolgt die Gruppenarbeit innerhalb der Klinischen Sozialarbeit folgende Zwecke/Ziele: Wiederherstellung/Heilung, Ausbau von Fertigkeiten/Kompetenzen, Erziehung/Agogik, Therapie, persönliches Wachstum, »Nach-Sozialisation«, Selbsthilfe, Soziale Unterstützung (vgl. ebd.).

Klinische Sozialarbeit bedient sich auch familientherapeutischer Ansätze, wenngleich, so betont Dorfman, nicht jede sozialarbeiterische Tätigkeit eine therapeutische ist (vgl. ebd., S. 60f.). Der Aspekt, dass sich die Soziale Arbeit familientherapeutische Methoden zunutze macht, scheint auch in Deutschland, was die therapeutischen Verfahren betrifft, am unbestrittensten. Galuske führt die Familientherapie in seiner Einführung *Methoden der Sozialen Arbeit* als einzige therapeutische Methode der Sozialen Arbeit auf, um sie dann aber wieder kritisch zu hinterfragen (vgl. Galuske 2009, S. 221ff.). Unter Familientherapie werden verschiedene psychotherapeutische Modelle zur Veränderung pathologischer Familienstrukturen, zur Umgestaltung interpersonaler Relationen und zur Modifikation des inneren Erlebens und der Verhaltensweisen der einzelnen Familienangehörigen verstanden (vgl. Textor 1984, S. 1).

Clinical Social Work: Bedeutsamkeit für die Soziale Psychotherapie

- Wissenschaftliche Ausrichtung
- Hoher Professionalisierungsgrad
- Integration unterschiedlicher Casework-Konzepte
- Integration von Paar-, Familien- und Gruppentherapie
- Psychotherapie als integraler Bestandteil der therapeutischen und beraterischen Methoden im Clinical Social Work, Psychotherapy plus (vgl. Dorfman 1996, S. 41)
- Weiterentwicklung der »Person-in-Environment«-Perspektive

2.1.8 Synopse des amerikanischen Casework als (psycho-)therapeutische Sozialarbeit

Haselmann, Psychologin und Professorin an der Hochschule Neubrandenburg, Fachbereich für Soziale Arbeit, Bildung und Erziehung, hat in einem Lehrbuch 2008 den Standpunkt vertreten, dass die Durchführung von Therapie nicht zum beruflichen Selbstbild des Sozialarbeiters gehöre – im Gegensatz zur Beratung, wobei sie bei Letzterem anmerkt, dass dies nur einen kleinen Teil der Tätigkeit ausmache (vgl. Haselmann 2008, S. 260ff.). Die Unterscheidung von Therapie und Beratung soll in dieser Arbeit in Kapitel 4.1 noch vertieft werden. Dass diese Differenzierung diffizil ist und nicht nur von inhaltlichen Überlegungen bestimmt wird, soll als Anmerkung an dieser Stelle vorläufig genügen. Die Auffassung von Haselmann wird von vielen Autoren fast reflexartig geteilt (vgl. Thiersch 1978; Gildemeister/Robert 2005 u.a.). Nun hat auch Dorfman, als eine Vertreterin der amerikanischen Klinischen Sozialarbeit, darauf hingewiesen, dass Klinische Sozialarbeiter in zahlreichen Rollen tätig sind und die (psycho-)therapeutische Tätigkeit nur ein Arbeitsgebiet ist, aber sie ist eines!

Die Darstellung des amerikanischen Casework hat aus meiner Sicht eindrucksvoll aufgezeigt, dass diese klassische Methode der Sozialarbeit einen starken therapeutischen Zweig hat. So selbstverständlich Therapie/Behandlung zum Selbstbild der meisten amerikanischen Sozialarbeiter gehört, und auch aus einem historischen Hintergrund resultiert, so selbstverständlich wird dieser Zweig der Methodik und der Geschichte in Deutschland negiert.

Galuske hat bei allen Differenzen der Casework-Ansätze vier Gemeinsamkeiten markiert:

- Casework ist an Individuen orientiert und die Problemlagen werden bei den einzelnen Menschen verortet. Er merkt zwar an, dass Salomon (vgl. Kapitel 2.1.1) und Hollis ansatzweise die Probleme auch im Umfeld begründet sehen, »diese sind für den Prozess der Behandlung aber nur insofern von Belang, wie es sich um ein begrenztes Neuarrangement von Beziehungen, Beziehungsmustern und verfügbaren Hilfsquellen handelt« (Galuske 2009, S. 78). Meiner Auffassung nach verkürzt Galuske die Ansätze des Casework. Caseworker arbeiten zwar in der Regel mit dem Individuum, aber sie beziehen immer die Umweltperspektive mit ein, und in unterschiedlicher Form streben sie auch Veränderungen in der Umwelt an. Bereits bei Richmond ist der »doppelte Fokus« in der Betrachtung der Probleme immer von Belang. Briar und Miller (vgl.

Kapitel 2.1.1) kommen, was Richmonds Genese von Problemlagen angeht, zu diametral entgegengesetzten Schlussfolgerungen als Galuske. Die Verursachung der Nöte wird in der Lebenswelt gesehen. Zwar hat die »Diagnostic School« einen Schwerpunkt auf die individuelle Lebensgeschichte des Klienten gelegt, integrierte aber auch immer die »Person-in-Environment«-Perspektive. Bei Hollis sehen wir bereits erste Ansätze eines systemischen Denkens, die das lineare Prinzip der Verursachung gegen ein nonlineares Denken ersetzt.

- Casework wird als behandelnde, therapeutische Methode verstanden, die durch Persönlichkeitsentwicklung (Einstellungen und Verhalten) zur Veränderung und Besserung der Nöte, Problemlagen führt (vgl. Galuske 2009, S. 79). Dies ist meiner Auffassung nach ein Aspekt des Casework, sicherlich der relevanteste, aber es geht im Casework und bei der Weiterentwicklung des Casework in Richtung Clinical Social Work auch um Veränderungen der äußeren Bedingungen.
- Das Casework hebt die Bedeutsamkeit der helfenden Beziehung zwischen dem Sozialarbeiter und dem Adressaten hervor (vgl. Galuske 2009, S. 79f.). Als beispielhaft für alle Einzelfallhilfeansätze sei hier eine Aussage von Perlman angeführt: »Deshalb muß der Casework-Prozeß, wie jeder andere Prozeß, der der Reifung des Menschen dient, die Beziehung als fundamentales Mittel einsetzen. Die körperliche und geistige Anstrengung, die mit einer problemlösenden Tätigkeit [dies gilt aber auch für andere Ansätze des Casework; Anm. D.D.] verbunden ist, läßt sich leichter ertragen, wenn eine Beziehung besteht, von der Wärme und Sicherheit ausgehen« (Perlman 1978, S. 83).
- Alle Casework-Ansätze verfolgen das Ziel, das Wohlbefinden der Adressaten anhand einer besseren Austarierung der Person-Umwelt-Beziehung zu steigern (vgl. Galuske 2009, S. 80). Wie bereits mehrfach aufgeführt, strebt das Casework auch, allerdings in einem geringeren Maße, eine Veränderung der Umwelt an.

Ergänzend zu den vier Gemeinsamkeiten, die Galuske herausgestellt hat, sind meiner Auffassung nach folgende Parallelen in den Casework-Ansätzen herauszustellen:

- Zentral für alle Ansätze ist die »Person-in-Environment«-Perspektive;
- es werden die Bezugswissenschaften Psychologie und Soziologie einbezogen;

Casework-Ansätze	Zeitraum	Vertreter	(Psycho-)Therapie-Paradigmen	Diagnostische u. therapeutische Perspektiven	Primäre Zielebene
Casework nach *Richmond*	ab 1917	*Mary Richmond*	Keine (Bezugswissenschaft: Sozialpsychologie Verhaltensforschung/Lerntheorie)	»Person-In-Environment«	Persönlichkeitsentwicklung
»Diagnostic School«	ab Ende 1920er Jahre	*Gordon Hamilton*	Psychodynamisches Paradigma	»Person-In-Environment« Pathogenese	Kurativ Persönlichkeitsentwicklung
Psychosocial Approach	ab 1930er Jahre	*Florence Hollis*	Psychodynamisches Paradigma/Systemisches Paradigma	»Person-In-Environment« Pathogenese	Kurativ Persönlichkeitsentwicklung
»Functional School«	ab 1930er Jahre	*Jessie Taft und Virginia Robinson*	Humanistisch-existenzielles Paradigma Psychodynamisches Paradigma	»Person-In-Environment« Salutogenese Ressourcenorientierung	Evolutiv Persönlichkeitsentwicklung
Problem-Solving Approach	ab 1940er Jahre	*Helen Harris Perlman*	Psychodynamisches Paradigma Humanistisch-existenzielles Paradigma	»Person-In-Environment« Pathogenese Salutogenese/Ressourcenorientierung	Persönlichkeitsentwicklung
Socio-Behavioral Approach	ab 1960er Jahre	*Edwin Thomas*	Lerntheoretisches Paradigma	»Person-In-Environment« Pathogenese/Salutogenese Ressourcenorientierung	Kurativ Persönlichkeitsentwicklung
Clinical Social Work als »Casework plus«	ab 1960er Jahre	*u.a.* *Helen Northen, Carel Germain, Francis Turner, Rachelle Dorfman, Virginia Satir*	Methodenpluralismus: Psychodynamisches Paradigma Humanistisch-existenzielles Paradigma Lerntheoretisches Paradigma Systemisches Paradigma	»Person-In-Environment« Pathogenese/Salutogenese Ressourcenorientierung	Kurativ Evolutiv Persönlichkeitsentwicklung

Tab. 1: Amerikanische Casework-Ansätze im Vergleich aus einer therapeutischen Perspektive

- alle Ansätze arbeiten auf wissenschaftlich-methodischer Grundlage;
- durch das »sozialarbeiterische Casework« wurde eine Professionalisierung angestoßen.

2.2 Historie der (psycho-)therapeutischen Sozialarbeit in Deutschland

2.2.1 Salomon: Soziale Diagnose und Therapie

> »Alle Fürsorge (Pflegschaft) strebt Wiederherstellung der wirtschaftlichen Selbständigkeit, der Gesundheit, der Fähigkeit zu verantwortlicher Lebensführung an. Aber das ist nur ein Teil der Sache. Das Ganze läuft auf ein weiteres Ziel hinaus. Man hat es genannt: ›Persönlichkeitsentwicklung‹ – und zwar ist das Mittel dazu eine bewußte und allseitige Anpassung des Menschen an seine Umwelt – oder auch der Umwelt an die besonderen Bedürfnisse und Kräfte des betreffenden Menschen« (Salomon 1926, S. 51).

Salomon gilt als Pionierin der deutschen Sozialarbeit. Sie war durch die Arbeiten von Richmond unmittelbar beeinflusst und übernahm für ihr 1926 veröffentlichtes Buch *Soziale Diagnose* den Titel des Werkes von Richmond, das einige Jahre zuvor publiziert worden war und wie oben berichtet das Social Work in Amerika maßgeblich prägte, wortwörtlich. Geißler-Piltz et al. haben daraufhin gewiesen, dass es Übereinstimmungen in der Einzelfallhilfe, aber auch Differenzen gab. Beispielsweise verwendete Salomon den Terminus Casework nicht, sah ihren sozialarbeiterischen Ansatz in den Methoden der Fürsorge verortet und war beeinflusst durch die sozial-hygienische Bewegung (s.u.) (vgl. Geißler-Piltz et al. 2005, S. 133). Die Fürsorge in der Zeit Salomons war einem deutlichen Wandel unterworfen, der als Übergang vom Armenwesen zu einer professionellen Fürsorge gekennzeichnet werden kann. Merkmale sind eine markante Entwicklung der Methoden von Hilfestellungen, später sprach Salomon von Sozialer Therapie, und die veränderten Sichtweisen der Genese von Problemlagen. Im Blickpunkt waren nicht nur die prekären wirtschaftlichen Verhältnisse der Klienten, sondern der Mensch mit seiner genetischen Ausstattung, seiner Psyche, seinen Beziehungen etc., also der gesamte Mensch. Salomon weist in diesem Zusammenhang auf die Gründung der Charity Organisation Society im Jahre 1863 in England hin, die einen Wendepunkt in der Betrachtung der Not markierte und in deren Folge erste Ausbildungsstätten gegründet wurden (vgl. Salomon 1926, S. 2f.). Die öffentliche Armenpflege jener Zeit sollte den Müßiggang der Armen bekämpfen und deren Ansprüche abwehren. Ziel war es, mehr das Vermögen des Steuerzahlers zu schützen, als die Armen zu unterstützen (vgl. ebd., S. 2).[6] Die Charity Organisation Society verfolgte hingegen das Ziel, den Menschen zur ökonomischen Autonomie zu verhelfen. Dies geschah zunächst durch eine intensive Exploration der Lebensverhältnisse, die sich bemühte, den gesamten Menschen zu verstehen und nicht als »sozialen Missbraucher« zu betrachten. Es zeigten sich schon erste Ansätze einer sozialen Diagnose, die nicht stigmatisieren, sondern Erkenntnisse über den in Not geratenden Menschen einholen wollte, um ihn in seinen Sorgen zu verstehen und dadurch adäquate Hilfestellungen abzuleiten. Ein weiterer Meilenstein bei der Weiterentwicklung einer Sozialen Therapie war nach Auffassung von Salomon die Integration von Erkenntnissen aus den Wissenschaften. Hier benennt sie zum einen die Erkenntnisse aus der Psychologie (vgl. ebd., S. 3). Zunächst beeinflussten diese die Jugendfürsorge, später wurden sie auf andere Felder der Wohlfahrt übertragen. Das folgende Zitat von Salomon zeigt die veränderte Sichtweise auf den in Not geratenen Menschen, die durch die Psychologie zusätzlich angestoßen wurde:

> »Man hat erkannt, daß unstetes Wesen, Trägheit, Diebstahl häufig ein Symptom und nicht die Krankheit selbst ist; daß man die körperlichen, geistigen und sozialen Tatsachen erforschen muß, die dahinter liegen, wenn man eine Heilung herbeiführen will. Man hat eingesehen, daß den Fürsorgebedürftigen in vielen Fällen nur zu helfen ist, wenn man ihren Willen lebendig macht, ihre Energie befreit, schlechte Gewohnheiten bekämpft, auf Festigung ihres Charakters hinwirkt – kurz, wenn man sie im Zentrum der Seele erreicht« (Salomon 1926, S. 5).

Aber auch die »Sozialhygienische Bewegung« hatte prägenden Charakter für das Fürsorgewesen. »Mit der Erkenntnis, daß Armut, schlechte Wohnungsverhältnisse, ungesunde Arbeitsbedingungen den Nährboden für die Krankheiten abgeben, war die Notwendigkeit sozialhygienischer Fürsorge

---

6 Betrachtet man die Ziele der Agenda 2010, so muss man konstatieren, dass der »moderne Sozialstaat« in jene Zeit der öffentlichen Armenpflege zurückfällt.

gegeben« (ebd.). In jener Zeit entstand die Erkenntnis, dass die Maßnahmen der Mediziner bei der Behandlung von Krankheiten durch weitere soziale Hilfen begleitet werden müssten, um überhaupt wirksam zu werden (vgl. ebd., S. 2ff.).

In diesen Aussagen Salomons zeigten sich bereits zu Beginn der sozialarbeiterischen Professionalisierung alle wesentlichen Elemente, die für die heutige Klinische Sozialarbeit von Belang sind. Der Mensch wird in einer biopsychosozialen Perspektive betrachtet, und die Bedeutung von sozialer und gesundheitlicher Ungleichheit wird hervorgehoben. Aber auch die Perspektive, den Menschen in seinem Lebenslauf mit all seinen inneren Sorgen, Wünschen, Ängsten etc. zu verstehen, ist zentral für die damalige »junge« Profession »Soziale Arbeit«.

Das »Verstehen« des Hilfsbedürftigen hat Salomon in Anlehnung an Richmond für die Soziale Arbeit in ihrem Werk *Soziale Diagnose* systematisiert, subsumiert und für die deutschen Begebenheiten ausdifferenziert. Wie das Eingangszitat von Salomon zeigt, ist die Aufgabe der Fürsorge eine »doppelseitige Anpassung«, d.h., eine Anpassung des Individuums an sein Umfeld und eine Anpassung der Umwelt an die Bedürfnisse des Menschen. Die Soziale Diagnose soll dabei den Weg bereiten, eine adäquate Hilfe zu planen und durchzuführen (vgl. Feustel 2005, S. 32).

> »Diese Leistung besteht darin, Material zu sammeln (eigene Beobachtungen und Auslagen anderer), das beschaffte Material zu prüfen und zu vergleichen, es zu bewerten, Schlüsse daraus zu ziehen – schließlich ein Gesamtbild herzustellen, das erlaubt, einen Plan für die Abhilfe (Behandlung) zu fassen« (Salomon 1926, S. 7).

Wie bei Richmond hat die Soziale Diagnose auch bei Salomon einen doppelten Fokus. So soll zum einen die Lebenslage des Menschen erfasst werden und zum anderen sein Charakter, und zwar inklusive lebensgeschichtlicher Aspekte, in den Blick geraten (vgl. ebd., S. 42f.). Meiner Auffassung nach kann von einer psychosozialen Diagnose mit Elementen der biografischen Anamnese gesprochen werden. Für Salomon stellt die diagnostische Erhebung eine »Kunst« dar, in der es nicht nur um die Sammlung von Fakten geht, wenn sie auch höchsten Wert auf eine umfassende Exploration legt, sondern es geht ihr darum, die Daten zueinander in Beziehung zu setzen, adäquat zu deuten und daraus entsprechende Schlussfolgerungen zu ziehen (vgl. ebd., S. 43).

> »Alle Fürsorge besteht darin, daß man entweder einem Menschen hilft, sich in der gegebenen Umwelt einzuordnen, zu behaupten, zurecht zu finden – oder daß man seine Umwelt so umgestaltet, verändert, beinflußt, daß er sich darin bewähren, seine Kräfte entfalten kann« (ebd., S. 59).

In der individualisierten Fürsorge zeichnete sich auch ein Wandel in der Beziehungsgestaltung zwischen den Fürsorgern und den Klienten ab, die sich von den autoritären Positionen der öffentlichen Armenfürsorge löste. Salomon unterstrich die Relevanz einer vertrauensvollen Beziehung, die Würdigung der Autonomie des Hilfsbedürftigen, seinen Willen als Ressource zur Problemlösung. Der Fürsorger habe sein Handeln auf die Bedürfnisse des Klienten konsequent auszurichten (vgl. Feustel 2005, S. 34f.). Die Haltung des Fürsorgers muss aber von echter Empathie, Interesse und Solidarität für den Klienten geleitet sein.

> »Wahre Hilfe kann der Mensch dem Menschen nur bringen, wenn fremde Not, wenn fremdes Leid für ihn zum eignen wird, wenn es ihm im Herzen brennt. Die bessere Technik, die durchdachte Methode ist nur ein Werkzeug – als solches nützlich und unentbehrlich. Aber recht handhaben kann es nur der Mensch, dessen Tun aus einem wachen Gewissen quillt; aus dem lebendigen Glauben an eine Brüderlichkeit, der Taten wirken muß« (Salomon 1926, S. 66).

Soziale Diagnose und Therapie nach Salomon: Bedeutsamkeit für die Soziale Psychotherapie

- Doppelter Fokus (Intra- und Interpersonelle Perspektive)
- Biopsychosoziales Modell des Menschen: Der Mensch soll als Ganzes in seinem Kontext und in seinem Kontinuum gesehen werden
- Einbeziehung von Erkenntnissen aus der Psychologie
- Soziogenese/gesundheitliche und soziale Ungleichheit
- Entwicklung einer professionellen Hilfe (vgl. Geißler-Piltz et al. 2005, S. 134)
- Forderung nach wissenschaftlichen Tugenden in der Diagnostik und Therapie: Vollständigkeit und präzise Arbeitshaltung bei der Erhebung und Interpretation der Daten (vgl. Geißler-Piltz et al. 2005, S. 134)

> ➢ Bedeutsamkeit der therapeutischen Beziehung: Vertrauensvolle Beziehung, Autonomie des Klienten, Empathie des Fürsorgers und Förderung des Willens des Klienten durch den Therapeuten, Ressourcenorientierung

2.2.2 Soziale Arbeit und Psychoanalyse

Eine similare Entwicklung wie in den USA nahm die »Einzelfallhilfe« zunächst auch in Deutschland durch die Arbeiten von Wronksy, später in Zusammenarbeit mit dem Psychoanalytiker Kronfeld. Beide entwickelten das Konzept von Salomon weiter zu einem sozialen Therapiemodell, das Erkenntnisse aus der Psychoanalyse integrierte (vgl. Geißler-Plitz et al. 2005, S. 134f.). Wronsky entwickelte die Soziale Diagnose elaboriert aus: mit den Elementen der sozialen Anamnese, der Persönlichkeitsforschung, der Erfassung der Interaktion zwischen der Persönlichkeit des Klienten und anderen Lebenselementen sowie der Erforschung der Komposition seiner Lebenskräfte (vgl. Müller 2006, S. 94). Nach Auffassung von Geißler-Piltz et al. finden die lebensgeschichtlichen Ereignisse des Einzelnen besondere Beachtung und überdecken damit die Umweltaspekte der Problemlagen. Damit verliert dieser Ansatz nach Einschätzung von Geißler-Piltz et al. den doppelten Fokus und erfährt eine psychotherapeutische Tendenz (vgl. Geißler-Plitz et al. 2005, S. 135). Meiner Einschätzung nach blieb aber dieser Ansatz auch dem »doppelten Fokus« der Diagnostik und Behandlung treu, wie folgendes Zitat von Wronsky und Kronfeld zeigt:

> »Die moderne Fürsorge stellt sich daher auf eine Einwirkung auf die im Hilfsbedürftigen und seiner Umwelt vorhandenen Kräfte ein, sie will eine Förderung der unentwickelten Kräfte und eine Beherrschung dieser durch den Hilfsbedürftigen selbst erreichen. In einer solchen planmäßigen, individuellen Aktivierung der Kräfte im Menschen und in seiner Umwelt sieht die moderne Fürsorge das Wesen ihrer Aufgabe« (Wronsky/Kronfeld 1932, S. 12).

Die Weiterentwicklung der Sozialen Arbeit fand nach Geißler-Piltz et al. keine weitere Ausformung, bedingt durch die Machtergreifung der Nationalsozialisten im Jahr 1933 und den Kriegsausbruch 1945. »Diese Entwicklungsphase der Sozialen Arbeit ist doppelt begrenzt, zum einen durch den kriegsbedingten Abbruch der Entwicklung aller Sozialwissenschaften, zum anderen durch die totale Isolation durch den Nationalsozialismus, der die Sozialarbeit gleichschaltete und für seine Zwecke missbrauchte« (Geißler-Piltz 2005, S. 135). Die Durchsicht der Fachliteratur zur Psychoanalyse und Sozialarbeit zeigt jedoch, dass nach dem Zweiten Weltkrieg insbesondere durch Federn die psychoanalytische Soziale Arbeit in Deutschland wieder an Bedeutung gewann. Jedoch konnte sich die psychoanalytische Pädagogik und Sozialarbeit erst in den 1980er Jahren zunehmend etablieren (vgl. May 2009, S. 209). Federn hob neben dem Beitrag des amerikanischen Casework für die psychoanalytische Sozialarbeit die Arbeit von Aichhorn hervor, als zweite Traditionslinie dieser Richtung der psychoanalytischen Sozialen Arbeit (vgl. Aichhorn 1987). Aichhorn arbeitete in Wien mit verwahrlosten, dissozialen Jugendlichen zusammen »und entdeckte, daß ihre Aggressivität gegen die Gesellschaft und Erwachsenen aus frühen Verhältnissen herrührt, die das Ich nicht in neurotische Symptome, sondern in aggressives Agieren umwandeln« (Federn 1999, S. 20). Freuds Psychoanalyse wurde durch die Arbeiten von Aichhorn erstmals auf dem Feld der Jugendwohlfahrt angewendet. Für die Jahre von 1927 bis 1937 spricht May (2009, S. 206) von einer ersten Blütezeit der psychoanalytischen Pädagogik, mit weiteren zahlreichen Arbeiten in diesem Kontext.

Was ist nun psychoanalytische Sozialarbeit, welche Funktionen und Ziele verfolgt sie?

> »Psychoanalytische Sozialarbeit findet v. a. dort ihre Wirkung, wo Psychotherapie nicht möglich ist, sei es mangels Motivation, sei es, weil die soziale Lage und/oder die psychischen Strukturmerkmale der KlientInnen (Introspektionsfähigkeit, Form der Übertragungsfähigkeit) eine auf das Gespräch, das freie Assoziieren und das Erinnern basierende, psychotherapeutische Unterstützung nicht zulassen, so dass Agieren den Vorrang gegenüber Sprechen einnimmt. Psychoanalytische SozialarbeiterInnen setzen sich bewusst und aktiv den KlientInnen aus und sind bestrebt, in den Szenen des ›Handlungsdialogs‹, in den sie verstrickt sind, die unbewussten Anteile (die eigenen und diejenigen der KlientInnen) zu verstehen und wiederum in adäquates Handeln umzusetzen« (Verein für psychoanalytische Sozialarbeit Zürich 2009).

Finger-Trescher (2001, S. 1456) hebt im Kontext Soziale Arbeit drei Paradigmen der Psychoanalyse mit außerordentlicher Relevanz hervor, nämlich erstens das Modell des Unbewussten, zweitens die Übertragung und Gegenübertragung und drittens Trauma, Wiederholungszwang und projektive

Identifizierung. Die psychoanalytische Sozialarbeit wird in der zweiten Auflage des Buches *Aktuelle Theoriediskurse Sozialer Arbeit* von May als ein Theorieansatz Sozialer Arbeit beschrieben, neben alltags-, lebenswelt-/lebenslagen-/lebensbewältigungsorientierten Ansätzen, professionstheoretischen, systemtheoretischen/systemischen und diskursanalytischen Ansätzen. May betont, dass sicher auch andere Zugänge gewählt werden können (vgl. May 2009, S. 15). Hervorzuheben bleibt jedoch, dass er sich als einer der wenigen wissenschaftlichen Vertreter Sozialer Arbeit außerhalb der »Bewegung« Klinische Sozialarbeit mit dem Verhältnis eines therapeutischen Konzeptes und der Sozialen Arbeiter auseinandersetzt und nicht wie andere Vertreter Sozialer Arbeit diese Verbindungen negiert.

Soziale Therapie und Psychoanalyse: Bedeutsamkeit für die Soziale Psychotherapie

- Bedeutsamkeit der individuellen Lebensgeschichte der Klienten (Kontinuum-Perspektive) unter der besonderen Beachtung der frühkindlichen Entwicklung
- Persönlichkeitsmodell (Bedeutung der »Kräfte« und des Unbewussten)
- »Person-in-Environment«-Perspektive
- Therapeutischer Kontakt unter der besonderen Perspektive der Übertragung/Gegenübertragung, Abwehrmechanismen
- Beachtung von traumatischen Erlebnissen und Abwehrmechanismen
- Agogischer Aspekt in der Therapie
- Symptome als »Niederschlag« negativer sozialer Erfahrungen

2.2.3 Rezeption der amerikanischen Einzelfallhilfe im Nachkriegsdeutschland

Nach dem Zweiten Weltkrieg fand eine Aufnahme der amerikanischen Einzelfallhilfe in Westdeutschland[7] statt. Deutschsprachige Emigrantinnen,

7 Die Situation der Sozialen Arbeit in der damaligen »sowjetisch-besetzten Zone« und der späteren DDR kann hier nicht vertieft werden. Siehe dazu Geißler-Piltz et al. 2005, S. 142.

und hier sei insbesondere auf Hertha Kraus hingewiesen, führten im Auftrag der damaligen Militärregierung und auf Wunsch der Sozialverbände Weiterbildungsseminare in den Methoden des Casework durch (vgl. Müller 1997, S. 68ff.).

Des Weiteren hielten sich deutsche Sozialarbeiter im Rahmen von Austauschprogrammen in den USA auf und wurden in die Praxis und Forschung des Casework eingeführt und in den Methoden geschult. (vgl. Geißler-Piltz et al. 2005, S. 142; Galuske 2009, S. 75ff.). Durch die Fortbildungsveranstaltungen und den internationalen Austausch in den 1950er Jahren und durch die Ausbildung in Wohlfahrtsschulen in den 1960er Jahren konnte sich die Methode der vertieften Einzelfallarbeit zunehmend in Deutschland etablieren, wenn auch nicht jede sozialarbeiterische Tätigkeit mit dem Casework durchgeführt werden konnte. Jedoch verlief der Methodentransfer aus den Vereinigten Staaten in Westdeutschland nicht ganz komplikationslos. Es setzte zunehmend eine fundamentale Kritik an dem amerikanischen Vorbild ein, zum einen seitens der kirchlichen Verbände, die die psychoanalytisch-orientierte Arbeitsweise des Casework ablehnten. Die religionskritische Haltung der Psychoanalyse Freuds führte dazu, dass es katholischen Fürsorgerinnen nicht gestattet war, sich mit diesen Konzepten auseinanderzusetzen. Zum anderen wurden als Rezeptionshemmnisse die Unterschiede der amerikanischen und der deutschen Gesellschaftsstrukturen genannt, ferner die differenten Entwicklungen der Sozialen Arbeit. In den USA zeigte sich eine Zweiteilung der Sozialen Arbeit. Einen Strang bildeten die kommunalen Wohlfahrtsbehörden, in denen geringfügig ausgebildete Angestellte beschäftigt waren. Diese Gruppe musste hohe Fallzahlen bewältigen, und zu ihren Alltagsaufgaben zählte auch die Unterstützung in materiellen Notlagen. Einen zweiten Strang amerikanischer Sozialarbeit bildete die therapeutisch behandelnde Praxis. Sozialarbeiter waren in Beratungsstellen und Praxen tätig, verfügten über hochqualifizierte Abschlüsse und mussten nur geringe Fallzahlen stemmen, dies unter ständiger Supervision. Diese Gruppe wendete überwiegend das Casework an (vgl. Galuske 2009, S. 76f.). Letztgenannte Ausformung der Sozialen Arbeit gab es in jener Zeit in Deutschland nicht.[8] Zunächst fanden Anpassungen des Casework an die europäischen Verhältnisse statt. Genannt sei Kamphuis (1973), die auf die unterschiedlichen Betrachtungsweisen von

8 Später entwickelten sich diese Formen therapeutischer Sozialarbeit auch in der Bundesrepublik. Als Beispiele seien die Erziehungs- und Suchtberatungsstellen genannt, in denen zunehmend Sozialarbeiter tätig waren.

Autorität in den USA und Europa aufmerksam machte. Ihrer Auffassung nach legen die Amerikaner in ihrem Casework Wert auf die Selbstverantwortung und die Selbstbestimmung. In Europa dagegen erkennt sie eine stärkere Ausprägung der pädagogischen Komponente (vgl. Galuske 2009, S. 76f.). Fundamentale Kritik an der Einzelfallarbeit setzte in den 1960er Jahren mit der Studentenbewegung und der Sozialarbeiterbasis, geprägt durch die Sozialwissenschaften, ein. Ablehnung rief das Menschenbild der Einzelfallhilfe hervor, ferner wurde die Wissenschaftlichkeit und der angebliche positive Einfluss des Casework auf die Professionalität der Sozialen Arbeit infrage gestellt (vgl. Müller 1997, S. 91).

> »In der frühen Phase der neu etablierten Fachhochschulen geriet die Einzelfallhilfe in den Hintergrund und mit ihr der Diskurs über verschiedene Arbeitsformen der Sozialarbeit sowie die Vermittlung von Handlungs- und Methodenkompetenzen in der Ausbildung« (Geißler-Piltz et al. 2005, S. 144).

Zum Teil wurden die Methoden noch Mitte der 1980er Jahre an Fachhochschulen gelehrt, mit dem Hinweis, dass diese Arbeitsformen veraltet seien. Modernere Methoden wurden nicht vermittelt,[9] sodass ein entsprechendes handlungspraktisches Vakuum entstand, das der Professionalisierung Sozialer Arbeit einen deutlichen Schaden zufügte.

Casework-Konzepte im Nachkriegsdeutschland: Bedeutsamkeit für die Soziale Psychotherapie

- Beachtung der Armenfürsorge (Aspekte soziale Ungleichheit)
- Agogischer Aspekt (vgl. Kapitel 2.1)

2.2.4 »Therapeutisierung« der Sozialen Arbeit

Das Defizit im Methodenrepertoir versuchten Sozialarbeiter seit Mitte der 1970er Jahre durch therapeutische Zusatzausbildungen zu kompensieren. Dies war laut Galuske keine unerwartete Entwicklung, denn die Soziale Arbeit orientierte sich mit ihrem Case- und Groupwork-Ansatz bereits

9 Persönliche Erfahrung des Autors.

früh an psychotherapeutischen Ansätzen. Immer neue psychotherapeutische Verfahren drängten in den »Psychomarkt« und wurden ohne theoretische Rezeption von der Sozialen Arbeit kritiklos aufgegriffen. Besondere Attraktivität hatte die Gemeindepsychologie und das Verfahren der Humanistischen Psychologie (vgl. Geißler-Piltz et al. 2005, S. 144f.; Galuske 2009, S. 132f.). Beispielsweise füllten letztgenannte therapeutische Konzepte ca. 40% des Lehrplanes an der Fachhochschule für Sozialarbeit und Sozialpädagogik in Berlin (vgl. Müller 1997, S. 180). In meinem ersten Fachhochschulstudiengang Anfang bis Mitte der 1980er Jahre habe ich viel über Freud, Jung, Adler, Frankl, Graf von Dürckheim, Richter, Perls, Moreno, Lowen, Verhaltenstherapie, Systemische Ansätze und anderes gehört. Die Namen Salomon, Richmond, Arlt, Addams, Hollis etc. fielen meiner Erinnerung nach aber kein einziges Mal. Nach einer Untersuchung von Klüsche (1990, S. 98ff.) wurden bei den therapeutischen Zusatzausbildungen von Sozialarbeitern die Klientenzentrierte Gesprächstherapie nach Rogers, die Gestalttherapie nach Perls und familientherapeutische Ansätze am häufigsten gewählt.

Geißler-Piltz et al. (2005, S. 145) haben bei diesen therapeutischen Ansätzen den fehlenden Praxisbezug für die Soziale Arbeit kritisiert und konstatieren, dass diese »Therapiebewegung« die Ausformung von klinischen Methoden der Sozialen Arbeit behindert bzw. verzögert hat. Thiersch (1978, S. 6ff.) wies in diesem Zusammenhang darauf hin, dass zwei Motive den Reiz für therapeutische Zusatzausbildungen bei den Sozialarbeitern erklären: ein vermeintlich höherer beruflicher Status durch den Erwerb von therapeutischen Qualifikationen und die Attraktivität des »geschlossenen Weltbildes« der therapeutischen Verfahren. Olk (1986, S. 208) machte auf einen weiteren Aspekt aufmerksam, der von den therapeutischen Verfahren ausging, nämlich auf die Selbsterfahrungskomponenten der Ausbildungen, mit deren Unterstützung eigene Defizite aufgearbeitet werden konnten. Diese insgesamt kritischen Einstellungen übersehen meiner Auffassung nach die positiven Aspekte dieser »Therapeutisierung«. Es wurden aus dem »Psychopool« nicht wahllos Verfahren ausgesucht, sondern, wie Klüsche feststellte, drei Therapieansätze durch Sozialarbeiter – und dies, meiner Einschätzung nach, auch aus inhaltlichen Gründen. Die Gesprächstherapie nach Rogers vermittelt sogenannte »therapeutische Basisvariablen« und schafft einen respektvollen Zugang zum Menschen. Allen Humanistischen Verfahren ist die Achtung vor der Selbstverantwortung und das Vertrauen in das Wachstumspotenzial des Menschen inne – heute sprechen wir von

Ressourcenorientierung – und sie sind damit eine Bereicherung für die Soziale Arbeit. Die Gestalttherapie in der Tradition von Goodman (1994) hatte immer auch einen gesellschaftskritischen Ansatz und distanzierte sich deutlich vom medizinischen Krankheitsparadigma, der Individualisierung von Problemlagen und der autoritären Expertenschaft. Die durch die Sozialwissenschaften aufgeworfene Methodenkritik, die die diskriminierenden Handlungsweisen des medizinischen und psychologischen Systems infrage stellte, übersah, dass gerade in den Verfahren des »Humanistischen Ansatzes« diese Bedenken geteilt wurden, wenngleich die Schlussfolgerungen andere waren. Die Sozialwissenschaften jener Zeit stellten sämtliche individuumsorientierten Arbeitsweisen infrage, währenddessen die Vertreter der Humanistischen Psychologie dieser Arbeitsweise treu blieben, aber ein anderes Menschenbild vertraten, das auch zu abweichenden Interventionen als die Verhaltenstherapeutischen und Tiefenpsychologischen Therapieverfahren führte.

»Therapeutisierung« Sozialer Arbeit: Bedeutsamkeit für die Soziale Psychotherapie

- Rezeption psychotherapeutischer Konzepte, insbesondere aus dem Bereich der Humanistischen Psychologie; hohe Kompatibilität mit der Klinischen Sozialarbeit (Kritik an Pathogenese/ Förderung von Selbstverantwortung/Empowermentstrategien/ Netzwerkperspektive)
- Erweiterung der therapeutischen Fähigkeiten und Fertigkeiten Nachteil: keine Rückkopplung an Soziale Arbeit

2.2.5 Suchttherapie und Kinder- und Jugendlichenpsychotherapie

Engelke et al. (2009, S. 16ff.) haben drei Bereiche der Sozialen Arbeit unterschieden: Soziale Arbeit als Wissenschaft, Soziale Arbeit als Praxis und Soziale Arbeit als Ausbildung. Für den Suchtbereich und für die Kinder- und Jugendlichenpsychotherapie ist zu konstatieren, dass es der Praxis Sozialer Arbeit gelungen ist, die therapeutischen Konzepte ansatzweise zu adaptieren.

In der Vereinbarung »Abhängigkeitserkrankungen« vom 04.05.2001 »über die Zusammenarbeit der Krankenkassen und Rentenversicherungsträger bei der Akutbehandlung (Entzugsbehandlung) und medizinischen Rehabilitation (Entwöhnungsbehandlung) Abhängigkeitskranker« zwischen unterschiedlichen Gesetzlichen Krankenkassen und unter anderem dem Verband Deutscher Rentenversicherungsträger (VDR) haben die Leistungsträger bei allen Rehabilitationen in den Vereinbarungen obligatorisch therapeutische Sozialarbeit vorgesehen. Sozialarbeiter und Sozialpädagogen müssen über entsprechende tätigkeitsspezifische Weiterbildungen für den Indikationsbereich »Sucht« verfügen. Bewusst haben die Leistungsträger, abgeleitet von der biopsychosozialen Perspektive des Menschen, im psychotherapeutischen Bereich der medizinischen Rehabilitation auf Sozialarbeiter zurückgegriffen, um der psychosozialen Dimension der Abhängigkeitserkrankungen mit einer adäquaten Behandlung gerecht zu werden. Die Rentenversicherungsträger ordnen jedoch dieses therapeutische Profil Sozialer Arbeit nicht der Klinischen Sozialarbeit zu. Klinische Sozialarbeit wird zwar im »Therapiekatalog« der Rentenversicherungsträger breit aufgeführt, aber aus meiner Sicht wird hier die Klinische Sozialarbeit überwiegend in einem generalistischen Sinne der Sozialen Arbeit verstanden (vgl. Deutsche Rentenversicherung 2007, S. 119ff.).

Seit jeher war die Suchtkrankenhilfe eine Domäne der therapeutischen Sozialarbeit, was sich zumindest auch in der ambulanten Suchtarbeit widerspiegelt. 2007 waren 59,6% des Fachpersonals in den Suchtberatungsstellen Sozialarbeiter/-pädagogen. Im Jahre 2006 waren es noch 69,2% der Mitarbeiter gewesen. Dies ist ein deutlicher Abbau von über 10% innerhalb eines Jahres. In den Jahren bis 2006 waren die Zahlen leicht ansteigend: 66,9% im Jahr 2005 und 66,5% im Jahr 2004. Hochgerechnet auf alle Suchtberatungsstellen in Deutschland ist von ca. 3060 Sozialarbeitern und Sozialpädagogen im Jahre 2006 auszugehen, die in diesem Bereich arbeiteten, die meisten vermutlich mit einer therapeutischen Weiterbildung. In der stationären medizinischen Rehabilitation Suchtkranker waren 2007 13,9% der Mitarbeiter Sozialarbeiter/-pädagogen. In gleicher Höhe waren in diesem Zeitraum Psychologen in den stationären Einrichtungen angestellt. In den Vorjahren (2006/2005) waren es 14,4% Sozialarbeiter/-pädagogen und 12% Psychologen gewesen. Auch hier zeigt sich ein leichter Abbau (vgl. Hildenbrand et al. 2009; Sonntag et al. 2007, S. 14; Sonntag et al. 2006, S. 15; Sonntag et al. 2005, S. 16).

Beispielhaft für die suchttherapeutische Sozialarbeit seien Behandlungs-

und Beratungsstrategien bzw. Einsatzfelder für die Suchtkrankenhilfe genannt:

- »Steigerung bzw. Aufbau individueller Kompetenzen zur Bewältigung von Suchtproblemen (z.B. Trainings-, Beratungs- und Therapiemaßnahmen in Einzel- und Gruppenarbeit)
- Prävention durch allgemeine Stärkung psychischer Gesundheit [...]
- Akzentuierung der Sozialbedingtheit und Sozialrelevanz von Suchtproblematik im Kontext der multifaktoriellen Bedingungen der Entwicklung von Suchterkrankungen
- Aufbau und Förderung von Netzwerken sozialer Unterstützung und sozialer Integration, Prävention und Intervention bei Suchtproblemen (Angehörigengruppen, Prävention in den Schulen)
- Bewältigung von Schäden bzw. Verhinderung weiterer Verschlechterung infolge von Suchtmittelmissbrauch bzw. Abhängigkeit (z.B. im Rahmen beschützender Einrichtungen)
- Entwicklung und Angebot funktioneller Alternativen zum Konsum psychoaktiver Substanzen auf der individuellen wie gesellschaftlichen Ebene« (Geißler-Piltz 2005, S. 54).

Crefeld hat zu Recht darauf hingewiesen, dass die Tätigkeiten von Sozialarbeitern unter anderem in der medizinischen Rehabilitation Suchtkranker in der Hauptsache nicht fürsorgerischer Natur sind, sondern eine heilkundlich-therapeutische Funktion haben. Trotz der oben erwähnten Vorgaben der Rentenversicherungsträger zu den therapeutischen Qualifikationen von Sozialarbeitern fehlt aber bis heute, so Crefeld weiter, eine heilberufsrechtliche Definition der therapeutischen Qualifikationen der Sozialarbeiter und ein rechtlicher Schutz der Berufsbezeichnung (vgl. Crefeld 2006, S. 29). Als minimales Ziel wäre in diesem Berufsfeld eine Approbation für Sozialarbeiter anzustreben, analog zur Kinder- und Jugendlichenpsychotherapie. Die Berufsbezeichnung könnte beispielsweise »sozialer Psychotherapeut für Suchterkrankungen« oder »sozialarbeiterischer Suchttherapeut« lauten.

Für den Bereich der Kinder- und Jugendlichenpsychotherapie ist die rechtliche Situation divergent. Das deutsche Psychotherapeutengesetz vom 16. Juni 1998 schaffte zwei neue Heilberufe für den nichtärztlichen Bereich: zum einen den Psychologischen Psychotherapeuten, zum anderen den Kinder- und Jugendlichenpsychotherapeuten. Für den erstgenannten Heilberuf ist als Grundvoraussetzung ein abgeschlossenes Psychologiestudium (Diplom/Master) notwendig sowie eine psychotherapeutische Zusatzqualifikation, welche dann zur Approbation führt. Für den letztgenannten Beruf sind neben Psychologen auch Sozialberufe zugelassen (in der Regel Sozialpädagogen, Pädagogen und Heilpädagogen, die Landesbehörden haben darüber hinaus die Genehmigung zur Zulassung von anderen Sozialberufen erteilt). Für die Kinder- und Jugendlichenpsychotherapie wurde durch den Gesetzgeber der Umstand gewürdigt, dass in Deutschland dieser Bereich richtungsweisend durch Pädagogen entwickelt wurde, und somit die Zulassung der Sozialberufe gesetzlich geregelt. Es wurde betont, dass dieser Zweig der Psychotherapie ohne die (sozial-)pädagogische Kompetenz nicht erfüllbar ist. Neben dem Praxistransfer ist es der Sozialpädagogik gelungen, die Kinder- und Jugendlichentherapie auch wissenschaftlich zu entwickeln und auch einen Beitrag zur Lehre zu leisten (vgl. Zurhorst 2006b, S. 26f.). Im sogenannten »Grawe-Gutachten« zum Psychotherapeutengesetz wurde konstatiert, dass in der Bundesrepublik vor dem Inkrafttreten des Psychotherapeutengesetzes die Kinder- und Jugendlichenpsychotherapie zu über 90% durch Psychagogen (analytische Kinder- und Jugendlichenpsychotherapeuten) durchgeführt wurde (vgl. Grawe 1994). Von der Grundprofession war die Mehrheit Sozialpädagoge oder Sozialarbeiter (vgl. Meyer et al. 1991, S. 120ff.). Trotz der vom Gesetzgeber geschaffenen gleichberechtigten Zugangsvoraussetzungen für psychologische und pädagogisch-soziale Berufe für die Kinder- und Jugendlichenpsychotherapie und aus einer fachlichen Notwendigkeit heraus wurden in den vergangenen Jahren immer wieder Stimmen aus dem »psychologischen und medizinischen Lager« laut, die Zulassung der Heilberufe zu überdenken – aufgrund von fehlenden klinischen Kenntnissen der Sozialberufe. Zurhorst (2006b, S. 24) hat in dieser Diskussion aus Sicht der Sozialen Arbeit zu Recht kritisiert, dass der Klinischen Psychologie und Psychotherapie ein einseitiges Wissenschaftsverständnis zugrunde liegt, mit einem Gesundheits- und Krankheitsverständnis, das die soziale und kulturelle Dimension ausschließt, psychische Problemlagen individualisiert und auf Reparatur einer funktionalen Ordnung ausgerichtet ist. Zurzeit wird anlässlich der ersten zehn Jahre nach im Inkrafttreten des Psychotherapeutengesetzes über eine Novellierung diskutiert, angestoßen durch den sogenannten »Bologna-Prozess« mit der Einführung gestufter Bachelor- und Masterabschlüsse (vgl. Strauß 2009, S. 1). Es geht damit auch um die Frage, welche Qualifikationen die einzelnen Berufsgruppen mitbringen müssen. Es bleibt offen, ob die Soziale Arbeit mit ihrer eigenen Identität, mit ihrer ihr eigenen spezifischen Sicht von psychosozialen Problemlagen noch einen Raum in der Landschaft der Kinder- und Jugendlichenpsychotherapie behält.

Suchttherapie und Kinder- und Jugendlichenpsychotherapie: Bedeutsamkeit für die Soziale Psychotherapie

- Sozialarbeiter waren/sind maßgeblich an der Entwicklung dieser Therapieformen beteiligt
- Psychosoziale Aspekte in der Psychotherapie stehen gegenüber einer individuumszentrierten Sichtweise im Vordergrund
- Fördert die Professionalisierung
- Verdeutlicht die Notwendigkeit (psycho-)therapeutischer Sozialarbeit

2.2.6 Historie Klinischer Sozialarbeit in Deutschland

Den Terminus »Klinische Sozialarbeit« verwendete nach meinen Recherchen in Deutschland erstmals Senftleben im Jahre 1988 in einer empirischen Studie über den Krankenhaussozialdienst in hessischen Kliniken mit somatischem Versorgungsauftrag. Klinische Sozialarbeit wurde synonym mit Kliniksozialarbeit verwendet (vgl. Senftleben 1988). Feinbier kritisierte 1997 die enge Verknüpfung des Begriffes »Klinische Sozialarbeit« mit dem »Krankenhaussozialdienst« und wies darauf hin, dass der Begriff in Anlehnung an den des Klinischen Psychologen gewählt wurde. Bedeutung erlangt seiner Auffassung nach der Begriff »Klinische Sozialarbeit« dort, wo sich die Sozialarbeit mit anderen klinischen Disziplinen ein Tätigkeitsfeld teilt, dies jedoch nicht beschränkt auf intramurale Einrichtungen (vgl. Feinbier 1997). Als »Entdecker« der deutschen Klinischen Sozialarbeit kann Wendt genannt werden, der Mitte der 1990er Jahre auf das amerikanische Clinical Social Work mit seiner über 40-jährigen Geschichte hinwies (vgl. Gahleitner/Hahn 2008, S. 7f.). Damit regte er eine intensive fachliche Diskussion in der bundesrepublikanischen Sozialarbeit an. Zwischenzeitlich erschien eine Vielzahl von Publikationen, und seit Beginn der 2000er Jahre haben sich spezielle Masterstudiengänge für Klinische Sozialarbeit in der Bundesrepublik etabliert. »Klinische Sozialarbeit markiert einen Anspruch auf professionelles Expertentum […] als ›Fachsozialarbeit‹ […] für soziale Beratung, Behandlung und Intervention« (Pauls 2004, S. 16).

Klinische Sozialarbeit ist eine

> »Teildisziplin der Sozialen Arbeit, die sich mit psycho-sozialen Störungen und den sozialen Aspekten psychischer und somatischer Störungen/Krankheiten und Behinderungen unter Berücksichtigung der Lebenslage der Betroffenen befasst. Gegenstand sind u.a. die Themen psychosoziale Diagnostik/Assessment, psychosoziale Beratung, Sozialtherapie, aufsuchende soziale Interventionen, Betreuung, Case-Management, Prävention und Rehabilitation, gemeindenahe Versorgung« (ebd., S. 22).

Die Klinische Sozialarbeit erweitert den Gesundheits- und Krankheitsbegriff in dem Sinne, dass sie die psychosozialen Aspekte bei der Entstehung und Aufrechterhaltung von Krankheiten mitbeachtet und sich einem biopsychosozialen Modell von Krankheit und Gesundheit verpflichtet fühlt. Das defizitorientierte Pathogenesemodell der Medizin und zunehmend auch das der Psychologischen Psychotherapie wird um die Perspektive der Sozialwissenschaften erweitert. »Zentral ist das bio-psycho-soziale Verständnis von Krankheit und Gesundheit, in dem das Konzept der ›Person-in-ihrer-Umwelt‹ im Mittelpunkt steht« (Geißler-Piltz et al. 2005, S. 21). Weitere Bezugspunkte sind die Salutogenese nach Antonovsky (1978), Franke (2006) und Faltermaier (2005), die Gesundheitsförderung (vgl. Mühlum 2008, S. 62ff.), die Resilienzforschung und die Ansätze der Humanistischen Psychologie mit ihrem Konzept der Selbstaktualisierung (vgl. Geißler-Piltz et al. 2005, S. 21ff.). Insgesamt kann die Klinische Sozialarbeit als eine Fachsozialarbeit definiert werden, die die salutogenetische Orientierung und Ressourcenorientierung im Fokus hat (vgl. ebd., S. 11).

Klinische Sozialarbeit in Deutschland: Bedeutsamkeit für die Soziale Psychotherapie

- Professionelle und wissenschaftliche Grundlage für eine Soziale Psychotherapie
- Gesundheitsbezug/reklamiert in Ansätzen Heilung
- Psychosozialer Ansatz (»Person-in-Environment«)
- Biopsychosoziales Modell von Gesundheit und Krankheit
- Salutogenetische Sichtweise
- Ressourcenorientierung

2.2.7 Tentativ zusammenfassende Darstellung der deutschen therapeutischen Sozialarbeit

Die Entwicklung einer therapeutischen Sozialarbeit in Deutschland ist nicht so geradlinig verlaufen wie in den USA. Trotz aller Unterschiede der therapeutischen Ansätze des Social Work in den Vereinigten Staaten im Detail blieben sie Subtheorien und -methoden des Casework. Ausgehend vom Richmond-Ansatz kam es zu den erwähnten Differenzierungen der Einzelfallhilfe, um sich ab den 1960er Jahren unter dem Dach der Profession Clinical Social Work wieder zu bündeln, wobei das Casework um Methoden der Familientherapie und der Gruppenarbeit ergänzt wurde – und somit als »Casework plus« bezeichnet werden kann.

In der Einleitung wurde bereits kurz auf das »breitgefasste« (Psycho-) Therapie-Verständnis der Integrativen Therapie hingewiesen, das kurative, gesundheitsfördernde, persönlichkeitsentwickelnde und kultur- und gesellschaftskritische Dimensionen einschließt (vgl. Petzold/Orth 1999, S. 9). Unter diesem Blickwinkel sollen in aller Kürze ausgewählte Entwicklungen der therapeutischen Sozialarbeit in Deutschland untersucht werden, wobei ergänzend der Bezug zur Sozialen Arbeit in die Betrachtung mit einfließt:

- Die Begrifflichkeiten der »Sozialen Diagnose« und »Sozialen Therapie« sind bei Salomon nicht als Rückgriff auf die Semantik des damaligen medizinischen Systems und als Anpassung an Letzteres zu bewerten, sondern zeugen von einer bestimmten Haltung in der Arbeit mit den Klienten. Salomon ergänzte bewusst die ärztliche Tätigkeit in der Diagnostik und Behandlung, indem sie den Klienten immer in Bezug auf seine Umwelt begriff. Salomon betonte deutlich den Aspekt der Wiederherstellung von Gesundheit als Aufgabe der Fürsorge (kurativer/heilender Aspekt). Die therapeutische Dimension der Persönlichkeitsentwicklung stellt bei Salomon eine weitere Funktion der Fürsorge dar, verstanden als Anpassungsleistung des Individuums an die Umweltbedingungen. Weiteres Ziel der Sozialarbeit nach Salomon ist der Einsatz für eine gerechtere Gesellschaft durch die Auflösung von Klassengegensätzen, was von einer gesellschaftskritischen Dimension zeugt (vgl. Hoffmann 1977, S. 6).
- Die frühen Konzepte der Einzelfallhilfe in Deutschland nahmen zunächst eine similare Entwicklung wie in den USA, indem die Psychoanalyse einerseits als Reflexionsinstrument der Sozialarbeit fungierte, aber auch immer mehr methodisches Repertoire, angepasst an die Soziale Arbeit, integriert wurde. Die Ansätze von Wronsky und Kronfeld

hatten deutlich kurativen Anteil, bei zunehmender Ausblendung der gesellschaftlichen Dimension. Beim modifizierten Casework-Ansatz von Kamphuis sehen wir zusätzlich auch agogische Anteile in der Klientenarbeit. In der psychoanalytischen Sozialarbeit, die Traditionen des psychoanalytischen Casework und der psychoanalytischen Pädagogik integriert, sehen wir deutlich kurative, persönlichkeitsentwicklungsfördernde Aspekte, bei – wie es mir scheint – zu geringer Beachtung der sozialen Gegebenheiten als pathogenetischer Faktor. Die Psychoanalyse in der psychoanalytischen Sozialarbeit findet nicht primär im »verbalen Raum«, sondern »inactu« statt, d.h., es könnte von einer handlungsorientierten Psychoanalyse gesprochen werden. Ob hier die Psychoanalyse noch als Bezugswissenschaft für die Soziale Arbeit dient oder die Soziale Arbeit eine Praxis der Psychoanalyse darstellt, ist ungeklärt (vgl. Finger-Trescher 2001, S. 1455).

- Seit den 1970er Jahren erlebten (psycho-)therapeutische Zusatzausbildungen in der Bundesrepublik einen Boom, der als »Therapeutisierung« der Sozialen Arbeit markiert wurde. Insbesondere die therapeutischen Ansätze aus dem Bereich der Humanistischen Psychologie scheinen mir für eine (psycho-)therapeutische Sozialarbeit als Reflexionsrahmen und für die Erweiterung ihres methodischen Werkzeugs besonders geeignet. Sie beinhalten sämtliche Dimensionen der (Psycho-)Therapie und zeigen dadurch eine hohe Kompatibilität zur Sozialen Arbeit. Kritisch muss angemerkt werden, dass diese Ansätze von der disziplinären Seite der Sozialen Arbeit nicht genügend gewürdigt und rezipiert wurden.
- Mit dem Import des Clinical Social Work in die Bundesrepublik Mitte der 1990er Jahre setzte eine professionelle Entwicklung ein, hin zu einer spezifisch klinisch kompetenten Sozialarbeit. Mit dem Konzept der Klinischen Sozialarbeit besteht zum ersten Male in der 100-jährigen Geschichte der professionellen Sozialen Arbeit in Deutschland die Chance, die Behandlungskomponente dieses Berufes unter einem wissenschaftlichen und praxeologischen Oberbegriff zu subsumieren. Damit eröffnet sich die Möglichkeit, ähnlich der Situation in den USA, die diesbezügliche wissenschaftliche Weiterentwicklung voranzutreiben und die Professionalisierung zu fördern. Die von Petzold und Orth skizzierten Dimensionen der (Psycho-)Therapie sind integraler Bestandteil aller »sozialarbeitsspezifischen Formen der Behandlung von sozio-psycho-somatisch zu verstehenden Störungen, Erkrankungen und Behinderungen« (Ortmann/Röh 2008, S. 9.). Die unabhängig voneinander entstandene Suchttherapie und

die Kinder- und Jugendlichenpsychotherapie haben eine Kohärenz mit der Sozialen Arbeit, und die diesbezügliche Tätigkeit, insofern sie durch Sozialarbeiter durchgeführt wird, sollte meiner Auffassung nach unter dem »Metakonzept der Klinischen Sozialarbeit« subsumiert werden.

Therapeutische Sozialarbeit in Deutschland	Zeitraum	Bezug zu den Wissenschaften der Sozialen Arbeit	Kurative Dimension	Gesundheitsfördernde Dimension	Persönlichkeitsentwickelnde Dimension	Kultur- und gesellschaftskritische Dimension
Salomons Soziale Diagnose und Soziale Therapie	ab 1926	hoch	ja	gering	hoch	mittel
Weiterentwicklung Einzelfallhilfe	1. Phase ab 1930er Jahre, 2. Phase ab 1950	mittel	ja	gering	hoch	mittel
Psychoanalytische Sozialarbeit	1. Phase 1927 bis 1937 2. Phase ab 1980er Jahre	gering	ja	gering	hoch	gering
»Therapeutisierung« der Sozialen Arbeit	Höhepunkt 1970er und 1980er Jahre	sehr gering	ja	mittel	hoch	mittel
Sozialarbeiterische Suchttherapie und Kinder- und Jugendlichenpsychotherapie	ab ca. 1960er Jahre	mittel	ja	hoch	hoch	mittel
Klinische Sozialarbeit	ab Mitte der 1990er Jahre	hoch	ja	hoch	hoch	mittel – hoch

Tab. 2: Therapeutische Sozialarbeit in Deutschland aus der Perspektive (psycho-)therapeutischer Dimensionen

2.3 (Psycho-)Therapie als historisch gewachsene Methode der Sozialen Arbeit

Historisch betrachtet ist die Soziale Arbeit, wie in vielen Fällen skizziert, ein therapeutischer Ansatz und keine marginale Randerscheinung sozialarbeiterischer Praxis. Wenn wir insbesondere auf die Ursprünge der professionellen Sozialarbeit und Sozialpädagogik eingehen, indem wir auf die Pionierinnen in den USA, aber auch in Deutschland blicken, erscheint die häufig unter den Theoretikern vertretene These der Dichotomisierung zwischen Therapie und Sozialer Arbeit völlig unverständlich. Soziale Arbeit in ihren Anfängen beinhaltete bei Richmond und Salomon die Elemente Soziale Diagnose und Soziale Therapie. Die Nutzung dieser Begriffe hatte nicht nur eine semantische Bedeutung, sondern diese waren theoretische Grundlagen für eine therapeutische Praxis in der Sozialarbeit. Die Entwicklung des Casework und des »Casework plus«, wie man auch das amerikanische Clinical Social Work bezeichnen kann, zeigt eindrücklich, dass die Soziale Arbeit zu einem nicht zu unterschätzenden Teil therapeutisch ist, bei klarer Verortung zur Sozialen Arbeit. Nun mögen Gegner dieser These auf die Nicht-Übertragbarkeit der Konzepte aufgrund der amerikanischen Verhältnisse hinweisen. Aber es entsteht der Eindruck, dass Auseinandersetzungen mit den internationalen Entwicklungen – in anderen Wissenschaften eine Selbstverständlichkeit – in der Sozialen Arbeit weiter gescheut werden. Und mit der Klinischen Sozialarbeit ist ein Metakonzept zur therapeutischen Sozialarbeit entstanden, das sich u. a. auf die Wurzeln der »Direct Practice« zurückbesinnt. »Klinische Sozialarbeit meint nach unserem Verständnis im Kern Sozialarbeit als Behandlung« (Binner/Ortmann 2008, S. 72), so die Sicht zweier Vertreter der wissenschaftlichen Klinischen Sozialarbeit.

Gildemeister und Robert sollen hier bezüglich ihrer Stellung zur Sozialen Arbeit und Therapie, stellvertretend für andere Kritiker, die vor einer Vermischung der Handlungsfelder warnen, kurz betrachtet werden:

> »Sozialpädagogik und Therapie unterscheiden sich insbesondere darin, wie sie ihre Aufgabe, ihren ›Gegenstand‹, ihren Handlungsansatz und ihr Ziel dimensionieren und welche Akzente sie dabei setzen. […] In der Sozialpädagogik ist in einem grundsätzlichen Sinne stets das Problemfeld sozialer Integration angesprochen. […] Therapeutische Prozesse dagegen sind zentriert auf die Person des Klienten« (Gildemeister/Robert 2005, S. 1903).

Wenn auch die Autoren eingestehen, dass eine eindeutige Grenzziehung nicht möglich ist, sehen sie Differenzen:

> »Auf diese Weise lässt sich eine wesentliche Differenz von Soziapädagogik und Therapie nunmehr gut als deren unterschiedliche Blickrichtung verdeutlichen. Personalität und Selbstverständnis sowie soziale Welt und die (aktive) Situierung des Problembetroffenen in dieser stellen dabei zwei unterschiedlich gewichtete Elemente eines Zusammenhangs dar« (ebd., S. 1904).

Wenn wir zunächst den von mir skizzierten erweiterten Therapiebegriff hier zurückstellen und der Auffassung von Gildemeister und Robert folgen, so muss man konstatieren, dass es einen Grenzbereich zwischen der Arbeit am Individuum und dem Sozialen gibt. Die Autoren blenden aus, dass es eine Tradition des »Doppelten Fokus« in der Diagnostik und Intervention der Sozialen Arbeit gab und gibt. Klinische Sozialarbeit ist die klassische Profession, die diese zwei Elemente, die therapeutische und die sozialarbeiterische Komponente, integriert, wenn man in der Logik der Autoren bleibt. Für mich ist jedoch, wie bereits angeschnitten, diese Trennung von Sozialer Arbeit und Therapie artifiziell, und übersieht, dass Therapie seit der Professionalisierung der Sozialen Arbeit immer integraler Bestandteil des theoretischen Bezugsrahmens und der Praxelogie war. Die Integration und Assimilierung von Bezugswissenschaft (hier die psychotherapeutischen Verfahren) ist nicht etwas spezifisch Sozialarbeiterisches, sondern in anderen Disziplinen etwas ganz Selbstverständliches (vgl. Engelke et al. 2009, S. 299ff.).

Gildemeister und Robert kritisieren eine zunehmende Personalisierung und »Therapeutisierung« der Konzepte Sozialer Arbeit, die es aus ihrer Sicht in den klassischen Methoden der Sozialen Arbeit nicht gab. Es mag Kritikpunkte an der individualisierten Arbeitsweise der Sozialen Arbeit geben, aber zu behaupten, dass es solche Tendenzen einer therapeutischen Arbeitsweise in den klassischen Methoden nicht gab – sie erwähnen hier explizit die Einzelfallhilfe (vgl. Gildemeister/Robert 2005, S. 1904) – zeugt, um es vorsichtig zu formulieren, von Unkenntnis.

Die von ihnen wahrgenommene Individualisierung der Sozialen Arbeit erfolgte in der Regel in der Praxis, ohne eine wissenschaftliche Verankerung zu haben. Meinhold (2005, S. 509) bestätigt den Eindruck der genannten Autoren insbesondere für die Einzelfallhilfe, die trotz aller Kritik aktuell die am meisten praktizierte Handlungsstrategie in unterschiedlichen Kontexten Sozialer Arbeit darstellt. Das wissenschaftliche Vakuum entstand durch die massive Methodenkritik Ende der 1960er Jahre, in der Zeit der Studentenbewegung und einer zunehmenden Politisierung. Angeprangert wurden fehlende theoretische Grundlagen und Fundierung, die Individualisierung von sozialen Notlagen, die Pathologisierung der Adressaten und die Orientierung am medizinischen Krankheitsmodell.

Die psychosozialen Notlagen werden als »soziale Erkrankungen« wahrgenommen, deren Genese, um es vereinfacht auszudrücken, im Einzelnen liegen (vgl. Galuske/Müller 2005, S. 500): »Die Folge dieser methodisch induzierten Individualisierungsstrategie ist eine Entlassung der Gesellschaft von strukturellen Problemlösungen im Zuge der Umdefinition von sozialen zu psycho-sozialen Problemlagen« (ebd.). Die Kritik an den mangelnden theoretischen Grundlagen blendet die in jener Zeit hochentwickelte Methodik des amerikanischen Social Work mit ihrer wissenschaftlichen Verankerung aus. Individualisierungstendenzen in der therapeutischen Sozialarbeit lassen sich sicher nicht ganz leugnen, aber die diesbezüglichen Einwände greifen zu kurz. Es gibt jedoch eine Reihe von Klienten der Sozialen Arbeit, die unter vielfältigen sozialen Problemlagen leiden, die in enger Interaktion mit seelischen Problemen dieser Menschen stehen. Es entsteht dadurch ein Circulus vitiosus mit einer Intensivierung der psychischen Störungen und parallel eine Eskalation der sozialen Problemlagen (vgl. Rauschfleisch 1996, 2006). Wenn wir uns ganz nach den Einwänden der Kritiker der individualisierten Methoden Sozialer Arbeit auf die sozialen Reformen konzentrierten, würden wir insbesondere den »Hard-to-reach«-Adressaten nicht gerecht. Die Hilfen an diese Gruppe verlaufen immer doppelgleisig. Diese Gruppe von Klienten hat auch einen Anspruch auf direkte Hilfe, Unterstützung, Therapie. Bis gegebenenfalls Reformen greifen würden, wäre es für den Einzelnen zu spät. Das eine zu tun (individualisierte Hilfen), ohne das andere zu lassen (Sozialreformen), dafür stand und steht die Soziale Arbeit auch in ihrer therapeutischen Ausprägung.

Teil II

Klinische Sozialarbeit als Basis sozialer Psychotherapie

3 Klinische Sozialarbeit als werdende Wissenschaft

3.1 Ausgewählte Theorien Klinischer Sozialarbeit

3.1.1 Klinische Sozialarbeit als gesundheitsbezogene Sozialarbeit

Senftleben: Klinische Sozialarbeit als Krankenhaussozialarbeit

Senftleben (1988) benutzt, wie oben bereits angemerkt, den Terminus »Klinische Sozialarbeit« meiner Kenntnis nach als Erster im deutschsprachigen Raum, nämlich im Rahmen einer empirischen Untersuchung in hessischen Akutkrankenhäusern. Er verwendet den Begriff »Klinische Sozialarbeit« synonym zu »Krankenhaussozialarbeit« oder »Kliniksozialarbeit« und lokalisiert damit diese Form der Sozialarbeit. Hey (2000, S. 165) hat zu Recht darauf hingewiesen, dass die Kliniksozialarbeit ein Teilgebiet der Klinischen Sozialarbeit darstellt und dass das Konzept dieser Fachsozialarbeit über das der Kliniksozialarbeit hinausgeht. Senftleben (1988, S. 7f.) kritisiert in scharfer Form die Medikalisierung und Ökonomisierung des Gesundheitswesens. Eine Subordination der Sozialen Arbeit in dem medizinischen Modell entspreche nicht deren Auftrag, den er in Unterstützungsleistungen bei der Lebensgestaltung und einer Gemeinwesenorientierung sieht. Prävention und gesundheitlich-kommunikative Aufgaben (Bewältigungsstrategien, Pädagogik) im sozialen Raum seien das »Kerngeschäft« des Sozialen Dienstes im Krankenhaus und in Organisationen des Gesundheitswesens. Nach Senftleben (2001, S. 22) sollte Soziale Arbeit dafür einstehen, »dass

›Menschenwürde nach Kassenlage‹ nicht zur Maxime eines durch Ökonomie deformierten Unwohlfahrtsstaates wird«.

Klinische Sozialarbeit als »Direct Practice« mit ihrem doppelten Fokus in der Wahrnehmung von psychosozialen Problemlagen und Interventionen teilt meiner Ansicht nach zwar die Kritik an dem einseitigen medizinischen System, leitet aber andere Konsequenzen daraus ab, indem sie auch eine individual-kurative Tätigkeit durchführt, ohne den Blick für die gesellschaftlichen Rahmenbedingungen zu verlieren.

Feinbier: Klinische Sozialarbeit und abweichendes Verhalten

Die erste Monografie zur Klinischen Sozialarbeit im deutschsprachigen Raum wurde von Feinbier im Jahre 1997 verfasst und erweitert den engen Bezug zur Kliniksozialarbeit (vgl. Kapitel 2.2.6). Für Feinbier (1997, S. 20f.) entstand der Wunsch nach einer sozialarbeiterischen Tätigkeit im klinischen Feld aufgrund der seinerzeit herrschenden Diskussion um ein psychosoziales bzw. biopsychosoziales Modell von Gesundheit und Krankheit. Als Gegenstandsbereich einer klinischen Form Sozialer Arbeit schlägt er den Begriff des »abweichenden Verhaltens« vor und nimmt bewusst von dem in der Psychologie inzwischen verwendeten Terminus der »Störung« Abstand. Pauls hat dies folgendermaßen präzisiert:

> »Dabei geht es um gesundheitsrelevantes abweichendes Verhalten, das durch psycho-soziale Problemlagen, sozialstrukturelle Lebensbedingungen mit ihren Ausgrenzungen und Benachteiligungen, psycho-soziale Defizitentwicklungen, Belastungen und Konflikte, körperliche und geistige Behinderung verursacht und/oder aufrecht erhalten wird« (Pauls 2004, S 17).

Es handelt sich aber, wie Pauls betont, um einen komplexen Begriff, der nur schwer zu konkretisieren ist. Auch wenn Klinische Sozialarbeit mit zur Genesung von Krankheiten beiträgt, so liegt der Schwerpunkt primär in Unterstützungsleistungen, die zu einer befriedigenden Alltags-/Lebensgestaltung beitragen, und im multidisziplinären Denken und Handeln. Therapie im Zusammenhang von Sozialarbeit zu applizieren ist aus seiner Sicht eine bedeutsame Einschränkung (vgl. Feinbier 1997, S. 24f.). »Therapie, als Rückführung auf einen prä-morbiden Zustand, wird hier verstanden als ein genuines Feld von Medizin und Klinischer Psychologie« (ebd., S. 24). Die Ausgrenzung von Therapie aus der Sozialen Arbeit wird, wie bereits erläutert, von einigen Autoren nicht geteilt. So spricht Dorfman (1996, S. 41ff.) bezüglich Klinischer Sozialarbeit von »Psychotherapy plus«, und Binner und Ortmann (2008, S. 72) sehen in der Sozialen Therapie eine Kernkompetenz der Klinischen Sozialarbeit. Diese Auffassungen werden in dieser Arbeit durch den Autor geteilt.

Mühlum (2008, S. 62ff.) hat drei Profile Sozialer Arbeit mit Gesundheitsbezug differenziert: Erstens hat alle Soziale Arbeit einen Gesundheitsbezug, auch wenn dieser z. T. unspezifischer Natur ist, zweitens hat Gesundheitssozialarbeit als Auftrag die Gesundheitsförderung, drittens ist Klinische Sozialarbeit eine spezialisierte Beratungs- und Behandlungsform. Beide Ansätze sind eher als Soziale Arbeit mit gesundheitsbezogenen Aufgaben oder als Gesundheitssozialarbeit zu verstehen.

3.1.2 Beratung als zentrales Merkmal der Klinischen Sozialarbeit

> »So richtig es ist, alle recht verstandene Soziale Arbeit als gesundheitsdienlich zu bezeichnen, so notwendig ist eine Präzisierung: Wenn gesundheitsfördernde Aufgaben ins Zentrum rücken, kann von Gesundheitssozialarbeit gesprochen werden. Und sofern dies in besonders schwierigen Beziehungs- und Behandlungskontexten erfolgt, sprechen wir von Klinischer Sozialarbeit, die zusätzliche Kompetenzen erfordert« (Deutsche Gesellschaft für Soziale Arbeit e. V. Arbeitskreis Sozialarbeit und Gesundheit 2001, S. 16).

Bei den hier geforderten Kompetenzen wird zum einen die Beratung erwähnt. Die im Folgenden aufgeführten Autoren sehen in der Sozialen Beratung die Hauptmethode, die Kompetenz der Klinischen Sozialarbeit.

Ansen: Klinische Sozialarbeit und Soziale Beratung

Ansen benutzte 2002 noch die Begrifflichkeit »Psychosoziale Beratung«, im Jahre 2008 den der »sozialen Beratung« (vgl. Ansen 2002, 2008). Im Hinblick auf den in Kapitel 2 erwähnten doppelten Fokus in der Diagnostik und Behandlung von psychosozialen Problemlagen erscheint mir der erstgenannte Terminus geeigneter für eine sich in der Entwicklung befindende spezialisierte, klinisch kompetente Sozialarbeit. Mit der Veränderung der Begriffswahl scheint bei Ansen eine veränderte Akzentuierung der Klinischen Sozialarbeit zu stehen, insbesondere bei der Wahrnehmung der Problemlagen der Adressaten und bei den Beratungsinhalten.

Ansens (vgl. 2002 und 2008) Interessengebiet liegt bei den chronischen Erkrankungen, insbesondere bei den somatischen mit ihren psychosozialen Implikationen. Klinische Sozialarbeit fokussiert dabei auf die subjektive Dimension, das Kranksein, also auf die persönlichen Erfahrungen des Klienten, ohne die objektiven Befunde der Krankheit auszublenden. Gerade bei Patienten mit chronischen, unheilbaren Erkrankungen ist die ärztliche Behandlung an ihre Grenzen gestoßen. Sie kann Symptome lindern, muss aber wegen der vielfältigen psychosozialen Belastungen der chronisch Erkrankten durch weitere psychosoziale Unterstützungsleistungen ergänzt werden. Klinische Sozialarbeit leistet hierzu einen unverzichtbaren Beitrag, chronisch Kranke bei der Krankheitsverarbeitung/-bewältigung zu unterstützten. Der Umgang mit den Symptomen, mit dem unberechenbaren Krankheitsverlauf, mit den Schmerzen, ferner beim Abschiednehmen von liebgewonnenen Gewohnheiten, dem Einüben eines neuen Lebensstils, der Bewältigung familiärer Belastungen, dem Aufbau eines sozialen Netzes. Aber auch die mit chronischen Erkrankungen einhergehenden ökonomischen Belastungen sind Themenfelder einer Klinischen Sozialarbeit (vgl. Ansen 2002, S. 89ff.). Es geht »in der Klinischen Sozialarbeit im Gesundheitswesen darum, den Prozess der Krankheitsbewältigung so zu begleiten, dass die Betroffenen ein konstruktives Arrangement mit ihren sozialen und biologischen Lebensumständen erreichen. Diese Perspektive ergänzt die medizinische Sichtweise in wesentlichen Punkten« (ebd., S. 103f.). In seiner Veröffentlichung zur sozialen Beratung im Jahre 2008 ist der Fokus primär auf die sozioökonomischen Belastungen gerichtet, im Jahr 2002 lag er zunächst auf den Themen der Krankheitsverarbeitung.

Nach Ansen zielt die Soziale Beratung

> »auf die Besserung der sozialen Teilhabe von Ratsuchenden, die durch eine ausreichende sozialökonomische Grundsicherung, tragfähige formelle und informelle Formen der (sozialen) Unterstützung und die persönliche Befähigung zur Teilhabe am Leben der Gesellschaft erreicht wird. […] Die Ziele der sozialen Beratung werden vor allem durch Maßnahmen zur Sicherung der materiellen Lebensgrundlagen, die Weitergabe von handlungsbefähigenden Informationen und Wissen an Ratsuchende, die Förderung von sozialen Netzen und den persönlichen Beistand in bedrängenden Lebenslagen erreicht« (Ansen 2008, S. 51f.).

Soziale Diagnostik und die Interventionen sind auf drei Ebenen gerichtet, nämlich erstens auf die ökonomischen, materiellen Lebensgrundlagen, zweitens die soziale Unterstützung respektive das familiäre/soziale Netz und drittens die persönlichen Fähigkeiten bzw. die Alltagsbewältigung (vgl. ebd., S. 59ff.). Ansen hebt aber neben der Relevanz inhaltlicher Aspekte in der Beratung die besondere Bedeutung der Beziehungsgestaltung mit chronisch kranken Menschen hervor (vgl. ebd., S. 52).

Schaub: Klinische Sozialarbeit und soziale Ungleichheit

Schaub veröffentlichte 2008 die dritte Monografie zur Klinischen Sozialarbeit.[10] Sein Verständnis Klinischer Sozialarbeit orientiert sich dabei an Staub-Bernasconis Sichtweise mit ihrer Kritik an den individuum- und subjektzentrierten Paradigmen, insbesondere des Clinical Social Work (vgl. Staub-Bernasconi 2005, S. 246ff.). Im Zentrum seiner Aufmerksamkeit steht das Soziale in der klinischen Perspektive, vor allem der Aspekt der sozialen Ungleichheit. Er benennt Soziale Stressoren wie Partnerverlust, Arbeitslosigkeit, Wohnungswechsel etc. (lebensverändernde Ereignisse) und chronische, zeitextendierende Überforderungen (z.B. Partnerschaftsprobleme, Arbeitsstress) als mitverursachende Faktoren für Krankheit und Gesundheit (vgl. Schaub 2008, S. 19ff.).

> »Die Sozialarbeit ist die Spezialdisziplin für soziale Ungleichheit und Benachteiligungen, und sie versteht innerhalb des Sozial- und Krankenversorgungssystems am meisten davon, wie die genannten Stressoren auf Gesundungs- und Erkrankungsprozesse wirken. Auch die Bedeutung sozialer Ressourcen im Zusammenhang mit Erkrankungs- oder Gesundungsprozessen sind der Sozialarbeit bekannt sowie deren Verfügbarkeit in Abhängigkeit von sozialen Lebensweisen, -lagen und -erfahrungen ist offenkundig« (ebd., S. 21).

Die auf die soziale Dimension gesundheitlicher Fragestellungen ausgerichtete Klinische Sozialarbeit zeigt nach Schaub folgende Charakteristika auf: niederschwelliger Ansatz, Familienorientierung, Care-, Case- und Disease-Management, Beratungsmodell, Ressourcenorientierung, Orientierung an Salutogenese-Konzepten, multidisziplinäres Denken und Handeln, Gesundheitspädagogik und -förderung (vgl. ebd., S. 20ff.).

Als Methoden der Klinischen Sozialarbeit benennt er die Beratung, die Interviewtechnik, die Paar- und Familienarbeit, die multidisziplinäre Teamarbeit, das Case-Management und die Netzwerkarbeit, die aber nur eine von

10 Die erste Monografie stammt von Feinbier (1997) und die zweite von Pauls (2004).

ihm getroffene Auswahl darstellen. Die Beratung stellt ein zentrales Element einer Klinischen Sozialarbeit dar (vgl. ebd., S. 55ff.).

Crefeld: Klinische Sozialarbeit als Psychosoziale Beratung

Crefeld bezeichnete 2002 die Soziale Beratung als praxeologische Wissenschaft der Klinischen Sozialarbeit und beschrieb mit ihr eine Kernkompetenz dieser Spezialisation Sozialer Arbeit (vgl. Crefeld 2002b, S. 69). Er bezieht sich auf Neuffer, der seiner Ansicht nach ein zweckmäßiges Verständnis von Beratung formuliert hat (vgl. Crefeld 2002a, S. 31): »Beratung in der Sozialen Arbeit bezieht sich auf soziale Probleme, den Prozess der Hilfestellung und alle Systemebenen. Ihr Ziel ist eine verantwortete Veränderung der mehrdimensionalen Problemsituation von Personen und Gruppen. Dabei arbeitet sie kontext-spezifisch, lösungs-, zukunfts- und ressourcenorientiert« (Neuffer 2000, S. 103). Crefeld obliegt der Verdienst, dass er die Schnittmenge zwischen Sozialer Beratung und Psychologischer Psychotherapie und die Differenzen in beiden Ansätzen dezidiert ausgearbeitet hat. Er führt auf, dass von Therapie dann gesprochen werden kann, wenn sie zielgerichtete, nach adäquater Methodik durchgeführte, individuumsspezifische Handlungen, die Heilung, Besserung oder Linderung von gesundheitlichen Problemen im Fokus hat. Der Therapiebegriff hängt also von folgenden Aspekten ab: dem Ziel der Behandlung, der Methodik sowie dem institutionellen Kontext. In dem eng gefassten Therapiebegriff der Psychologischen Psychotherapie würde die Soziale Beratung nicht zu diesem Spektrum gehören. Doch die Definition des Psychotherapeutengesetzes ist nach Crefeld berufsständig geprägt. So macht er in diesem Zusammenhang zu Recht darauf aufmerksam, dass das Gesetz nicht Psychotherapiegesetz heißt, wie dies beispielsweise in Österreich der Fall ist, sondern Psychotherapeutengesetz. Geschützt sei nur die Berufsbezeichnung »Psychotherapeut«, aber nicht die Tätigkeit Psychotherapie. Psychotherapie in seinem Sinne ist ein Spezialfall der sozialen Beratung (vgl. Crefeld 2002a, S. 32ff.).

> »Wenn es sich bei einem sozialen Beratungsprozess um einen bewussten und geplanten interaktionellen kommunikativen Prozess handelt mit dem Ziel der hilfreichen Unterstützung eines Klienten in einer von ihm allein nicht zu bewältigenden Problemsituation mittels lehrbarer Techniken und auf Basis geeigneter Theorien und Methoden zum Fallverständnis, so könnte man immer

> dann von Psychotherapie sprechen, wenn gesundheitliche Beeinträchtigungen und ihre Folgen im Vordergrund der Problemdefinition stehen« (ebd., S. 34).

Soziale Beratung nach Crefeld könnte meiner Auffassung nach auch als Psychotherapie im weiteren Sinne bezeichnet werden und stellt Klinische Sozialarbeit im engeren Sinne dar – während die Beratungsansätze von Schaub und Ansen tendenziell zu einer generalistisch orientierten Sozialarbeit[11] ausgerichtet sind.

3.1.3 Klinische Sozialarbeit als behandelnde Sozialarbeit

Binner und Ortmann: Klinische Sozialarbeit als Sozialtherapie

Binner und Ortmann betonen die Notwendigkeit der Entwicklung einer eigenen Methodik innerhalb der Klinischen Sozialarbeit, die sich nicht, wie in den Jahrzehnten zuvor, auf die Klinische Psychologie bezieht, sondern deren Bezugspunkt die Wissenschaft der Sozialen Arbeit ist. Sie verstehen Klinische Sozialarbeit als eine behandelnde therapeutische Sozialarbeit, die »eigene Verstehensmodelle von sozialen Problemlagen, eigene Handlungsmodelle und ausgewiesene methodische Kompetenzen, etwa in Diagnostik, Intervention und Evaluation« (Binner/Ortmann o.J., S. 1) benötigt.

Die Autoren versuchen die Sozialtherapie als zentrale Interventionsstrategie der Klinischen Sozialarbeit zu konzeptualisieren und innerhalb der Fachsozialarbeit zu verorten. Sie betonen, dass die Sozialtherapie aktuell ein weitgefasster Begriff sei und in unterschiedlichster Weise verstanden wird. Dies drückt sich bereits in den unterschiedlichen Begriffen wie »Sozialtherapie«, »Soziale Therapie« und »Soziotherapie« aus. Sie grenzen sich gegen die Standards des Deutschen Arbeitskreises Gruppenpsychotherapie und Gruppendynamik, Sektion Sozialtherapie, ab, die eine große Nähe zur Psychotherapie aufweisen. Die Soziotherapie nach §37a SGB V (Sozialgesetzbuch, Fünftes Buch) und die Sozialtherapie im Strafvollzug nach §9 StVollzG (Strafvollzugsgesetz) stellen für sie nur einen Sonderfall der Sozialtherapie dar und bleiben von daher in ihren Überlegungen unberücksichtigt (vgl. Bundesministerium für Justiz d, c; Binner/Ortmann 2008, S. 71f.).

---

11 Der Begriff »generalistisch orientierte Sozialarbeit« wird von Pauls (2004, S. 11) verwendet.

Als Grundlagen einer Sozialtherapie benennen sie Aspekte der sozialen und gesundheitlichen Ungleichheit, das biopsychosoziale Modell, das Konzept des Social Support sowie das Konzept der Gesundheitsförderung. Ferner, allerdings ohne detailliert darauf einzugehen, benennen sie weitere Theorien und Methoden aus dem Bereich der Sozialen Arbeit, aber auch aus dem psychotherapeutischen Kontext. Beim letztgenannten Punkt zeigt sich das ganze Dilemma einer Entwicklung spezifisch klinisch sozialarbeiterischer Methoden. Zunächst weisen die Autoren darauf hin, dass sich die Sozialtherapie an genuin sozialarbeiterischen Theorien, Methoden etc. orientieren solle und Abstand von der Psychologie und dem Psychotherapie-Paradigma nehmen müsse, in einem Nebensatz jedoch wird die Bedeutung letzterer Aspekte hervorgehoben. Der Argumentation von Belardi folgend wird die Soziale Arbeit ohne Anleihen aus der Transwissenschaft Psychotherapie und der Wissenschaft Psychologie nicht auskommen (vgl. Belardi 2000, S. 549; Binner/Ortmann 2008, S. 71ff.).

Als Gegenstand einer Sozialtherapie benennen Binner und Ortmann (2008, S. 78) soziale Problemlagen, die sie auch »Störungen in der sozialen Dimension biopsychosozial zu verstehenden Gesundheit« nennen, und orientieren sich an der Kategorisierung von Staub-Bernasconi (1994) in Ausstattungs-, Austausch-, Macht- und Kriterienprobleme. Zur Indikation von Sozialtherapie konstatieren sie, dass nicht jedes soziale Problem therapeutisch angegangen werden muss, aber sie betonen, dass es eine Vielzahl von Klienten mit prekären sozialen Problemlagen gibt, die mit der »klassischen Sozialarbeit« nicht erreicht werden können. Überweisungen an die vermeintlichen höher qualifizierten Experten wie Ärzte und Psychotherapeuten erfolgen, aber diese Behandlungen scheitern oft, da jene Berufsgruppen nicht über das entsprechende Handlungsrepertoire verfügen (vgl. Binner/Ortmanm 2008, S. 80).

> »Nicht selten werden solche KlientInnen, ohne dass eine nachhaltige Besserung erreicht werden konnte, mit den Etiketten ›austherapiert‹, ›fehlende Krankheitseinsicht‹, ›irreversible‹ oder ›nicht therapiefähig‹ in die Arbeitsfelder der SozialarbeitInnen zurück überwiesen, die sich dann vielfach den Einschätzungen der anderen Berufsgruppen anschließen und die KlientInnen in dem Sinne aufgeben, dass keine weiteren eigenen Versuche unternommen werden, an den sozialen Störungen therapeutisch zu arbeiten« (ebd.).

Diese »Fälle« seien die Klientel einer Sozialtherapie, und Klinische Sozialarbeit sei jene Profession, die sich auf solche »Hard-to-reach«-Adressaten spezialisieren sollte (vgl. ebd.).

Mit der Sozialtherapie verbinden die Autoren keine einzelne Behandlungsform, sondern eine Vielzahl von Methoden. So kann man bei der Sozialtherapie nach Binner und Ortmann von einem Metakonzept sprechen. Sozialtherapie kann als beruflich gestaltete Lebenspraxis, als Training, als Gespräch und als Begleitung erfolgen. Sozialtherapeutisches Arbeiten versteht sich als niederschwelliger, ressourcenorientierter Ansatz, der Klienten dort abholt, wo sie stehen. Die Sozialtherapie begleitet Menschen in Krisen (Akutbehandlung) und bei chronischen Verläufen (Langzeitbehandlung). Diese Arbeit mit Menschen mit Multiproblemlagen erfordert auch die Zusammenarbeit mit anderen Professionen und Diensten (Multidisziplinäres Denken und Handeln). Als Ziele einer Sozialtherapie, die sich mit den Zielen jeglicher Sozialen Arbeit decken, werden genannt: Förderung von sozialer Kompetenz, Teilhabe am sozialen, gemeinschaftlichen Leben und Teilhabe an der Gesellschaft (vgl. ebd., S. 82ff.).

Pauls: Klinische Sozialarbeit als psycho-soziale Behandlung

Die umfangreichste Monografie zur Klinischen Sozialarbeit wurde von Pauls 2004 verfasst. Er geht davon aus, dass die generalistisch orientierte Sozialarbeit bei den Themenkomplexen Gesundheit und Krankheit in den unterschiedlichen Arbeitsfeldern psychosozialer Arbeit zunehmend wirkungslos bleibt. Die soziale Profession benötigt bei den krankheits- und gesundheitsbezogenen Aufgaben ein spezifischeres Wissen und erweiterte methodische Handlungskompetenzen (vgl. Pauls 2004, S. 11f.).

> »Deshalb benötigen wir eine gesundheitsspezifische, beratend-behandelnde Fachsozialarbeit. Auf der Basis grundlegender Ziele aller Sozialarbeit – der Förderung, Verbesserung und Erhaltung der psycho-sozialen Funktionsfähigkeit von Individuen, Familien und Gruppen – geht es um die klinische Expertise in der psycho-sozialen Beratung, Behandlung, Prävention und Rehabilitation. Diese Fachsozialarbeit wird als ›Klinische Sozialarbeit‹ bezeichnet. ›Klinisch‹ bedeutet beratende und behandelnde Sozialarbeit, gleich ob sie ambulant, teilstationär oder stationär erbracht wird« (Pauls o.J. b).

Ziel einer Klinischen Sozialarbeit nach Pauls ist die Einbeziehung der »Person-in-Environment«-Perspektive in der psychosozialen Beratung und Behandlung bei Menschen, die von Krankheit und Behinderung bedroht bzw. betroffen sind (ebd.). Pauls erarbeitet komplexe theoretische Grundlagen für die Klinische Sozialarbeit, abgeleitet von den Bezugswissenschaften.

> »Dabei geht es dem Autor darum, die Eigenständigkeit der jeweiligen von Chemie, Biologie, Medizin, Psychologie, Soziologie und Kulturanthropologie codierten Wirklichkeitsebenen, auf denen sich Aspekte von Gesundheit und Krankheit zeigen, herauszuarbeiten und ihr komplexes Zusammenspiel – synchron als öko-systemischen Zusammenhang und diachron als biografischen Entwicklungsverlauf in der gesamten Lebensspanne – darzustellen« (von Kardorff 2005).

Zentrale Begriffe sind die »Person-in-Environment«-Perspektive, das biopsychosoziale Modell von Gesundheit und Krankheit, die Patho- und Salutogenese, die Resilienz, die Stressoren etc. Besondere Aufmerksamkeit widmet Pauls einer Sozial-Pathologie, aus der sich letztlich der Behandlungsauftrag einer Klinischen Sozialarbeit ableitet. Und hier schließt er an Strotzka an, der bereits in den 1960er Jahren drei sozialpathogenetische Ausformungen skizzierte (vgl. Pauls 2004, S. 115ff.):

- Direkte (primäre) Soziogenese: vorrangige Bedeutung der sozioökologischen Faktoren bei der multifaktoriellen Kausalität (z. B. externe Stressoren, die auf das Individuum einwirken).
- Indirekte Soziogenese: Somatische und individualpsychologische Faktoren stehen im Mittelpunkt der multifaktoriellen Kausalität. Soziale Faktoren haben aber im »Background« eine disponierende Funktion (z. B. Armut, prekäre Wohn- und Arbeitsverhältnisse).
- Tertiäre Soziogenese: Einfluss von sozialen Faktoren und Umweltfaktoren auf Krankheitsbild und -verlauf, z. B. Hospitalisierungseffekte (vgl. Strotzka 1965, S. 35).

Auf der Grundlage der genannten theoretischen Konzepte erarbeitet Pauls ein integratives, biopsychosoziales Behandlungsmodell.

Die Psychosoziale Behandlung (Klinische Sozialarbeit) versteht Pauls als dritte Behandlungsdimension neben der medizinischen und psychologischen Interventionsperspektive. Die Klinische Sozialarbeit mit ihrem psychosozialen Behandlungsinventar will er nicht auf Folge- und Begleitprobleme reduziert wissen. Sie sei dann die primäre Behandlungsinstanz, wenn Erkrankungen ursächlich sozial/psychosozial bedingt sind.

Unter der psychosozialen Behandlung subsumiert Pauls die Psychosoziale Diagnostik, die Psychosoziale Beratung, die Soziale Therapie, die Soziale Unterstützung, die Netzwerkarbeit, das Case-Management, die soziale Rehabilitation, die Krisenintervention und die sozialarbeiterische (soziale)

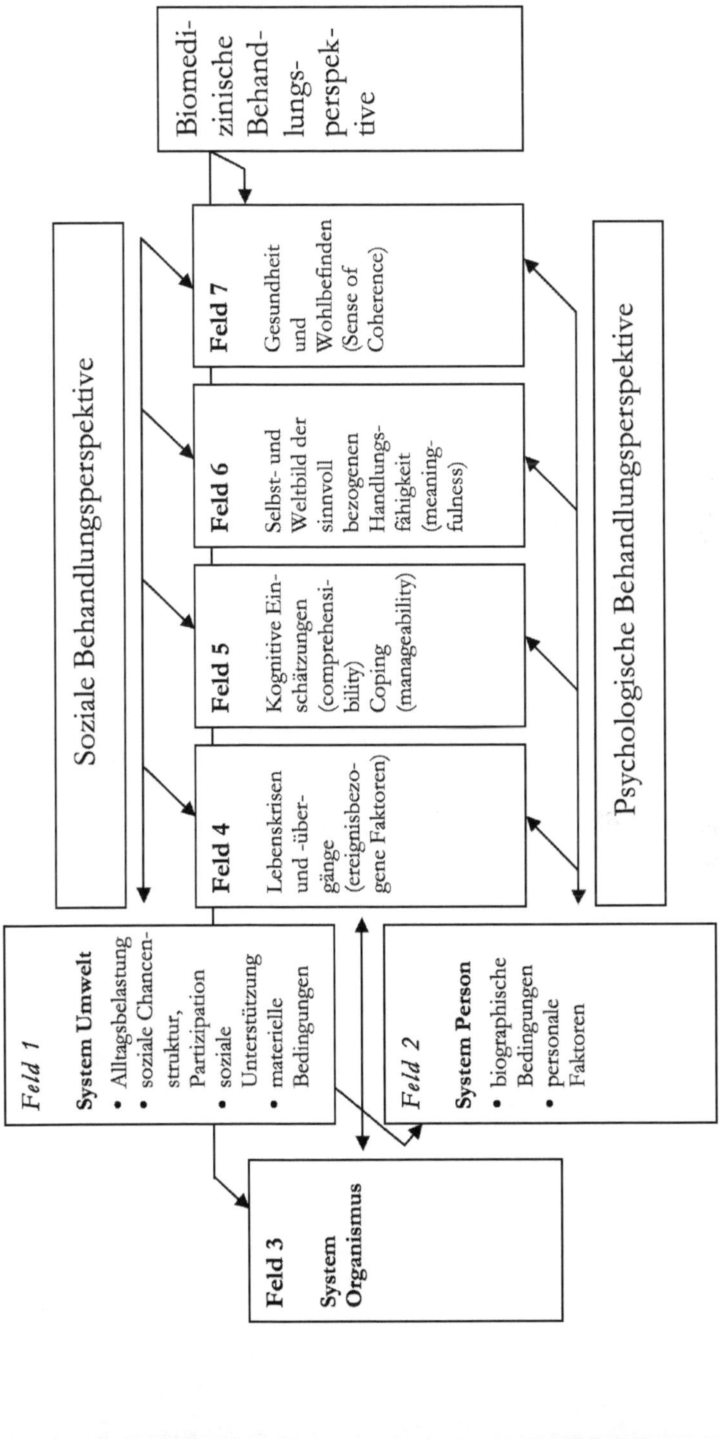

Abb. 1: Ein integratives Modell bio-psycho-sozialer Behandlungsperspektiven; Quelle: Pauls 2004, S. 113

Psychotherapie (vgl. Pauls o.J. a). Die von Pauls stammende Abbildung 2 zeigt den doppelten Fokus der Behandlung.

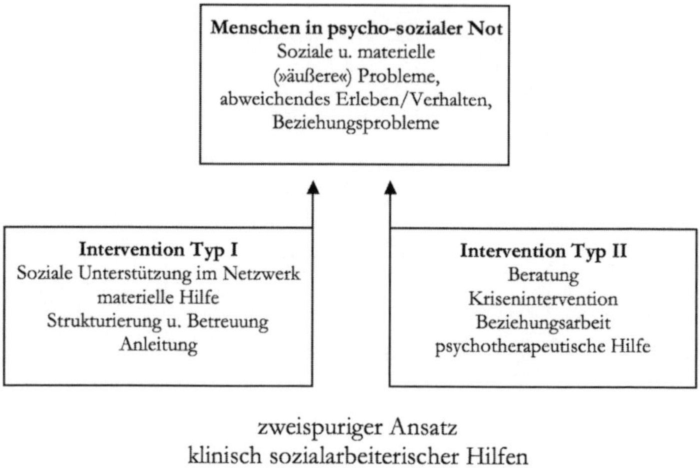

Abb. 2: Bifokales Vorgehen: Integration des Divergenten; Quelle: Pauls 2004, S. 268

Der Behandlungsansatz der Klinischen Sozialarbeit ist nach Pauls sozialtherapeutisch ausgerichtet. Die oben genannten Elemente der Behandlung sind dem Grundkonzept der Sozialen Therapie zu subsumieren. Zwei Faktoren sind im Rahmen der Sozialen Therapie orientierend: Auf der einen Seite gründet die sozialarbeiterische Arbeit auf einer tragfähigen Beziehung (vgl. Pauls 2004, S. 284f.), auf der anderen Seite kann von einer »Integration in das strukturierte und organisierte System menschlichen Zusammenlebens« die Rede sein (ebd., S. 285). Soziale Therapie ist als ein interdisziplinäres Konzept zu werten, das erweiterte Reflexions- und Handlungskompetenzen herausfordert und dadurch nicht mit einer grundständigen Sozialarbeit gleichzusetzen ist. Das Leiden wird immer im Kontext und Kontinuum betrachtet, und die Behandlung erfolgt entsprechend des doppelten Fokusses auf der individuellen (psychische Konflikte) und auf der sozialen Ebene (vgl. Hahn/Pauls 2008, S. 29). »In diesem Sinne schließt sich sozialtherapeutisch verstehende Klinische Sozialarbeit die Lücke zwischen traditioneller Sozialarbeit und Psychotherapie und umschreibt damit auch ihre Indikationsbereiche, die mit Strotzka (1965) [vgl. Strotzka 1965; Anm. D.D.] durch drei soziogenetische Formen [...] umschrieben wurde« (Pauls 2004, S. 285).

Es handelt sich um ein umfangreiches Konzept der Klinischen Sozialarbeit, das aber durch seine unklaren Konturen leidet. Dies beginnt schon bei den unterschiedlichen Begrifflichkeiten. Pauls benutzt ebenfalls die Begriffe »Sozialtherapie« und »Soziotherapie« synonym mit dem der »Sozialen Therapie« (vgl. Hahn/Pauls 2008; Pauls b). Andere Protagonisten der Klinischen Sozialarbeit, die sich als Vertreter einer behandelnden Sozialarbeit verstehen, benutzen für den gleichen Sachverhalt unterschiedliche Begriffe. Binner und Ortmann (2008) wählen z.B. den Terminus der »Sozialtherapie« (vgl. Kapitel 3.1.3). Schwierig wird das Unterfangen, wenn ein inhaltlich ähnlich geratendes Konzept, wie das von Crefeld (2002b), einer anderen methodischen Ausrichtung (Beratung) untergeordnet wird (vgl. Kapitel 3.1.2). Das Verständigen auf ein »klinisch-sozialarbeiterisches Fachvokabular« wird umso bedeutsamer, da auf dem psychosozialen Sektor sehr divergierende Konzepte zur Sozialtherapie, Sozialen Therapie oder Soziotherapie existieren,[12] die in Teilen nicht deckungsgleich mit denen der Klinischen Sozialarbeit sind und zu Missverständnissen führen könnten.

3.1.4 Aktuelle Situation des Clinical Social Work in den USA: »Psychotherapy plus«

> »Sozialarbeit unterscheidet sich von anderen mit der psychischen Gesundheit befassten Berufen, weil sie explizit Verantwortung für die Schwächsten übernimmt. Die behördliche Praxis in den USA bietet traditionell den klinischen Sozialarbeitern die konkrete Möglichkeit, als Bindeglied für bedürftige Klienten zu dienen und vorhandene Mittel zu lokalisieren, auszuverhandeln und zu vermitteln sowie psychotherapeutische Dienstleistungen zu erbringen« (Graziano 2006, S. 7; Übers. i.A. d. Verf.).

Eine Vielzahl amerikanischer Clinical Social Worker arbeiten psychotherapeutisch und stellen zahlenmäßig die größte Gruppe der Psychotherapeuten – im engeren Sinne – in den USA dar (vgl. Pauls 2004, S. 124). Die amerikanische Sozialarbeiterin und Professorin Dorfman hat als Herausgeberin der

12 Z.B. Sozialtherapie im Straf- oder Maßregelvollzug, Soziale Therapie oder Sozialtherapie in der medizinischen Rehabilitation, Soziotherapie nach §37a SGB V (Sozialgesetzbuch, Fünftes Buch) (vgl. Bundesministerium für Justiz d), Verständnis von Sozialtherapie der Sektion Sozialtherapie im Deutscher Arbeitskreis für Gruppentherapie und Gruppendynamik (vgl. Deutscher Arbeitskreis für Gruppentherapie und Gruppendynamik).

drei Bände *Paradigms of Clinical Social* die unterschiedlichen therapeutischen Zugänge, wie beispielsweise Psychodynamische, Verhaltenstherapeutische, Kognitive, Psychosoziale und Familientherapeutische Verfahren, in der Diagnostik und Behandlung Klinischer Sozialarbeit plastisch illustriert bzw. durch die jeweiligen Autoren aufzeigen lassen (vgl. Dorfman 1988, 1998; Dorfman et al. 2004). Die jeweiligen unterschiedlichen therapeutischen Standpunkte der Clinical Social Worker werden durch entsprechende Zusatzqualifikationen erworben. Was ist bei dieser pluralen therapeutischen Landschaft das Genuine des amerikanischen Clinical Social Work? Welche Werte, welches Menschenbild, welche Fähigkeiten und Fertigkeiten unterscheiden diese Berufsgruppe von anderen klinisch Tätigen in den USA?

Hartmann hat zwei essenzielle Charakteristika des Clinical Social Work beschrieben, die hier als erstes grobes Raster dienen sollen. Zum einen benennt sie die »Person-In-Situation«-Perspektive: »Charakterisierend für den Berufsstand ist, dass der Person in der Situation großes Augenmerk geschenkt wird, sowohl bezogen auf das Individuum in seinem Umfeld als auch auf die durchgeführten Transaktionen« (Hartman 1988, S. viii; Übers. i. A. d. Verf.). Zum anderen wird der Klient da abgeholt, wo er steht: »Ein zweites Merkmal und ein Grundsatz in der Praxis der Sozialarbeit ist es, den Klienten dort abzuholen, wo er sich gerade befindet« (ebd., S. ix; Übers. i. A. d. Verf.).

In der deutschen Fachliteratur zur Klinischen Sozialarbeit wird häufig Bezug auf Dorfman genommen (vgl. Pauls 2004; Geißler-Piltz et al. 2005; Hahn/Pauls 2008). Ihre Grundsätze zu dieser Spezialisierung Sozialer Arbeit scheinen gut für eine Adaption auf deutsche Verhältnisse geeignet zu sein. Als Paradigmen werden aufgeführt:

- Die Genese von psychosozialen Problemlagen und deren Entwicklung werden aus einer *systemisch-multideterministischen Perspektive* reflektiert und interpretiert. Dorfman distanziert sich von einem mechanistisch-reduktionistischen Kausalitätsprinzip in der psychosozialen Fallarbeit (vgl. Dorfman 1996, S. 26f.; Crefeld 2004, S. 3).
- Der *psychosoziale Ansatz* gründet in der systemisch-multideterministischen Perspektive und ist ein weitgefasstes, holistisches Konzept, das eine Theorie zur Genese von psychosozialen Problemlagen bereithält. Ferner ist es ein klinisches Modell, das ein multidimensionales Assessment beinhaltet und daraus eine multidimensionale Behandlung herleitet. Der diagnostische Blick richtet sich immer auf die psychologischen und sozialen Faktoren. Dorfman ergänzt, dass der psychosoziale Ansatz in bestimmten Situationen, z. B. bei schwerer körperlicher Erkrankung, zu

einem biopsychosozialen Ansatz erweitert werden muss (vgl. Dorfmann 1996, S. 27f.).

- Ein zentrales Paradigma stellt die *»Person-in-Environment«*- oder *»Person-in-Situation«*-Perspektive dar: »Der Blick der Sozialarbeiterin richtet sich danach immer zugleich auf die Person des Klienten und auf dessen sozialen und biografischen Kontext. Klientenprobleme werden somit als das Ergebnis einer Wechselwirkung zwischen der betroffenen Person und deren sozialen Lage bzw. zwischenmenschlichen Beziehungen gesehen« (Crefeld 2004, S. 3). Dieser Ansatz synthetisiert nach Dorfman die psychologischen Genesekonzepte und die Soziogenese.
- Die öko-systemische Perspektive stellt ein breites, mehr theoretisch-abstraktes Konzept dar: »In diesem Rahmen können die Kliniker die Fälle ganzheitlich betrachten und sich auf die Wechselbeziehung zwischen dem Klienten und seiner oder ihrer Umwelt konzentrieren. Dies geschieht unter starker Berücksichtigung ökologischer Ideen und allgemeiner Systemtheorie [...]. In der Perspektive eines Ökosystems haben Verhalten und Ereignisse immer eine systemische Erklärung [...]. Deshalb beschränkt sich die Betreuung durch Sozialarbeiter nicht auf das Individuum. Sie zielt vielmehr auf das gesamte Ökosystem des Klienten ab sowie auf die wechselseitigen Verflechtungen zwischen den Komponenten dieses Systems« (Dorfman 1996, S. 29; Übers. i. A. d. Verf.).

Goldstein hat mehrere Vertreter (vgl. Ewalt 1980; Goldstein 1996; Swenson 1995; Waldfogel/Rosenblatt 1983) des amerikanischen Clinical Social Work auf ihre theoretischen und wertbezogenen Merkmale hin analysiert und folgende, für diese Fachsozialarbeit konstituierende Kernaussagen extrahiert:

- »die Wichtigkeit bei der Einschätzung die Person in der Situation zu sehen
- Wert legen auf Echtheit und Wahrhaftigkeit in Beziehungen und die Persönlichkeit des Klinikers als Kernstück des Behandlungsprozesses
- dort sein, wo der Klient ist
- Respektierung der Selbstbestimmung des Klienten
- die Notwendigkeit, sich der Auswirkungen der Persönlichkeit des Klinikers, seiner Werte und seines Hintergrunds auf den Behandlungsprozess bewusst zu sein
- Engagement und Hingabe als gemeinsamer Kooperationsprozess
- die Wichtigkeit auf ›schwer zu erreichende‹ oder sogenannte ›schwierige‹ Patienten zuzugehen

- Respekt für kulturelle und andere Verschiedenheiten
- die Selbstverpflichtung mit Menschen zu arbeiten, denen es wirtschaftlich schlechter geht bzw. die wirtschaftlich benachteiligt oder unterdrückt werden
- die Stärken des Klienten mobilisieren, Einsicht wachsen lassen und aufbauende Erfahrungen schaffen, neues Lernen und Verhaltensänderungen fördern
- die Wirkung der sozialen Umgebung würdigen und mit ihr arbeiten, sowie für sie eintreten
- das Bekenntnis zu sozialer Gerechtigkeit« (Goldstein 2009, S. 8; Übers. i. A. d. Verf.).

3.2 Komparative Darstellung der Konzeptionen Klinischer Sozialarbeit

Klinische Sozialarbeit, so hat Mühlum meiner Auffassung nach richtig beschrieben, braucht über eine in jeder Sozialarbeit innewohnenden Gesundheitskompetenz hinaus besondere Zusatzqualifikationen zur Behandlung der »Hard-to-reach«-Adressaten oder Multiproblemfamilien. Erforderlich ist eine Spezialisation in Beratungs- und Behandlungsfragen unter der »Person-in-Environment«-Perspektive (vgl. Mühlum 2002, S. 19).

Die oben skizzierten Ansätze der Klinischen Sozialarbeit aus Deutschland und den USA, und dabei handelt es sich um eine Auswahl, die keinen Anspruch auf Vollständigkeit erhebt, wurden unter dem besonderen Aspekt der Methodik betrachtet. Wie stehen die einzelnen deutschen Autoren zum Behandlungs- bzw. Beratungsaspekt, wie ist die Nähe zur Psychotherapie?

Die Ansätze von Senftleben und Feinbier sind nach heutigem Verständnis der Klinischen Sozialarbeit nicht zuzurechnen. Senftleben lehnt auch diese Form der Fachlichkeit explizit ab. Kritische Distanz halten die beiden Autoren von individuumsbezogenen Behandlungsansätzen und grenzen sich gegen eine behandelnde Sozialarbeit ab.

Ansens Ansatz einer Klinischen Sozialarbeit legt den Schwerpunkt auf die Soziale Beratung, wobei eine Akzentverschiebung mehr in Richtung »klassische« Sozialarbeit zu konstatieren ist. Zeigte sich bei ihm in der Wahrnehmung der sozialen Problemlagen und deren Bewältigung zunächst der »doppelte Fokus«, ein psycho-sozialer Ansatz, der meiner Einschätzung nach charakteristisch für eine Klinische Sozialarbeit ist, so rückten in seiner Veröffentlichung aus dem Jahre 2008 immer mehr die sozialadministrativen, die materiellen Aspekte in den Blickpunkt. Der Ansatz von Ansen ist zwischen einer Gesundheitsbezogenen und Klinischen Sozialarbeit einzugruppieren.

In Schaubs Ansatz von Klinischer Sozialarbeit steht die Soziale Beratung im Zentrum der Methodik, ergänzt von Netzwerkarbeit und Case-Management. Meiner Auffassung nach tendiert hier Klinische Sozialarbeit in Richtung Gesundheitsbezogene Sozialarbeit. Eine eigenständige Behandlungsinstanz durch Soziale Arbeit wird nicht identifiziert. Schaub betont, dass die Klinische Sozialarbeit in ihrem Handeln oftmals auf die »potente« Medizin angewiesen sei. Das mag für den Krankenhaussozialdienst und für die medizinische Rehabilitation gelten, aber in vielen, insbesondere klassischen sozialen Dienstleistungsunternehmen wird dieser Einfluss überschätzt oder er ist nicht vorhanden. Klinische Sozialarbeit wird mittlerweile nicht nur auf das Gesundheitswesen begrenzt gesehen, sondern als Fachsozialarbeit im Gesundheits- und Sozialwesen (vgl. European Centre for Clinical Social Work e.V.).

Crefeld stellt in seinen methodischen Überlegungen die (psycho-)soziale Beratung in den Mittelpunkt. Der Begriff der »Beratung« erscheint mir in dem Kontext, in dem Crefeld Beratung verortet, unpräzise gewählt, da er doch stark die heilkundlichen Funktionen hervorhebt. Psychotherapie wird letztlich als ein Teil der (psycho-)sozialen Beratung gewertet. Der Begriff »Therapie« hätte die beschriebenen Inhalte der Methodik besser beschrieben.

Binner und Ortmann sehen in der Klinischen Sozialarbeit eine behandelnde Profession mit sozialtherapeutischem Schwerpunkt, der seinen Fokus gezielt auf die »schwierigen Fälle« setzt. Unklar bleibt das Verhältnis zu den Bezugswissenschaften Psychologie und Psychotherapie. Diesbezüglich ist ihre Haltung durch Ambivalenz geprägt. Einerseits plädieren sie für eine Sozialtherapie, die sich unabhängig von den genannten Disziplinen machen soll, anderseits ist eine Anleihe der Konzepte und Methodik erforderlich.

Pauls Ansatz zeigt am klarsten den psychosozialen Aspekt der Klinischen Sozialarbeit und definiert ihn als behandelnden Beruf. Im Zentrum seiner therapeutischen Betrachtungsweise steht die Soziale Therapie, die als ein übergeordnetes Behandlungskonzept zu bewerten ist und andere Behandlungsformen, inklusive sozialarbeiterischer Psychotherapie, subsumiert.

Das amerikanische Clinical Social Work definiert sich klar als »Psychotherapy plus«, in dem Sinne, dass sie Psychotherapie als einen, aber nicht exklusiven Teil ihrer Arbeit sieht. Dorfman hat in diesem Zusammenhang auf die verschiedenen Rollen der Clinical Social Worker hingewiesen. Die

Integration psychotherapeutischer Modelle und Methoden verläuft beim Clinical Social Work in einer pragmatischen Form. Mit einer starken professionellen Identität ist die Adaption von »fremdem« Wissen anscheinend leichter möglich.

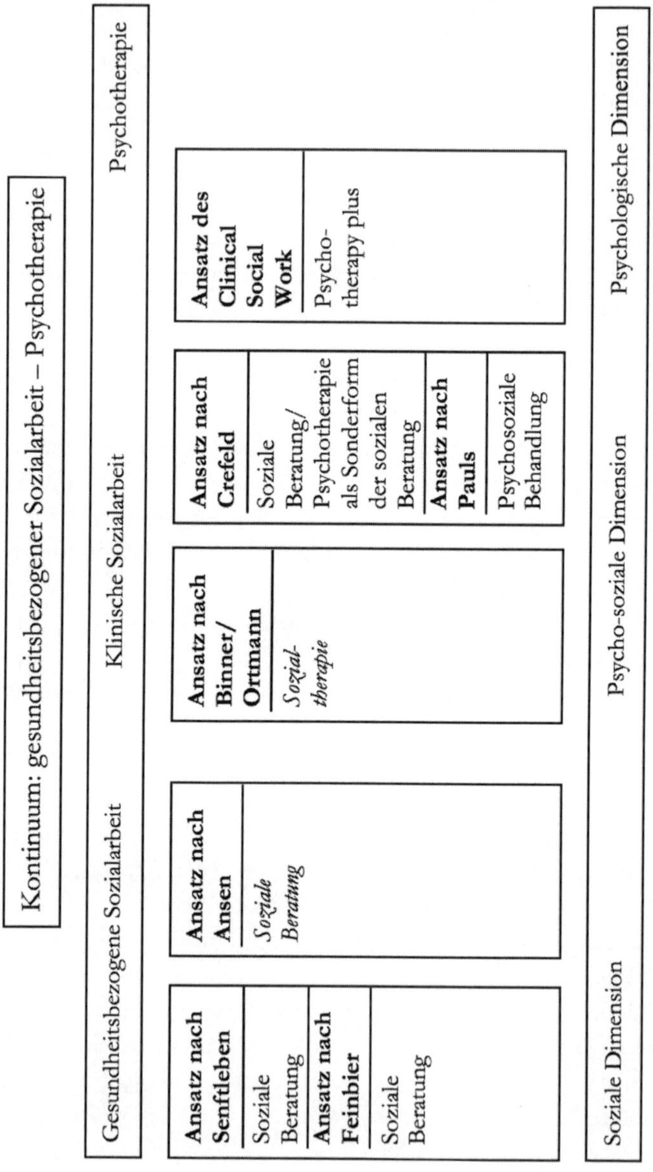

Abb. 3: Kontinuum gesundheitsbezogener Sozialarbeit – Psychotherapie

Teil III

Soziale Psychotherapie als Wissenschaft

4 Psychotherapiedefinitionen

> »Psychotherapie ist offenkundig nicht Domäne einer Berufsgruppe. Bereits die Psychiatrie-Enquete von 1975 stellte fest, dass nichtärztliche und nichtpsychologische Berufsgruppen, insbesondere die Sozialarbeiter/-innen bzw. Sozialpädagog/-innen, an der psychotherapeutischen Versorgung der Bevölkerung in Deutschland mitwirken« (Pauls 2005, S. 10).

4.1 Relation von Beratung und Psychotherapie

Bevor im weiteren Verlauf konkreter auf die Psychotherapie eingegangen wird, soll zunächst der Versuch unternommen werden, diese über die Abgrenzung zur psychosozialen Beratung besser zu erfassen. Problematisch und diffizil ist dieses Unterfangen, da es unzählige Nuancen bei den Begrifflichkeiten gibt. Im psychosozialen Sektor ist häufig die Rede von »Beratung«, »Sozialer Beratung«, »Psychologischer Beratung«, »Psychosozialer Beratung«, »Sozialtherapie«, »Sozialer Therapie«, »Soziotherapie«, »Psychosozialer Behandlung«, »Therapie« und »Psychotherapie«. Wenn also von dem Verhältnis von Beratung und (Psycho-)Therapie die Rede ist, schwingen unzählige Termini mit, und es ist mein Eindruck, dass bei den Versuchen, die Relation von Beratung und Psychotherapie zu klären, diese Begriffe sehr unterschiedlich verwendet werden.

Die Beratung ist gegenüber der Psychotherapie ein weiter gefasster Begriff, der simplifizierend für menschliche Hilfeleistungen steht. Er wird nicht nur im psychosozialen Bereich verwendet, sondern findet in vielen Berufssparten Anwendung. Es handelt sich darüber hinaus um einen Begriff, der nicht nur auf den professionellen Bereich begrenzt werden kann, sondern auch im semiprofessionellen und privaten Kontext zum Alltag gehört.

> »Angesicht des so weit gefächerten Zuständigkeitsspektrums mit seinen jeweils so unterschiedlichen Theorien, Konzepten und Methoden verbietet es sich nahezu im Singular über Beratung zu reden. Die Breite des Begriffs, insbesondere seine Verortung im Professionellen, Semiprofessionellen, aber auch

> im alltäglich Unprofessionellen, macht ihn schwierig – und das mit spürbaren Konsequenzen. So versieht z.B. die Alltäglichkeit, mit der wir Beratung assoziieren, auch das professionelle Beratungsangebot mit Nähen zu unserem Leben – Beratung wird schwellenniedrig anbietbar. Andererseits erscheint sie aufgrund der allgegenwärtigen Präsenz als Bestandteil anderer Interaktionen in vielen Berufsfeldern als etwas, was jeder und jede ›quasi naturwüchsig‹ kann und was somit keiner weiteren Qualifizierung und Ausbildung bedarf« (Engel et al. 2007, S. 34).

Wie wird nun der Unterschied zwischen Beratung und Psychotherapie markiert? Rahm (2004, S. 59ff.) hat in ihrer Untersuchung zur Differenzierung von Beratung und Therapie herausgestellt, dass die meisten Autoren, die sich mit dieser Problematik auseinandersetzten, insgesamt einen fließenden Übergang zwischen beiden Hilfsformen sehen (vgl. Anhang: Tabelle 18 und 19). Gleichwohl postuliert sie, dass einige Autoren auch deutliche Unterscheidungsmerkmale benennen. Rahm schließt aus den Ergebnissen, dass die Unterscheidung zwischen den einzelnen Therapieschulen in der Regel größer ist als zwischen Beratung und Therapie. Weiter sieht sie nur graduelle Unterschiede zwischen beiden Hilfsformen. Eine grundsätzliche Differenzierung sieht sie nicht. Die Unterschiede macht sie an jenen Aspekten deutlich, die in Tabelle 3 aufgezählt sind.

In der neueren Literatur zur Unterscheidung von Beratung und Therapie sind Engel et al. zu erwähnen, die ein elaboriertes Konzept zur Beratung ausgearbeitet haben. Sie machen deutlich, dass Beratungsgespräche im professionellen Sektor fachliche Kompetenzen verlangen. Die Berater benötigen zum einen ein handlungsfeldspezifisches Wissen. Das Fachwissen ist auf die jeweiligen Fragestellungen der Adressaten gerichtet. In der Suchtberatung werden andere feldspezifische Kompetenzen vonnöten sein als beispielweise in der Erziehungsberatung. Zum anderen ist eine feldunspezifische Kompetenz notwendig. Wie wird ein Gespräch mit Einzelnen oder Gruppen angelegt, welche Faktoren begünstigen den Aufbau einer vertrauensvollen, tragfähigen Beziehung, wann ist es angezeigt, eher nondirektiv oder direktiv zu arbeiten? Hierbei handelt es sich um beispielhafte Fragestellungen, die mit der feldunspezifischen Wissensbasis beantwortet werden müssen (vgl. Engel et al. 2007, S. 34ff.). Anhand dieser doppelten Verortung von Beratung zeigt sich nach Engel et al. eine große Nähe zur Psychotherapie.

Ziele	Je nach Therapieschule und Beratungsansatz sind die Ziele sehr different, sodass keine eindeutige Trennlinie gezogen werden kann.
Prozess	In der Therapie und in der Beratung sehen wir Veränderungsprozesse, die sich nach *Rahm* nur in der Intensität unterscheiden.
Methode	In der Beratung werden Methoden aus mehreren Richtungen wahrgenommen.
Zielgruppe	Unterscheidungen gibt es hinsichtlich des Schweregrades der Behandlung. Bei schweren Störungen ist Beratung nicht mehr angezeigt.
Intensität	Die Intensität gilt in der Beratung in der Regel als geringer.
Setting	Das Setting variiert zwischen den einzelnen Therapieschulen (z.B. Couch bei der Psychoanalyse, In-vivo-Behandlung bei der Verhaltenstherapie/mehrjährige Therapie bei Psychodynamischen Verfahren, kurze Zeitdauer bei Verhaltenstherapeutischen, Systemischen Ansätzen), sodass hier keine klare Differenzierung zur Beratung erfolgen kann.
Fachliche Qualifikation	Diese ist beim Berater im Allgemeinen geringer.
Selbstverständnis des Klienten/ Patienten	Diesbezüglich gibt es keine eindeutigen Abgrenzungskriterien.

Tab. 3: Beratung und Therapie: Unterscheidungskriterien nach Rahm; vgl. Rahm 2004, S. 64 ff.

> »Sie verfügen insbesondere auf der Handlungsebene über große gemeinsame Schnittstellen. Beide können in der konkreten Erscheinungsform phasenweise deckungsgleich werden. Für Außenstehende wird damit in einer aktuellen Beobachtungssituation der Unterschied zwischen einer psychoanalytischen Beratung und einer großen Psychoanalyse […] nicht identifizierbar« (ebd., S. 36).

Die genannten Autoren verweisen darauf, dass Psychotherapie und Beratung andere Logiken und Denkmodelle zugrunde liegen. »Psychotherapie legitimiert sich primär über einen Heilungsdiskurs« (ebd.). Hier verweisen sie insbesondere auf das deutsche Psychotherapeutengesetz, das in einem Handlungsrahmen die Indikationsstellung, Diagnostik, Heilkunde, berufsrechtliche Aspekte, Abrechnungsverfahren und Psychotherapieverfahren reguliert. Beratung ist eher offen gestaltet, generell auf Hilfe ausgerichtet (vgl. ebd., S. 36f.). »Beratung als auf Inklusion verschiedenster Felder und Klientele orientiertes präventives und entwicklungsorientiertes Unterstützungsangebot – eine in Lebensweltkontexte eingebundene offene eklektische Orientierungs-, Planungs-, und Entscheidungs- und Bewältigungshilfe« (ebd., S. 37).

(1) Beratungs- und Interaktionswissen Kommunikationsmodelle, Handlungsmodelle, Veränderungsmodelle, Kontextmodelle, Prozessmodelle, Beratungsmethologie, Beratungsmethoden etc.
(2) Handlungsfeldspezifisches Wissen Faktenwissen zur jeweiligen Problemlage, Kausalmodelle, Interventionsformen, gesetzliche Grundlagen etc.

Tab. 4: Doppelverortung von Beratung; Quelle: Engel et al. 2007, S. 35

Ludewig sieht bei der Therapie auch den Heilungsaspekt im Vordergrund. Störendes, Leidvolles soll schnell mit entsprechenden Interventionen reduziert werden. Beratung hingegen zielt seiner Auffassung nach eher auf einen Ausbau von Fähigkeiten und die Nutzung von Ressourcen (vgl. Ludewig 1999, S. 7ff.). Haselmann (2008, S. 265) spricht in diesem Zusammenhang »von Therapie als Verringerung (z. B. Wunsch nach weniger Leiden) und Beratung als Erweiterung« und kritisiert diese Differenzierung zu Recht als nicht stichhaltig. Beide Aspekte fließen in Hilfsprozesse ein. Zunächst kann in der Therapie der Wunsch nach Reduzierung der Symptomatik vorherrschend sein, z. B. Abbau von Ängsten; in einer späteren Phase entsteht das Bedürfnis nach Ausbau von sozialer Kompetenz. Umgekehrt kann in der Beratung zunächst der Wachstumsgedanke im Vordergrund sein, später der Aspekt der Leidensreduzierung (vgl. ebd.).

Wenn man den »engen« Rahmen des deutschen Psychotherapeutengesetzes verlässt, ist die Unterscheidung von Therapie und Beratung äußerst schwierig. Der Heilungsaspekt und der Wachstumsaspekt sind gerade bei Verfahren der Humanistischen Psychologie nicht künstlich voneinander zu trennen, sondern sind beide integrale Bestandteile der Behandlung. Häufig wird als Argumentation für die Differenzierung zwischen Beratung und Psychotherapie der Schweregrad der Pathologie genannt. Aber es ist gerade die Psychotherapie im klassischen Sinne, die zwar Heilung für sich in Anspruch nimmt, aber die schwierigsten »Fälle« ausschließt und sich eher den »Mittelschichtsklienten« mit ihrer guten Introspektions- und Verbalisationsfähigkeit widmet. Psychotherapie in einem solchen Sinne exkludiert die unbequemen, schwierigen Multiproblemfälle. Den Berufsgruppen, die sich dieser »schwersten Fälle« annehmen, wird der Heilungsaspekt in ihrer Arbeit abgesprochen.

Dass Heilung einen Aspekt der Psychotherapie darstellt, wird von den meisten Autoren aufgeführt, aber wie bereits in der Einleitung erwähnt, nennt H.G. Petzold weitere Dimensionen der (Psycho-)Therapie. Neben dem kurativen Aspekt werden gesundheitsfördernde, persönlichkeitsentwickelnde und kultur- und gesellschaftskritische Dimensionen beschrieben. Zwischenzeitlich scheint sich diesbezüglich auch eine Änderung in der Auffassung führender Psychotherapieforscher in Deutschland zu ergeben. In einem Forschungsgutachten zur Ausbildung von Psychologischen PsychotherapeutInnen und Kinder- und JugendlichenpsychotherapeutInnen, das im Rahmen einer geplanten Novellierung des Psychotherapeutengesetzes in Deutschland vom Bundesministerium für Gesundheit in Auftrag gegeben wurde, schlagen die Gutachter vor, in §1 Abs. 3 des Psychotherapeutengesetzes den Begriff »Rehabilitation« einzufügen (vgl. Strauß et al. 2009, S. 376). Dies läutet meiner Auffassung nach eine Erweiterung in der Behandlung von psychischen Störungen ein. Rehabilitation zielt »darauf ab, Kranke und ihre Umwelt nicht nur medizinisch-therapeutisch, sondern auch psychosozial und schulisch-beruflich zu einem Leben mit Krankheit oder Behinderung zu befähigen« (Franzkowiak 2006, S. 33). Die individuelle Perspektive kurativer Psychotherapie wird um den Umweltaspekt, den psychosozialen Aspekt erweitert. Interessant scheint ferner, dass vorgeschlagen wird, in §1 Abs. 1 PsychThG den Satz »Zur Ausübung von Psychotherapie gehören nicht psychologische Tätigkeiten, die die Aufarbeitung und Überwindung sozialer Konflikte oder sonstiger Zwecke außerhalb der Heilkunde zum Gegenstand haben« zu streichen (vgl. Strauß et al. 2009, S. 376). Zwar geben die Autoren als Begründung an, dass Störungen mit Krankheitswert als Gegenstand der Psychotherapie in besagtem Paragrafen deutlich definiert wird, aber die Empfehlung der Streichung dieses Ausschlusskriterium kann auch als ein erweitertes Indikationsverständnis interpretiert werden. Durch diese »Hintertür« werden Forderungen der World Health Organisation nach Beachtung der sozialen Aspekte und Umweltaspekte bei der Krankheitsentstehung und der Behandlung von psychischen Störungen in dem Gutachten eingeführt.

4.2 Psychotherapiedefinitionen nach Strotzka und H.G. Petzold

In der Literatur zur Psychotherapie wird in der Regel auf die Psychotherapiedefinition von Strotzka hingewiesen:

»Psychotherapie ist ein bewußter und geplanter interaktioneller Prozeß zur Beeinflussung von Verhaltensstörungen und Leidenszuständen, die in einem Konsensus (möglichst zwischen Patient, Therapeut und Bezugsgruppe) für behandlungsbedürftig gehalten werden, mit psychologischen Mitteln (durch Kommunikation) meist verbal, aber auch averbal, in Richtung auf ein definiertes, nach Möglichkeit gemeinsam erarbeitetes Ziel (Symptomminimalisierung und/oder Strukturänderung der Persönlichkeit) mittels lehrbarer Techniken auf der Basis einer Theorie des normalen und pathologischen Verhaltens. In der Regel ist dazu eine tragfähige emotionale Bindung notwendig« (Strotzka 1978, S. 4).

1982 hat er die Psychotherapie mit leichten Veränderungen gerade in Hinblick auf die Verursachung von Verhaltensstörungen und Leidenszuständen definiert, indem er die psychosozialen Verursachungen von Problemlagen kennzeichnet:

»Psychotherapie ist eine Interaktion zwischen einem oder mehreren Patienten und einem oder mehreren Therapeuten (auf Grund einer standardisierten Ausbildung), zum Zwecke der Behandlung von Verhaltensstörungen oder Leidenszuständen (vorwiegend psychosozialer Verursachung) mit psychologischen Mitteln (oder vielleicht besser durch Kommunikation, vorwiegend verbal oder auch averbal), mit einer lehrbaren Technik, einem definierten Ziel und auf der Basis einer Theorie des normalen und abnormen Verhaltens« (Strotzka 1982, S. 1).

Der Unterschied mag zwar nicht gravierend erscheinen, aber wie noch weiter unten aufgeführt wird, hat dies weitreichende Folgen für die Patienten und für die Zulassung zur Psychotherapie von Sozialberufen, da sich das Psychotherapeutengesetz in Deutschland und das Psychotherapiegesetz in Österreich (PsthG) an den Definitionen von Strotzka orientieren. Die Definition der Psychotherapie des Wissenschaftlichen Beirats Psychotherapie nach §11 PsychThG (Psychotherapeutengesetz) in Deutschland macht dies deutlich:

»Psychotherapie ist die Behandlung von Individuen auf der Basis einer Einwirkung mit überwiegend psychischen Mitteln. Die Definition wissenschaftlicher Psychotherapie fordert eine Reihe von weiteren Bedingungen, z.B. das Anstreben der positiven Beeinflussung von Störungs- und Leidenszuständen in Richtung auf ein nach Möglichkeit gemeinsam erarbeitetes Ziel (z.B. Symptomminimalisierung und/oder Strukturveränderungen der Persönlichkeit) sowie einen geplanten und kontrollierten Behandlungsprozess, der über lehrbare Techniken beschrieben werden kann und sich auf eine Theorie norma-

> len und pathologischen Verhaltens bezieht. Wissenschaftliche Psychotherapie sollte als Heilbehandlung im Rahmen des jeweiligen Gesundheitssystems zu bestimmen sein« (Wissenschaftlicher Beirat Psychotherapie 2008a).

Hier wurde die Definition von 1978 in Anspruch genommen, während in Österreich die Definition von 1982 orientierend war. Dies soll in Kapitel 4.4 präziser ausgeführt werden. Es fällt auf, das Strotzka einen einseitigen Krankheitsbegriff vermeidet. Er führt die Behandlung von Verhaltensstörungen und Leidenszuständen auf, statt den Fokus auf Krankenbehandlung zu setzen. Gerade der Begriff des Leidens ist weiter gefasst als die Klassifizierungen von psychischen Störungen, wie sie in der Internationalen Klassifikation psychischer Störungen aufgeführt sind (vgl. Deutsches Institut für Medizinische Dokumentation und Information 2009, S. 169ff.). Dies verweist allerdings darauf, »dass Psychotherapie bis zu einem gewissen Grad auch ein an einen Wohlstandskontext gebundenes Phänomen ist« (Psychotherapeutisches Propädeutikum Graz).

Die wichtigsten Aspekte von Strotzka lassen sich wie folgt aufzählen:

- Bedeutsamkeit der therapeutischen Beziehung: Es wird ein interaktionaler Aspekt hervorgehoben.
- Erweiterter Krankheitsbegriff;
- Psychotherapie ist ein lernbarer, methodengeleiteter Prozess, der bewusst erfolgt. Damit wird ein wissenschaftlicher Charakter hervorgehoben. Diese Definition grenzt sich »gegen selbsternannte charismatisch-suggestive PsychotherapeutInnen« (ebd.) ab.

H.G. Petzold und Ebert schließen sich mit ihrem Psychotherapieverständnis Strotzka an, dessen Definition sie als allgemein akzeptiert sehen. Trotzdem sei an dieser Stelle die Betrachtung der Psychotherapie aus Sicht der Integrativen Therapie detaillierter dargestellt, da sie insbesondere den sozialen Aspekt der Genese und der Behandlung von psychischen Störungen hervorhebt und somit exemplarische Bedeutung für eine Soziale Psychotherapie hat.

> »Unter Psychotherapie verstehen wir im Anschluss an die weithin akzeptierte Definition von Strotzka eine Behandlung seelischer Störung und Leidenszustände durch eine psychotherapeutisch qualifizierte Fachperson im Rahmen einer therapeutischen Beziehung, in der mit dem Patienten gemeinschaftlich Probleme bearbeitet, Symptome beseitigt und das Verhalten in einer theo-

> riegeleiteten und methodisch konsistenten Art und Weise verändert werden sollen. Im Anschluss an integrative und ganzheitliche Konzeptionen der Therapie […] bezieht dabei die psychotherapeutische Arbeit alle Bereiche, die das ›Funktionieren‹ der Person als ganze betrifft, ein. Die Psychotherapie ist also eine Therapie der Persönlichkeit in ihrem Kontext/Kontinuum und muss deshalb in einer interdisziplinären Kooperation auch die Bereiche mitberücksichtigen, die nicht nur das unmittelbare innerseelische Erleben betreffen« (Petzold/Ebert 2006, S. 340).

Exemplarisch für die Drogenarbeit sehen die Autoren im Fokus der Psychotherapie das psychische Erleben, das seelische Leben, die Biografiearbeit, die Bewältigung des Alltages und die Erarbeitung einer Zukunftsperspektive. Also steht nicht nur die Aufarbeitung der Vergangenheit im Mittelpunkt der Therapie, sondern all das, was für eine Bewältigung des Alltags vonnöten ist, ferner die Klärung sozialer Problemlagen sowie die Auseinandersetzung mit Sinn- und Wertfragen. Hier besteht eine hohe Kompatibilität mit der sozialen Psychotherapie (vgl. ebd.).

4.3 Psychotherapieverständnis mit Exklusionscharakter

Das Psychotherapieverständnis ist meiner Meinung nach in der deutschen Gesetzgebung leider in einer sehr restriktiven Auffassung festgeschrieben worden und durch Exklusionscharakter geprägt, da es die weiteren Dimensionen (Persönlichkeitsentwicklung, gesundheitsfördernder und kultur- und gesellschaftskritischer Aspekt) der Psychotherapie neben dem kurativen Aspekt ausschließt. Trotz der oben in Kapitel 4.1 beschriebenen tendenziellen Öffnung der Psychotherapie in Richtung psychosozialer Ätiologie und Behandlung im Entwurf für die Novellierung des deutschen Psychotherapeutengesetzes ist das hinter dem Gesetz stehende Denkmuster durch ein individuumszentriertes, pathogenetisches Paradigma geprägt, das primär die Reduktion von Leiden anstrebt. Aktuell schließt das deutsche Psychotherapeutengesetz die sozialen Aspekte in der psychotherapeutischen Behandlung explizit aus (vgl. Bundesministerium für Justiz b, S. 2), trotz zahlreicher Befunde über die Zusammenhänge dieser Faktoren für die seelische Gesundheit (vgl. Röhrle/Laireiter 2009a). So haben Röhrle und Laireiter 2009 treffend aufgeführt:

> »Psychotherapie will und sollte deshalb nicht nur die Symptomfreiheit oder intrapersonale Ressourcen als Ziele anstreben, sondern eben auch die objektiven Bedingungen des sozialen Rückhaltes mit im Auge haben, ohne die Verbindung intrapersonaler Anteile bei der Wahrnehmung sozialer Stützpotentiale [...] aus dem Auge zu verlieren« (Röhrle/Laireiter 2009b, S. 27f.).

Dieser inneren Logik des Gesetzes folgend, werden die Experten für psychosoziale Problemlagen, d. h. klinisch tätige Sozialarbeiter, aus dem Bereich der Erwachsenenpsychotherapie ausgeschlossen. In dem bereits mehrfach aufgeführten Forschungsgutachten zur Novellierung des deutschen Psychotherapeutengesetzes wird von den meisten Experten gefordert, dass die Zulassungsvoraussetzungen für die Erwachsenenpsychotherapie erhalten bleiben sollten. 68% der befragten Experten befürworteten, dass als Zugangsvoraussetzung ein Master oder Diplom in Psychologie für eine Ausbildung zum Psychologischen Psychotherapeuten gelten sollte. 40% der befragten Psychologen sprachen sich sogar dafür aus, dass auch andere Berufe zugelassen werden sollten, bei den Medizinern waren es lediglich 12% (vgl. Strauch et al. 2009, S. 274). Die professionsbezogene Exklusion sozialer Berufe aus der Erwachsenenpsychotherapie zeigt sich auch in dem Punkt, dass die meisten befragten Experten eine Revision des Heilpraktikergesetztes (HeilprG) (vgl. Bundesministerium für Justiz a) empfehlen. Die dort verankerte Psychotherapieoption soll aufgehoben werden. Dies würde den ca. 14.000 tätigen Psychotherapeuten (vgl. Bundespsychotherapeutenkammer) mit einer eingeschränkten Heilerlaubnis für Psychotherapie nach dem Heilpraktikergesetz – und davon ist eine Vielzahl von Sozialarbeitern/Sozialpädagogen betroffen – die gesetzliche Grundlage für eine psychotherapeutische Tätigkeit entziehen. Dass dies auch für die in Institutionen durchgeführten Psychotherapien durch Sozialarbeiter gilt, darauf hat Stock am Beispiel der Suchttherapie in der medizinischen Rehabilitation Suchtkranker hingewiesen (vgl. Stock 2002, S. 6ff.). In diesem Zusammenhang ist anzuführen, dass es auch Bestrebungen gab und gibt, die pädagogischen Berufe aus der Kinder- und Jugendlichenpsychotherapie auszuschließen (vgl. Zurhorst 2006a, S. 10ff.; Strauch 2009, S. 259ff.). Als Gründe werden unzureichende Kenntnisse in den psychologischen Grundlagenfächern, in der Entwicklungspsychologie und insbesondere in Klinischer Psychologie (Störungswissen, Diagnostik etc.) genannt. Wenn wir aber Krankheit, hier psychische Störung, als ein komplexes Geschehen betrachten, das durch biologische, psychische und soziale Faktoren sowie durch die Interaktion der einzelnen Dimensionen beeinflusst wird, stellt sich die Frage, ob die Berufsgruppen der Psychologen und Mediziner über genügende Kenntnisse der sozialen und gesellschaftlichen Bedingungen von Krankheit und Gesundheit verfügen. Und diese sind für eine psychotherapeutische Behandlung von zunehmender Bedeutung, wie die World Health Organisation herausstellt (vgl. WHO 2001). Gahleitner und Borg-Laufs fordern, die traditionellen medizinisch-psychologischen Modelle von Gesundheit und Krankheit (Mikroperspektive) um eine Makro- und Mesoperspektive zu ergänzen.

> »Nach Ansicht der WHO muss daher international wesentlich mehr als bisher für die psychosozialen Aspekte von Gesundheit und Krankheit getan werden – und zwar im Rahmen einer Umorientierung der Versorgung, die nach Ansicht der WHO auch eine Umorientierung der Ausbildung von Fachkräften mit entsprechend spezialisierten Kenntnissen im Hinblick auf die soziale Systemebene erfordert. Bisher, so der Bericht, klafft diesbezüglich ein beträchtlicher ›treatment gap‹ in der Versorgung« (Gahleitner/Borg-Laufs 2007, S. 109).

Es sind gerade die klinischen Sozialberufe, die diese Lücke in der Versorgung durch ihr spezifisches Wissen weiter schließen können.

> »Soziale Arbeit, also Sozialarbeit und Sozialpädagogik sowie Heilpädagogik als Zugangsberufe zur Kinder- und Jugendlichenpsychotherapie [dies gilt auch für die Erwachsenenpsychotherapie; Anm. D. D.] sind traditionell mehrdimensionalen und interdisziplinären Herangehensweisen in der Diagnostik und Intervention verpflichtet und daher spezifisch ausgerichtet auf ›hard-to-reach‹-Klientel in Multiproblemsituationen. Die psychosoziale Fallarbeit muss dabei mehrere Aspekte miteinander verknüpfen: ohne eine hinreichende Förderung der individuellen Faktoren durch fokussierte Psychodiagnostik und Behandlung kann sie ebenso wenig zielführend sein wie durch eine zu enge Fokussierung auf allein psychologische Aspekte« (ebd., S. 110f.).

Mit dem restriktiven Verständnis von Psychotherapie des deutschen Psychotherapeutengesetzes werden nicht nur die Sozialberufe aus der Erwachsenenpsychotherapie ausgeschlossen, sondern es werden auch die sogenannten »Hard-to-reach«-Adressaten der Sozialen Arbeit aus der psychotherapeutischen Versorgung exkludiert. Exklusionsphänomene scheinen auch bei der Auswahl der Psychotherapieverfahren in Rahmen des Psychotherapeutengesetzes zu wirken. Verfahren, die sich unter anderem auch einem Wachstumsaspekt in der Behandlung verpflichtet fühlen, werden in der Krankenversorgung nicht beachtet, zumindest im Bereich der gesetzlichen Krankenversicherung. Die Verhältnisse in Österreich zeigen auf, dass dies anders geregelt werden kann. Das österreichische Pychotherapiegesetz (vgl. Jusline Österreich 2009) ist offen für eine Vielzahl von Psychotherapieverfahren, die auch wissenschaftliche Kriterien erfüllen müssen. Anscheinend werden unterschiedliche Kriterien an die Wissenschaftlichkeit angelegt. Beispielsweise ist die Integrative Therapie nach H. G. Petzold in Österreich seit 2005 als Psychotherapieverfahren anerkannt (vgl. Donau-Universität Krems 2006), aber in Deutschland ist die Integrative Therapie aktuell kein anerkanntes »Richlinienverfahren« (vgl. Europäische Akademie für psychosoziale Gesundheit und Kreativitätsförderung/Fritz Perls Institut 2011, S. 24).

In der psychotherapeutischen Landschaft scheinen sich international zwei Auffassungen bzw. zwei Lager konstituiert zu haben. Zum einen hebt sich der Verband International Federation of Psychotherapy (IFP) mit einer sehr restriktiven Auffassung von Psychotherapie hervor, der sich am medizinischen Krankheitsmodell orientiert und die Zulassung zur Ausbildung von Psychotherapie wenigen akademischen Berufen überlassen möchte (vgl. International Federation of Psychotherapy). Zum anderen vertreten der World Council of Psychotherapy (WCP) und ihr Gründungsmitglied, die European Association for Psychotherapy (EAP), einen offeneren Ansatz und lassen Berufe aus human- und sozialwissenschaftlichen Disziplinen zu (vgl. World Council of Psychotherapy; European Association for Psychotherapy). Dieses Denken ist durch einen Inklusionscharakter geprägt (vgl. Strauch et al. 2009, S. 299) und soll im nächsten Absatz vertieft werden.

4.4 Psychotherapieverständnis mit Inklusionscharakter

Die European Association for Psychotherapy vertritt 128 Psychotherapie-Organisationen aus 41 europäischen Ländern mit über 120.000 Psychotherapeuten. Diese große europäische Vereinigung basiert auf der »Straßburger Erklärung« mit einem, wie geschildert, offenen Ansatz von Psychotherapie:

> »Straßburger Deklaration zur Psychotherapie von 1990.
> Im Einklang mit den Zielen der Weltgesundheitsorganisation sowie mit dem im Rahmen der Europäischen Gemeinschaft (EG) geltenden und im Europäi-

schen Wirtschaftsraum (EWR) intendierten Nichtdiskriminierungsgebot und dem Grundsatz der Freizügigkeit für Personen und Dienstleistungen besteht Einigung in folgenden Punkten:

1. Die Psychotherapie ist eine eigenständige wissenschaftliche Disziplin, deren Ausübung einen selbständigen und freien Beruf darstellt.
2. Die psychotherapeutische Ausbildung erfolgt auf hohem, qualifiziertem und wissenschaftlichem Niveau.
3. Die Vielfalt der psychotherapeutischen Verfahren ist gewährleistet.
4. In einem psychotherapeutischen Verfahren wird die Ausbildung vollständig absolviert und umfaßt Theorie, Selbsterfahrung und Praxis unter Supervision. Über andere psychotherapeutische Verfahren werden ausreichende Kenntnisse erworben.
5. Der Zugang zur Ausbildung erfolgt über verschiedene Vorbildungen, insbesondere Human- und Sozialwissenschaften.

Straßburg, den 21. Oktober 1990«
(Deutscher Dachverband für Psychotherapie e. V.).

Als Beispiel für eine sehr liberale Gesetzgebung im Bereich der Psychotherapie und eher dem Denken des World Council of Psychotherapy und der European Association for Psychotherapy zugeneigt sei auf das Psychotherapiegesetz in Österreich verwiesen. Das Psychotherapieverständnis des österreichischen Psychotherapiegesetzes ist ein eher weiter gefasstes. Wie in Kapitel 4.2 bereits berichtet, orientiert es sich an der Definition Strotzkas von 1982. Der Reduktionismus des deutschen Psychotherapeutengesetzes im Hinblick auf die Indikation, die Zielsetzung von Psychotherapie, die Psychotherapieverfahren und die Ausgrenzung von »Ni-Ni«[13] (Nichtärzten und Nichtpsychologen) wird in Österreich nicht geteilt. Der §1 des Psychotherapiegesetzes aus Österreich zeigt eine Erweiterung der Indikationsstellung und der Zielsetzung von Psychotherapie (vgl. Jusline Österreich 2009). Explizit wird u. a. der Begriff der »psychosozial bedingten Störungen« verwendet. Als Konsequenz daraus erfolgt kein Ausschluss der dafür spezialisierten Sozialberufe aus der psychotherapeutischen Versorgung und damit auch nicht derjenigen Menschen mit multiplen Problemlagen. Modern, ja geradezu fortschrittlich sind die Erwähnung der Gesundheitsförderung und der Entwicklungsgedanke. So werden auch Verfahren

13 In vielen Ländern hat sich der Terminus »Ni-Ni« (frei übersetzt: »weder – noch«) für die nichtärztlichen und nichtpsychologischen Psychotherapeuten durchgesetzt (vgl. Strauch et al. 2009, S. 297).

der Humanistischen Psychologie zugelassen, denen es neben dem kurativen Aspekt immer darum ging, Menschen bei der persönlichen Reifung und Entwicklung zu unterstützen und zu begleiten. Die erweiterte Indikationsstellung (psychosozial) impliziert die Anlehnung an ein biopsychosoziales Modell nach Engel.[14]

4.5 Soziale Psychotherapie aus Sicht der Klinischen Sozialarbeit: Versuch einer Definition

Aus dem bisher Skizzierten kann für die Soziale Psychotherapie die folgende vorläufige Definition formuliert werden:

Definition Sozialer Psychotherapie

Soziale Psychotherapie, verstanden als ein wissenschaftlich-psychotherapeutisches Rahmenkonzept, hat unter Verwendung von psychologischen und sozialen Mitteln in einer durch Intersubjektivität geprägten therapeutischen Beziehung die Zielsetzung, psychosoziale Leidenszustände zu beheben oder zu mindern. Soziale Psychotherapie wirkt ferner entwicklungs- und gesundheitsfördernd, und sie nimmt präventive Aufgaben wahr. Sie erfolgt in einzel-, familien- und gruppentherapeutischen Settings und bedient sich der Netzwerktherapie. Im Zentrum der Betrachtung Sozialer Psychotherapie steht die »Person-in-Environment«-Perspektive. Die Soziale Psychotherapie basiert auf Klinischer Sozialarbeit, deren zugrunde liegenden Paradigmen und ethischen Grundsätzen. Aus der Tradition der therapeutischen Sozialen Arbeit kommend, fühlt sie sich insbesondere Menschen mit multiplen psychosozialen Notlagen verpflichtet.
Die Fähigkeit zur Ausübung der Sozialen Psychotherapie wird durch eine psychotherapeutische Ausbildung erlangt, auf Basis eines wissenschaftlichen Studiums der Sozialen Arbeit mit klinischen Schwerpunkten.

---

14 Eine Tabelle über die zugelassenen Psychotherapiemethoden in Österreich, Schweiz und Deutschland findet sich im Anhang: Tabelle 20.

5 Psychotherapeutisch-bezugswissenschaftliche Zugänge

»Trotz aller Bemühungen um eine Integration der Therapierichtungen [...] muss eine Bezugnahme auf psychotherapeutische Grundlagen und Methoden auch in der Klinischen Sozialarbeit [und Sozialen Psychotherapie; Anm. D.D.] eine Würdigung der zentralen Perspektiven der psychotherapeutischen Grundrichtungen vornehmen« (Pauls 2004, S. 148).

»Mit Sicherheit darf man davon ausgehen, dass sie [die klinisch-sozialarbeiterische Praxeologie; Anm. D.D.] ohne die heutige Forschungs- und Praxiskompetenz klinischer Psychologen nicht gedeihen wird« (Crefeld 2005, S. 214).

5.1 Psychodynamische Ansätze

Die Klassifizierung der Psychodynamischen Ansätze variiert zwischen einzelnen Autoren. So wird im Lehrbuch *Praxis der Psychotherapie* von Senf und Broda (2007) zwischen psychoanalytischer Psychotherapie und Psychodynamischen Therapieverfahren unterschieden, während Davison et al. (2007, S. 23ff.) diese Differenzierung in dieser Form nicht treffen und die Verfahren unter dem Psychodynamischen Paradigma subsumieren. Der gemeinsame Bundesausschuss[15] spricht von psychoanalytisch begründeten Verfahren und unterteilt sie in Analytische Psychotherapie und Tiefenpsychologisch fundierte Verfahren. Letztere Verfahren schlüsseln sich in Kurzzeittherapie, Fokaltherapie, dynamische Psychotherapie und fraktionierte Therapie auf.

Das Spektrum des Psychodynamischen Paradigmas (Psychoanalyse/Psychodynamische Ansätze) erstreckt sich dabei von der klassischen Psychoanalyse nach Freud, der Individualpsychologie nach Adler, der Analytischen Psychologie nach Jung bis hin zu den unterschiedlichen Neopsychoanalytischen Verfahren. Die klassische Psychoanalyse nach Freud findet heutzutage nur noch selten in der Krankenbehandlung Anwendung.

15 Der gemeinsame Bundesausschuss überprüft, »ob psychotherapeutische Verfahren und Methoden zur Behandlung bestimmter Erkrankungen für Patienten im Vergleich zu bereits zu Lasten der Gesetzliche Krankenversicherung zur Verfügung stehenden Verfahren und Methoden einen Nutzen haben, und ob sie medizinisch notwendig und wirtschaftlich sind« (Gemeinsamer Bundesausschuss 2009b).

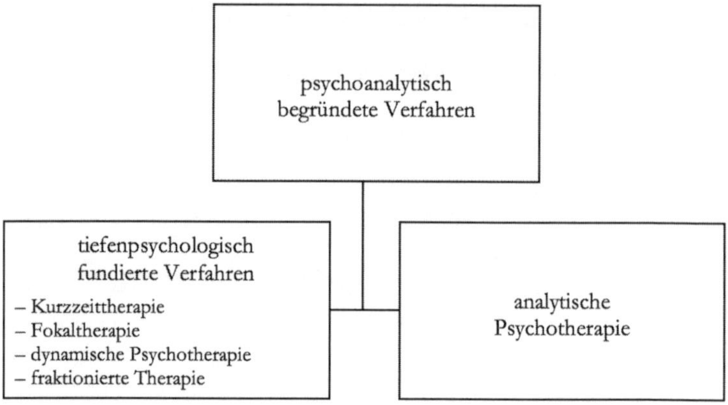

Abb. 4: Psychodynamische Verfahren nach den Richtlinien des gemeinsamen Bundesausschuss

Kritisiert werden die hohen Kosten einer solchen Behandlung mit drei bis fünf Sitzungen pro Woche über mehrere Jahre und die horrenden Ausgaben für die Ausbildung (vgl. Tölle/Windgassen 2009, S. 333), ferner die geringe Erreichbarkeit von Klienten und die starke Mittelschichtorientierung. Aus Sicht einer Sozialen Psychotherapie auf Basis Klinischer Sozialarbeit ist die Ausgrenzung der »Hard-to-reach«-Adressaten innerhalb der Psychoanalyse nicht hinnehmbar. Psychotherapie muss auch mit Menschen mit eingeschränkter Introspektions- und Artikulationsfähigkeit arbeiten und diejenigen erreichen, die nicht über ein so großes Zeitkontingent verfügen, um drei- bis fünfmal pro Woche zur Analyse zu kommen. Also sollte doch auch eine alleinerziehende Mutter mit geringen finanziellen Ressourcen einen Anspruch auf Behandlung haben. Diese Form der Psychotherapie ist von einem starken Exklusionscharakter geprägt. Aus dieser Kritik heraus haben sich die oben genannten »Derivate« der Psychoanalyse entwickelt. Dennoch, die Kritik an einer mittelschichtorientierten Behandlungsform bleibt, da Klienten in der Regel über eine bestimmte ausreichende Introspektionsfähigkeit verfügen sollten.

Die psychoanalytisch begründeten Verfahren werden wie folgt definiert: Sie »stellen Formen einer ätiologisch (an den Ursachen) orientierten Psychotherapie dar, die die unbewusste Psychodynamik neurotischer Störungen mit psychischer oder somatischer Symptomatik zum Gegenstand der Behandlung machen« (Gemeinsamer Bundesausschuss 2009b). Im Zentrum der Betrachtung des Psychodynamischen Paradigmas steht die Vorstellung, dass sich psychische Störungen aus Konflikten, Problemen aus dem Unbewussten entwickeln (vgl. Davison et al. 2007, S. 23).

> »Das psychodynamische Paradigma, das auf Sigmund Freud zurückgeht, lenkt die Aufmerksamkeit auf Verdrängung und andere unbewusste Prozesse, die ihren Ursprung in frühen Kindheitskonflikten haben. Das Paradigma sucht im unbewussten und frühen Leben des Patienten nach Ursachen von psychischen Störungen« (ebd., S. 35).

Bei allen vorhandenen Differenzen sind jeglichen psychodynamischen Verfahren folgende Punkte gemein:

- Bewusstmachung der pathogenen Symptomatik: Bedürfnisse und Wünsche (Freud würde von Trieben sprechen), in der Regel sexueller oder aggressiver Natur, können aufgrund von internalisierten Werten und Normen der Gesellschaft nicht ausgelebt werden und werden abgewehrt. Das Symptom wird als Ersatzhandlung gesehen (vgl. Adam-Lauer 2008, S. 691).
- Prozess der Übertragung: Der Therapeut fördert gezielt die Aktivierung der unbewussten, nicht akzeptierten Erlebnisinhalte durch Übertragung, d. h., die abgewehrten Strebungen und/oder Wünsche überträgt der Patient auf den Therapeuten. Über diesen Prozess können diese unerlaubten Gefühle bewusst reflektiert und bearbeitet werden (vgl. ebd.).
- Besondere Bedeutung in diesem Kontext erhalten die Gegenübertragungsphänomene, verstanden als Affekte, Verhaltensweisen und Fantasien des Behandlers in Bezug auf den Klienten/Patienten (vgl. Krause 1982, S. 282). Konstruktiv genutzte Gegenübertragungsphänomene evozieren Akzeptanz und Empathie des Therapeuten durch das Zurückrufen eigener Erinnerung und Emotionen und gestalten somit einen kreativen Hilfeprozess. Problematische Gegenübertragungsphänomene sind gekennzeichnet durch Ressentiments gegenüber den Klienten/Patienten, durch unbewusste und ungelöste psychische Konflikte des Behandlers, die als psychische Problemlagen des Klienten/Patienten gedeutet werden (vgl. Kleve, S. 13), ferner durch narzisstische Bedürfnisse des Behandlers, die er durch den Kontakt zu den Klienten/Patienten zu befriedigen versucht.
- Die freie Assoziation wird als ein Zugangsweg zum Unbewussten gesehen (neben beispielsweise der Traumdeutung). Bei dieser Form des

therapeutischen Vorgehens sollen nicht akzeptierte Gefühle bewusst werden. Dabei treten oft Widerstände beim Analysanden vor der Bewusstwerdung auf. Die Deutung des Widerstandes im Zusammenhang mit den Gefühlen, die in Verbindung mit der Symptomatik stehen, wird als zentral im analytischen Prozess gesehen, neben der Bearbeitung der Übertragungsneurose (vgl. Adam-Lauer 2008, S. 691).

Folgende Annahmen aus dem Psychodynamischen Ansatz werden in der Regel in der Klinischen Psychologie für psychotherapeutische Konzepte als relevant markiert und sind auch für eine Soziale Psychotherapie von Bedeutung:

- Die Kindheitsentwicklung ist für den Persönlichkeitsaufbau der Erwachsenen von Bedeutung.
- Unbewusste Prozesse haben einen Einfluss auf das Verhalten des Menschen.
- Abwehrmechanismen spielen eine Rolle bei der Bewältigung von Angst und Stress.
- Die Kausalität und die Motivationen des humanen Verhaltens sind nicht immer unmittelbar bewusst (vgl. Davison et al. 2007, S. 33).

Trotz aller Relevanz des Psychodynamischen Ansatzes, auch für eine Soziale Psychotherapie, hat eine massive Kritik an diesem Paradigma eingesetzt:

- Mangelnde Wissenschaftlichkeit. Psychodynamische Theorien stützen sich auf Einzelfallbeobachtungen aus Analysestunden. Diese Beobachtungen gelten als nicht objektiv und unwissenschaftlich. Die Patientenstichprobe sei auch zu gering und gezielt ausgewählt worden. Problematisch galt auch der Aspekt, dass Freud und seine Schüler die Beobachtungen aus der Erinnerung nach der Analysestunde aufzeichneten. Persönliche Interessen der psychodynamischen Forscher an bestimmten Themen (z.B. bei Freud das Gebiet der psychosexuellen Entwicklung) haben möglicherweise die Narrationen der analysierten Patienten manipuliert (vgl. ebd.).
- Kritik am psychoanalytischen Determinismus bezüglich der frühen Kindheit. Der finnische Psychiater und Psychotherapeut Furman hat in seinem Buch *Es ist nie zu spät eine glückliche Kindheit zu haben* die linear kausale Betrachtungsweise psychoanalytischer Entwicklungspsychologie in ihrer apodiktischen Ausschließlichkeit infrage gestellt. Zwar

bestreitet er nicht, dass schwierige Kindheitserfahrungen Spuren bei den Kindern hinterlassen, aber dies lässt in vielen Fällen nicht die Aussage zu, dass diese Kinder im Erwachsenenalter psychosoziale Probleme entwickeln. Im Gegenteil, häufig entwickelten sich diese Kinder zu psychisch gesunden und »robusten Menschen«. Furman bezieht sich auf die Ergebnisse der umfangreichen »Hawaii-Studie«, die diesbezüglich hohe Anerkennung in der Gesundheitsforschung erlangte. Werner und Smith, zwei amerikanische Entwicklungspsychologinnen, führten auf einer Hawai-Insel seit Mitte der 1950er Jahre eine longitudinale Studie über die Resilienz von Kindern und Jugendlichen durch. Sie beobachteten über Jahrzehnte alle ab 1955 geborenen Kinder von der Insel Kauai. Die Ergebnisse dieser Resilienzstudie stellten das linear kausale Paradigma der Psychoanalyse und des Psychodynamischen Ansatzes in ihrer Ausschließlichkeit infrage. So entwickelten sich ein Drittel der Probanden mit einer »Risikokindheit« bis zum 18. Lebensjahr zu psychisch gesunden Menschen, mit einem guten Selbstbewusstsein und einem hohen Maß an Interesse für andere. Bei zwei Dritteln war der Verlauf der Kindheit und Jugend zunächst schwieriger. Diese Gruppe wurde als »Risikojugendliche« eingeordnet. Aber aus dieser Gruppe mit psychosozialen Problemlagen zeigten wiederum zwei Drittel bei späteren Beobachtungszeiträumen keine Auffälligkeiten, sondern kamen im Gegenteil als Erwachsene sogar gut zurecht. Insgesamt ergab die Studie der Forscherinnen, dass 75% der Probanden mit einer belasteten Kindheit im Erwachsenenalter psychisch stabil waren (vgl. Furman 2005, S. 13; Werner/Smith 1998).

So wie eine »schwere« Kindheit nicht zwangsläufig zu einer psychischen Störung führt, kann nicht von einer schweren psychischen Erkrankung wie einer Persönlichkeitsstörung auf ein »schlechtes Elternhaus«, auf eine belastete Kindheit geschlossen werden. Ellis (1999, S. 84) spricht in diesem Kontext von Mythen der Psychotherapie und betont, dass schlechte Kindheitserfahrungen »dem Individuum kaum helfen, ja oft wesentlich zu seinem Leiden beitragen, […] doch in bezug auf Ausmaß und Intensität des angerichteten Unheils stark übertrieben [werden]«. Ferner wendet er sich gegen das monokausale Denken bei der Ätiologie seelischen Leidens (vgl. ebd., S. 79ff.).

➢ In Psychoanalytischen/Psychodynamischen Verfahren steht die Arbeit an und mit der »Übertragungsneurose« – wie erläutert – im Zentrum der Analyse. Diese soll weitestmöglich auch intensiviert werden. Dieses

Vorgehen ist aber bei einer Vielzahl von Klienten/Patienten nicht durchführbar oder gar kontraindiziert, ebenfalls die sogenannten »Übertragungsdeutungen«. Diese weisen nach Grawe et al. in vielen Fällen auch eine negative Korrelation mit dem Behandlungserfolg auf (vgl. Petzold/Scheiblich/Thomas 2006, S. 62; Grawe et al. 1994). Nach Erkenntnissen aus der neurophysiologischen Forschung (vgl. van der Kolk et al. 1996) zu traumatischem Stress ist eine aufdeckende und konfliktzentrierte Arbeitsweise in der Therapie bei diesen Störungen kontraindiziert, »ehe nicht eine Konsolidierung der Lebenssituation und eine Umstellung chronifizierter Hyperarrousal- und Numbingmuster erfolgt ist« (Petzold/Scheiblich/Thomas 2006, S. 62). Heigl et al. entwickelten zwar für die Behandlung von Suchtkranken auf Basis des Konzeptes von Fürstenau (1977), der »strukturellen Ich-Störung«, eine modifizierte psychoanalytische Behandlungstechnik, die nach Petzold, Scheiblich und Thomas aber für diesen Indikationsbereich nicht erfolgversprechend erscheint. Das klassische Behandlungsprinzip mit der Bewusstmachung von verdrängtem/abgespaltenem und konflikthaftem Material und dessen Deutung durch Bildung von Sinnzusammenhängen ist nach Heigl et al. (1994) nicht indiziert, da es den Suchtkranken an den entsprechenden inneren Strukturen mangele. Es fehle ihnen auch eine sogenannte »Regulierungspotenz« zum Aufbau einer tragfähigen therapeutischen Beziehung. Da die Suchtkranken die Regulation an äußere Objekte bindet, muss die psychoanalytische Methodik modifiziert und um einen interaktionellen Aspekt erweitert werden. Der Analytiker begegnet den Patienten mit selektiver Offenheit und verlässt somit die klassische psychoanalytische Abstinenz. »Der Behandler steht in Realisierung des ›Prinzip Antwort‹ als Dialogpartner nicht nur dafür zur Verfügung, eigene Gefühle selektiv auszudrücken, sondern auch normative Vorschläge zu machen, Lernschritte zu bestätigen, ›reifere‹ Interaktionen anzubieten […], damit also zu einer ›Libidinisierung sozialer Austauschprozesse‹ anzuregen« (Petzold/Scheiblich/Thomas 2006, S. 63). Letztlich – so haben Petzold, Scheiblich und Thomas richtig angemerkt – hat diese Modifizierung der klassischen psychoanalytischen Technik mehr mit den Methoden der Gestalttherapie gemein. Auf der praxeologischen Ebene ist dieser Wandel zweckmäßig, »aber theorieimmanent gesehen für das psychoanalytische Paradigma eine problematische Neuerung, die theoretische Konsistenzprobleme aufwirft und zudem auf keine elaborierte Beziehungstheorie zurückgreifen kann« (ebd.). Psychoanaly-

Kritik	Stärken	Bedeutsamkeit für die Soziale Psychotherapie
mangelnde Wissenschaftlichkeit	Konzept des Unbewussten/Motive und Verhaltensweisen sind nicht immer bewusst; Konzept des kollektiven Unbewussten (Jung)	Reflexionspotenzial: Beachtung des Unbewussten, der biografischen Entwicklung, des Widerstandes, der Übertragungsphänomene, der inneren Konflikte
monokausale Betrachtungsweise von psychischen Störungen	Beachtung der therapeutischen Beziehung	Bedeutsamkeit von modifizierten psychoanalytischen Ansätzen, wie z.B. dem bifokalen Behandlungsmodell von *Rauchfleisch*: Beachtung der psychologischen und sozialen Dimension; konzeptualisiert für »Hard-to-reach«-Adressaten
Überbetonung der frühkindlichen Entwicklung/psychoanalytischer Determinismus/geringe Lebensweltorientierung	Beachtung der kindlichen Perspektive. Der Mensch ist kein geschichtsloses Wesen.	Selbsterfahrungskomponente
starke Orientierung an dem pathogenetischen Modell der Medizin	Beachtung von Widerstandsphänomenen/Angst vor Veränderung	
»Mittelschichtorientierung«	Beachtung der Psychodynamik: Innerpsychische Konflikte-Abwehrmechanismen-Symptombildung	
orthodoxe Verfahren ungeeignet für »Hard-to-reach«-Patienten	hohe Selbsterfahrungsaspekte in der Ausbildung von Therapeuten	
geringe Beachtung der sozialen Dimension	Beachtung der sexuellen Entwicklung (Freud) Beachtung von Machtaspekten (Adler) Beachtung von religiösen/spirituellen Bedürfnissen (Jung)	

Tab. 5: Bewertung der Psychoanalytischen/Psychodynamischen Ansätze; vgl. Davison et al. 2007, S. 32ff. und Pauls 2004, S. 161ff.

tische Konzepte in der Suchtarbeit werden auch wegen ihrer einseitigen, auf intrapsychische Prozesse reduzierten Krankheitsauffassung infrage gestellt. Sucht ist als eine komplexe körperliche, seelische und soziale Pathologie zu verstehen, die Folgen für den Suchtkranken selbst und für das Soziale Netzwerk hat und somit nur multikausal zu sehen ist (vgl. ebd., S. 63f.; Ebert/Könnecke-Ebert 2007, S. 199).

5.2 Verhaltenstherapeutische Ansätze

Es werden unter den Verhaltenstherapeutischen Ansätzen eine Reihe von direktiven Verfahren subsumiert, die als Hauptziel ihrer therapeutischen Intervention die Modifikation des Verhaltens anstreben (Um- oder Neulernen). Sie bauen auf lern- und kognitionstheoretische und sozialpsychologische Überlegungen auf (vgl. Adam-Lauer 2008, S. 692). Es handelt sich um eine

> »Gruppe von Behandlungsverfahren, die auf experimentalpsychologischen Erkenntnissen, insbesondere der Lernforschung basieren. Verhaltenstherapie setzt an den prädisponierenden, auslösenden und aufrechterhaltenden Problembedingungen an, ist ziel- und handlungsorientiert und stellt ›Hilfe zur Selbsthilfe‹ dar. Zur Anwendung kommen an der empirischen Psychologie orientierte Verfahren, die sich auf experimentell überprüfte Lerntheorien unter Einbeziehung sozialpsychologischer Faktoren gründen« (Möller et al. 2009, S. 529).

Tabelle 6 zeigt in stark vereinfachter Form die gängigen Verhaltenstherapeutischen Verfahren, die Hauptvertreter, die Hauptindikation und die Technik auf.

Die Charakteristika der modernen Verhaltenstherapie hat Margraf (2003) in neun Prinzipien zusammengefasst:

- Die Grundlage der Verhaltenstherapie bildet die experimentelle Psychologie.
- Die Verhaltenstherapie ist auf aktuelle Problemlagen orientiert.
- Die Verhaltenstherapie setzt sich mit Prädispositionen, Aktualauslösern von Problemlagen auseinander und beachtet auch aufrechterhaltende Faktoren von psychischen Symptomen.
- Die Verhaltenstherapie ist ein zielorientierter Ansatz.
- Die Verhaltenstherapie setzt eine aktive Teilnahme des Klienten/Patienten voraus (Handlungsorientierung).
- Die Verhaltenstherapie erweitert das therapeutische Setting, indem sie

oftmals mit den Klienten/Patienten in die Lebenswelt geht und dort Erlerntes einübt.

Verfahren	Haupt-vertreter	Hauptidee	Hauptindikation	Technik
Gegenkonditionierung Desensibilisierung Konfrontationstherapie	*Wolpe, Barlow*	Methode der Verhaltenstherapie, die davon ausgeht, dass Fehlverhalten erlernt ist und daher auch wieder verlernt werden kann.	häufig Phobien und andere Angststörungen	Konfrontation mit angstauslösenden Reizen, direkt oder schrittweise (zunächst in der Fantasie, später in der Realität); zeitgleicher Einsatz von erlernten Körperentspannungsverfahren (Wahrnehmung angstantagonistischer Reaktion)
1. Verhaltensmodifikation 2. Imitationslernen (Modelllernen)	*1. Adameit, Skinner u.a.* *2. Bandura/ Menlove*	1. Lernen/Prinzip der Verstärkung 2. Lernen durch Beobachtung/Nachahmung ohne Verstärker	1. unspezifisch 2. unspezifisch	1. Operantes Konditionieren: gezielte positive Verstärkung zur Festigung, zum Aufbau und zum Abbau von Verhalten, negative Verstärkung (seltener Einsatz) 2. Rollenspiele
kognitive Verfahren	*Ellis, Beck, Meichenbaum*	Dysfunktionale Kognitionen sind kausal für die Entwicklung und Aufrechterhaltung von psychischen Störungen.	u.a. depressive Störungen, Borderline-Persönlichkeitsstörung (dialektisch-behaviorale Therapie nach *Linehan*: baut auf die kognitive Therapie auf, integriert aber auch andere psychotherapeutische Methoden)	kognitive Umstrukturierung, Aktivitätsplanung und -durchführung
Selbstmanagement-Therapie	*Kanfer, Reinecke* und *Schmelzer*	Streben nach Selbstbestimmung und Selbststeuerung; Metastrategien und Prozesse, die eine generelle Bedeutung für Veränderungen in der Therapie haben (11 Gesetze der Therapie)	Unspezifisch	Klärung der Bedürfnisse, Motive, Werte, Ziele der Klienten

Tab. 6: Ausgewählte Verhaltenstherapeutische Ansätze; vgl. Adam-Lauer 2008, S. 692; Davison et al. 2007, S. 45ff.; Tölle/Windgassen 2009, S. 338; vgl. Kanfer et al. 2006, S. 479ff.

- ➢ Die Verhaltenstherapie legt Wert auf einen »informierten Klienten/Patienten«, deshalb wird das Erklärungsmodell vermittelt und über den Therapieverlauf aufgeklärt (Transparenz).
- ➢ Die Verhaltenstherapie soll den Klienten/Patienten in die Lage versetzen, seine Probleme auf Dauer selbst zu lösen. Sie vermittelt Hilfe zur Selbsthilfe.
- ➢ Die Verhaltenstherapie bemüht sich als wissenschaftlich begründetes Verfahren um stetige Weiterentwicklung.

Viehauser (2009d, S. 4f.) hat als modernes Verfahren der Verhaltenstherapie die Selbstmanagement-Therapie nach Kanfer et al. in ihrer Bedeutung für die Soziale Arbeit hervorgehoben. Die Autoren haben elf Gesetze für ein therapeutisches Vorgehen formuliert, die als übergeordnete Prinzipien für therapeutisches Handeln und somit auch für eine Soziale Psychotherapie von Interesse sind:

> »1. Verlange niemals von Klienten, gegen ihre eigenen Interessen zu handeln! […]
> 2. Arbeite zukunftsorientiert, suche nach konkreten Lösungen und richte die Aufmerksamkeit auf die Stärken von Klienten! […]
> 3. Spiele nicht den ›Lieben Gott‹, indem Du Verantwortung für das Leben von Klienten übernimmst! […]
> 4. Säge nicht den Ast ab, auf dem die Klienten sitzen, bevor Du Ihnen geholfen hast eine Leiter zu bauen! […]
> 5. Klienten haben immer recht! […]
> 6. Bevor Du ein problematisches Verhalten nicht plastisch vor Augen hast, weißt Du nicht, worum es eigentlich geht! […]
> 7. Du kannst nur mit Klienten arbeiten, die anwesend sind! […]
> 8. Peile kleine, machbare Fortschritte von Woche zu Woche an und hüte Dich vor utopischen Fernzielen! […]
> 9. Bedenke, dass die Informationsverarbeitungskapazität von Menschen begrenzt ist! […]
> 10. Wenn du in der Therapiestunde härter arbeitest als Deine Klienten, machst du etwas falsch! […]
> 11. Spare nicht mit Anerkennung für die Fortschritte von Klienten!« (Kanfer et al. 2006, S. 479ff.)

In mehreren Punkten müssen diese Prinzipien doch infrage gestellt werden, zumindest in ihrer Ausschließlichkeit: Zum einen ist die Zukunftsorientierung der psychotherapeutischen Arbeit sicher in vielen Fällen sinnvoll. Aber gelegentliche »Ausflüge« in die Vergangenheit, um belastende Faktoren aufzuarbeiten, sich zu entlasten und aus »Fehlern« zu lernen, ist auch von Bedeutung. Prozesse in der Therapie verfolgen oft eine Zukunftsorientierung, aber zeitgleich auch eine Vergangenheitsaufarbeitung. Jedoch, so hat die Gestalttherapie deutlich gemacht, ist das Leben in der Gegenwart auch nicht zu vernachlässigen. Mit einer reinen Zukunftsorientierung ist oft auch ein Abwehrcharakter verbunden, sich mit den Problemen der Gegenwart auseinanderzusetzen. Zum anderen ist die fünfte Regel, nämlich dass Patienten/Klienten in der Behandlung immer recht haben, ein schönes humanistisches Ideal. Aber was ist mit einem dissozialen Jugendlichen, der permanent andere bestiehlt und schlägt? Hier gilt es – trotz aller systemischen Betrachtungsweisen – auch als Therapeut im Sinne einer Agogik Stellung zu beziehen, den Klienten/Patienten mit Respekt zu behandeln und im Rahmen einer tragfähigen Beziehung das problematische Verhalten kritisch zu hinterfragen.

Kritik	**Stärken**	**Bedeutsamkeit für die Soziale Psychotherapie**
bei klassischen Verfahren Vernachlässigung der therapeutischen Beziehung	Arbeiten an konkreten Zielen	Wissenschaftlichkeit/klinisches Handeln wird empirisch untersucht
»mechanistische« Arbeitsweise bei klassischen Verfahren	Förderung von Empowermentstrategien	stringentes Modell zum Verständnis und zur Änderung von psychosozialen Problemlagen
starke Orientierung am pathogenetischen Modell der Medizin	wissenschaftliche Orientierung/empirische Psychologie/Offenheit für wissenschaftlich abgesicherte Erkenntnisse	Alltags- und Lebensweltorientierung
Nichtbeachtung von unbewussten Motiven	störungsspezifisch-therapeutische Herangehensweise	zahlreiche Strategien, Hilfe zur konkreten Bewältigung von Problemlagen
kaum Selbsterfahrungsaspekte in der Ausbildung von Therapeuten	hohe Wirksamkeit/Psychotherapieforschung	Beachtung von Ressourcen
		Bedeutsamkeit von speziellen Skill-Trainingsprogrammen
		übergeordnete Strategien/Heuristiken

Tab. 7: Bewertung der Verhaltenstherapeutischen Ansätze; vgl. Viehauser 2009(d), S. 1ff.; Davison 2007, S. 40ff.; Pauls, S. 172ff. und eigene Bewertungen

5.3 Humanistische Ansätze

Der Humanistischen Psychologie wird eine Vielzahl von Ansätzen zugeschrieben, deren Einordung sich schwierig gestaltet. Die Zuordnung des

Klientenzentrierten Ansatzes nach Rogers zu den Humanistisch-psychologischen Ansätzen gilt als unbestritten. Bei der Gestalttherapie und dem Psychodrama wird die Lage schwieriger. Perls (Gestalttherapie) und Moreno (Psychodrama) haben sich diesem Paradigma selbst nicht zugehörig gefühlt. Beispielsweise hielt Perls kritischen Abstand zu Maslow und Schutz und bezog sich in seinem Werk, so wie auch Moreno, nicht auf Vertreter des Humanistischen Paradigmas (vgl. Petzold/Sieper 2004, S. 38f.). Davidson et al. sprechen von den humanistischen und existenziellen Paradigmen und ordnen hier die Klientenzentrierte Therapie, die Existenzielle Therapie und die Gestalttherapie unter (vgl. Davison et al. 2007, S. 36ff.). Viehauser ordnet die Ansätze des Psychodramas und der Gestalttherapie aufgrund der zugrunde liegenden Menschenbilder dennoch den Humanistischen Verfahren zu: Unter diese Ansätze fallen nach Viehauser im engeren Sinne die Klientenzentrierte Gesprächspsychotherapie nach Rogers und die Gestalttherapie nach Perls. Im weiteren Sinne sind folgende Ansätze subsumiert: Existenzielle Psychotherapie (z.B. Logotherapie nach

1. klassische Gestalttherapie nach *Perls*		
Kritik	**Stärken**	**Bedeutsamkeit für die Soziale Psychotherapie**
geringe Wissenschaftlichkeit/ theoretische Basis gilt als gering ausgearbeitet	Wachstumsorientierung, Ressourcenorientierung, Empowerment-strategien, übungszentriert, emotionszentrierte Arbeit	Wachstumsorientierung, Ressourcenorientierung, Empowerment-strategien, übungszentriert, emotionszentrierte Arbeit
empirischer Nachweis der Wirksamkeit fehlt	Ausrichtung auf healthy functioning/gesundheitsfördernde Sicht in der Behandlung	Gesundheitsförderung
Konfrontativer therapeutischer Stil kann bei falscher Anwendung zu Therapieschäden führen.	Körperorientierung, dadurch z. T. besserer Zugang zu Klienten, die sich verbal nicht gut artikulieren können.	interaktionelle Konzeptualisierung
	dialogisches Prinzip der Gestalttherapie (interaktionelle Konzeptualisierung)	Konzept des Self Support (muss aber durch Social Support ergänzt werden)
	Das Konzept des Self Support ermöglicht, die Sicherheit des Klienten im Umgang mit der eigenen Person zu fördern.	Szenischer Ansatz: imaginäre Dramatisierung, monodramatische Arbeit (z.B. Arbeit mit dem »Leeren Stuhl«)
	Szenischer Ansatz: imaginäre Dramatisierung, monodramatische Arbeit (z.B. Arbeit mit dem »Leeren Stuhl«)	Methodenvielfalt zur Erlebnisaktivierung und Steigerung der Selbstverantwortlichkeit
	Methodenvielfalt zur Erlebnisaktivierung und Steigerung der Selbstverantwortlichkeit	

2. Klientenzentrierte Gesprächspsychotherapie		
Kritik	**Stärken**	**Bedeutsamkeit für die Soziale Psychotherapie**
Die therapeutischen Grundhaltungen gelten als notwendig (therapeutische Basisvariablen), reichen jedoch oftmals nicht aus bei Personen mit multiplen psychosozialen Problemlagen. Als isoliertes Verfahren nicht für Schwerstgestörte geeignet. Aspekt der Klärung reicht oftmals nicht aus.	unverzichtbarer Beitrag zur Beziehungsgestaltung durch das humane Menschenbild und die therapeutischen Basisvariablen	mit der Gestalttherapie der am häufigsten verwendete therapeutische Ansatz in der Sozialen Arbeit
Kritisiert wird stellenweise das zu idealisierte Menschenbild von Rogers, dass der Mensch gut sei.	besonders hilfreich bei der Bearbeitung von emotionalen Erlebnisinhalten	Wachstumsorientierung, Ressourcenorientierung, emotionszentrierte Arbeit
Betrachtungen zur menschlichen Entwicklung seien zu undifferenziert	Die Wirksamkeitsforschung hat die zentrale Bedeutung des Beziehungsaspektes in der Therapie bestätigt.	Bedeutsamkeit der Basisvariablen. Muss aber durch andere Interventionen ergänzt werden.
Die differenzialätiologische Perspektive wird vernachlässigt.		
Therapietheorie nicht ausreichend elaboriert		
Aktualisierungstendenz empirisch nicht verifizierbar		
Die Indikationsrichtlinien, dass der Klient kontaktfähig sein sollte, ein ausreichendes Inkongruenzerleben zeigt und in der Lage sein muss, auf das therapeutische Beziehungsangebot einzugehen, werden von einigen der Adressaten der Sozialen Arbeit nicht erfüllt.		

Tab. 8: Bewertung der Ansätze der Humanistischen Psychologie am Beispiel der klassischen Gestalttherapie und der Klientenzentrierten Gesprächspsychotherapie; vgl. Viehauser 2009 (b), S. 2 und Pauls 2004, S. 184ff.

Frankl), Psychodrama nach Moreno, Themenzentrierte Interaktion nach Cohn, körperorientierte Verfahren wie beispielweise die Bioenergetik nach Lowen, Focusing nach Gendlin und unterschiedliche kreative Therapien (vgl. Viehauser 2009c, S. 4).

Nach Viehauser sind die Ansätze der Humanistischen Psychologie und Psychotherapie als Gegenpol zur Psychoanalyse und der klassischen Verhaltenstherapie entstanden. Vier Annahmen waren neu und grundlegend für diese Ansätze, die aus der Humanistischen Psychologie entstanden (vgl. Viehauser 2009c, S. 1ff.):

➢ Eine humanistische Perspektive: Wiederentdeckung des Menschen als Individuum: »Jeder Mensch ist einmalig.« Der Mensch birgt das Potenzial der Selbstverwirklichung in sich. In den Humanistischen

Ansätzen ist man bestrebt, den Menschen dabei zu unterstützen, seine Möglichkeiten, Fähigkeiten etc. zu entdecken und »auszuleben«.

- Eine phänomenologische Perspektive: vorurteilsfreie Wahrnehmung und Beschreibung von Phänomenen. Gründliche Wahrnehmung der Erscheinungen und das Verstehen der subjektiven Sicht des Klienten stehen im Mittelpunkt. Abkehr des Deutungsprinzips der Psychodynamischen Verfahren.
- Eine existenzphilosophische Perspektive: Es stellt sich die Grundfrage, was »der ›wirkliche‹ Mensch in seiner nackten Existenz [ist]« (ebd., S. 2). Das Wesen des Menschen ist das, was ihn durch sein Tun ausmacht, und nicht, was er ist. In dieser Ansicht geht man davon aus, dass der Mensch zur Freiheit verdammt ist. Zentrale Bedeutung hat auch das Streben des Menschen nach Sinnhaftigkeit, persönlichem Wachstum und dem Selbst. Das reale Leben ist Begegnung. »Der Mensch ist ein reflexives Wesen, er reflektiert über die Bedingungen seiner Existenz, seines Daseins und versucht, darin einen Sinn zu finden« (ebd.).
- Eine ganzheitlich-systemische Perspektive: starker Einfluss der Gestaltpsychologie. Als Axiom gilt die Synergie – das Ganze ist mehr als die Summe seiner Teile (vgl. ebd., S. 1ff.).

Das humanistische Menschenbild prägte folgende therapeutische Grundhaltungen, die eine ausgesprochene Relevanz für die Soziale Psychotherapie haben:

- Suche nach den positiven Persönlichkeitsanteilen des Menschen und ggf. dem Streben nach Auflösung von emotionalen Blockierungen, die den Menschen an der Entfaltung seiner Persönlichkeit hindern;
- der Therapeut sieht sich als Partner in der Behandlung, das Prinzip lautet: Hilfe zur Selbsthilfe.
- Bedeutsamkeit der therapeutischen Beziehung, Ablehnung des Übertragungsparadigmas der Psychoanalyse;
- Wachstumsorientierung (Persönlichkeitsentfaltung) statt »Beseitigung« von Defiziten.

5.4 Systemisch-familientherapeutische Ansätze

In dem bedeutenden Lehrbuch von Davison et al. zur Klinischen Psychologie (2007) werden systemisch-familientherapeutische Ansätze nicht aufgeführt. Dies mag dem Umstand geschuldet sein, dass gerade die Familientherapie in den anderen psychotherapeutischen Paradigmen als Methode etabliert wurde. Dennoch scheint mir eine separate Aufführung dieser Ansätze von Bedeutung, denn gerade für die Soziale Arbeit in Deutschland haben in den letzten Jahren insbesondere die Systemischen Ansätze eine wichtige Funktion als Reflexionstheorie erlangt und gewinnen an Bedeutung in der psychosozialen Beratung und Behandlung. Pauls hat in seiner Monografie zur Klinischen Sozialarbeit (2004) meiner Einschätzung nach diesen Umstand dahingehend gewürdigt, dass er diese(s) Paradigma/en an der ersten Stelle der therapeutischen Grundrichtungen gesetzt hat.

Die Familien- und Paartherapie erhielt Anstöße zu ihrer Entwicklung u.a. durch sozialtherapeutisch orientierte Sozialarbeiter in den Vereinigten Staaten. Hier sei insbesondere auf Satir verwiesen, die als Wegbereiterin der Familientherapie gilt. Insbesondere in der Arbeit mit den »Hard-to-reach«-Adressaten (Abhängige, Psychosekranke, Straffällige und Menschen mit multiplen psychosozialen Problemlagen, also dem »klassischen« Klientel der Sozialen Arbeit) wurden positive Erfahrungen gesammelt mit der Integration von Angehörigen in die Gespräche, in einem ansonsten therapeutisch unterrepräsentativen therapeutischen Bereich.

Die Familientherapie basiert auf unterschiedlichen theoretischen Entwicklungen. Es wird von einem »heterogenen Bündel« mannigfaltiger Behandlungsperspektiven, theoretischer Grundlagen und therapeutischer Anweisungen gesprochen. Einfluss hatten die Psychoanalyse, die Kommunikationstheorie, die antipsychiatrische Bewegung, die Kybernetik, der Konstruktivismus und die systemischen Theorien (vgl. Pauls 2004, S. 149).

Drei zentrale Ansätze innerhalb der Familientherapie werden unterschieden:

- Psychoanalytisch, Psychodynamisch orientierte Familientherapie: Stellvertretend sei die Beziehungsanalyse nach Bauriedl genannt.
- Wachstumsorientierte Familientherapie: Die Sozialarbeiterin Satir gilt als die Pionierin der gesamten familientherapeutischen Ausrichtung.
- Systemische Familientherapie:
  - Strukturelle Familientherapie beispielsweise nach Minuchin;
  - Strategische Familientherapie nach Selvini-Palazzoli oder als klassische Systemische Familientherapie bezeichnet;

- systemisch-konstruktivistischer Ansatz, z.B. Boscolo und Cecchin (vgl. Galuske 2009, S. 221f.; Haselmann 2008, S. 214ff.).

Den drei erstgenannten »Psychotherapieschulen«, den psychoanalytischen Ansätzen, der Verhaltenstherapie, den Verfahren der Humanistischen Psychologie ist gemeinsam,

> »dass der Defekt, das Problem, die Krankheit im Individuum selbst liegen, sei es durch einen inneren Konflikt oder ein Defizit, eine Lernstörung oder ›blockiertes Potenzial‹ – in allen drei Konzepten folgerte man ganz selbstverständlich, dass die Behandlung dementsprechend über das Individuum erfolgen muss« (Herwig-Lempp 2002).

Unter der Familientherapie werden verschiedene psychotherapeutische Modelle zur Veränderung pathologischer Familienstrukturen, zur Umgestaltung interpersonaler Relationen und zur Modifikation des inneren Erlebens und der Verhaltensweisen der einzelnen Familienangehörigen verstanden (vgl. Textor 1984, S. 1). Besondere Relevanz in der Sozialen Arbeit haben insbesondere die Systemischen Ansätze erlangt, und diese sollen hier kurz skizziert werden:

Von zentraler Bedeutung bei dem *strukturorientierten familientherapeutischen Ansatz* (z.B. nach Minuchin) sind die Funktionen eines Systems, die die Strukturen und Verhaltensregeln eines Systems, hier sozialen Systems/Familien, prägen. Die therapeutischen Interventionen zielen auf eine Beeinflussung der familiären Strukturen, »wenn diese – gemessen an den zu bewältigenden Aufgaben – als zu starr oder als dysfunktional (deshalb problemerzeugend) angesehen werden« (Haselmann 2008, S. 212). Zwei Grundgedanken haben diesen Ansatz geprägt. Zum einen der Gedanke von der Planbarkeit von Systemen. Diese Idee entstammt der Regelungs- und Nachrichtentechnik (»Kybernetik erster Ordnung«). Die Kybernetik wird als Wissenschaft verstanden, die sich mit der Steuerung von Systemen beschäftigt, d.h., im Fokus stehen Regel- und Steuerungsaufgaben bei Maschinen. Diese Gedanken wurden auf soziale, familiäre Systeme übertragen. Familien werden als Systeme betrachtet und deren Kommunikation als Regelkreise, die, wie bereits erwähnt, das Funktionieren der sozialen Systeme prägen. Der Therapeut steht wie ein Beobachter außerhalb des Systems und kann dieses von außen steuern (Familien werden wie praktische Maschinen programmiert). Zum anderen erfolgt eine Orientierung am Konzept der Homöostase. Durch eine

Intervention von außen, oft in einer direktiven Form, soll das pathologische Gleichgewicht aufgelöst werden und ein neues adäquates Gleichgewicht soll entstehen. Dahinterstehend sind normative Vorstellungen von richtigen (funktionalen) und falschen (dysfunktionalen) Kommunikationsstrukturen (vgl. ebd., S. 207ff.)

Bevor auf die *klassisch Systemische Familientherapie*, die mit dem Namen der der »Mailänder Schule« (Selvini-Palazzoli) verbunden ist, eingegangen wird, seien hier kurz die Postulate der »Kybernetik zweiter Ordnung« oder der »neuen Epistemologie« skizziert (vgl. ebd., S. 210). Betrachtungen von außen sind nicht möglich, und somit ist der Therapeut immer ein Bestandteil des Systems. Ferner werden soziale Systeme (lebende Systeme) nicht als triviale Maschinen betrachtet und funktionieren auch nicht so, sondern gelten als Komplex (autopoietische Systeme). Diese können nicht von einer exzentrischen Position aus kontrolliert oder programmiert werden, sondern es können nur Anregungen, Anstöße gesetzt werden. Normative, diagnostische Etikettierungen, also die Betrachtung nach funktionalen und dysfunktionalen Strukturen aus einer Expertenwarte, sind nicht von Belang, sondern es geht »um Bedeutungssysteme und Wirklichkeitskonstruktionen aller Beteiligten, insbesondere um die Frage der Bedeutungen, die dem präsentierten Problem zugeschrieben werden« (ebd., S. 210). Bedeutsam ist auch der Gedanke, dass nicht das System ein Problem produziert, sondern Letzteres erzeugt das System. »Damit ist gemeint, dass sich um die Definition eines Verhaltens als »Problem« herum, ein (ggf. Leiden erzeugendes) System der Bedeutungen und Problemsichten einschließlich entsprechender Kommunikationen organisiert« (ebd.).

Nach Haselmann (vgl. ebd., S. 214) steht die »Mailänder Schule« zwischen der »Kybernetik erster und zweiter Ordnung«. Sie orientiert sich nicht am Autopoiesis-Konzept und nicht am Modell der »trivialen Maschine«, dem Kontrollmodell der strukturellen Familientherapie. Im Gegensatz zu den früheren Modellen der Familientherapie sieht sie, die »Mailänder Schule«, Systeme nicht aus Personen, sondern aus Kommunikation und Informationen bestehend. Bei diesem Ansatz zeigt man weder ein Interesse an der Veränderung des »identifizierten Patienten«, noch an der »Schuld« von Familienangehörigen an der potenziellen Verursachung der Problematik, sondern es geht darum »Familienspiele aus dem Gleichgewicht zu bringen, es zu verändern und die Regeln auszutauschen, nach denen die familiäre Interaktion organisiert ist« (von Schlippe/Schweitzer 1996, S. 30). Dieser Ansatz nimmt konsequent Abstand vom linearen Denken und setzt das zirkulär-systemische Denken in der therapeutischen Familienarbeit um. Dies zeigt sich insbesondere bei den triadischen Fragen, vor allem im Hinblick auf das sogenannte zirkuläre Fragen.

Systemisch-konstruktivistischer Ansatz: Dieser Ansatz orientiert sich explizit an der Systemtheorie von Maturana, Varela und Luhmann und dem Autopoiesis-Konzept. »Somit wird die These von der Unmöglichkeit objektiv-externer Systembeeinflussung vertreten und zugleich der Einfluss des Systemsbeobachters auf das beobachtete System berücksichtigt« (Haselmann 2008, S. 220) – es kann also von »Kybernetik zweiter Ordnung« die Rede sein. Im therapeutischen Setting geht man entsprechend dosiert mit Interventionen um. Es wird nicht eingegriffen, sondern eher kooperiert. »Intervenieren durch Fragen« wird die Methodik dieses Neu-Systemischen Ansatzes zusammengefasst. Die Hauptmethode stellt das Refraiming, das Umdeuten und das zirkuläre Fragen (Adaption von der »Mailänder Schule«) dar, um somit irritierende Informationen in das System zu implementieren. Die Differenz zu den vorgenannten Systemischen Ansätzen wird wie folgt umschrieben:

- Abschied vom Expertentum;
- Vermeidung von Etikettierungen (Pathologisierung);
- Respekt vor den Problemlösestrategien der Adressaten, auch vor den vermeintlich dysfunktionalen;
- Würdigung der Wirklichkeitskonstruktionen der Adressaten;
- Vorsicht vor direktiven Vorgehensweisen;
- Desinteresse an Schuldfragen;
- Akzeptanz vor Veränderungsängsten;
- offenes therapeutisches Setting (vgl. Haselmann 2008, S. 218ff.).

Herwig-Lempp hat zentrale Ideen des Systemischen Ansatzes für die Soziale Arbeit skizziert:

> »Die erste Idee: Die Familie ist der Patient – und nicht die Menschen sind krank, sondern die Beziehungen zwischen den Menschen […].
> Die zweite Idee: Die Familie ist ein System – und wir können sie so beeinflussen wie andere Systeme auch […].
> Die dritte Idee: Menschen sind autonom und eigensinnig […].
> Die vierte Idee: Alles was gesagt wird, wird von jemandem gesagt […].
> Die fünfte Idee: Um zu Lösungen zu kommen, ist es hilfreich, über Lösungen zu sprechen (statt über Probleme) […].
> Die sechste Idee: Systemisches Arbeiten ist keine Frage des Settings – es kann in vielen Arbeitsfeldern genutzt werden« (Herwig-Lempp 2002, S. 3ff.).

Kritik	Stärken	Bedeutsamkeit für die Soziale Psychotherapie
Geringe emotionale Beteiligung der Therapeuten/Strategische Haltung	Effektive Strategien	Einbezug des zwischenmenschlichen Umfeldes
Geringe Kontaktfrequenz (gilt aber auch als Vorteil)	Rückgabe der Verantwortung an das System	geistig-seelische Erlebensinhalte sind nicht ausschließlich als ein innerpsychischer Vorgang zu bewerten
Konzentration auf Kommunikation, andere Aspekte (Belastungen aus der sozioökonomischen Ebene und Subjektivität des Einzelnen werden negiert).	Distanzierung von stigmatisierenden Krankheitstheorien	Veränderungen von Familienstrukturen führen zu veränderten Verhaltensweisen und psychischen Prozessen der System-(Familien-)Mitglieder
Biografische Aspekte, kritische Lebensereignisse werden kaum beachtet	Lösungsorientierung	Lösungsorientierung
Keine Psychoedukation	Autonomie wird angestoßen	
Schuldfrage lässt sich nicht immer »ausblenden«. Therapeutische Neutralität ist nicht immer indiziert (Missbrauch) Hier kann eine klare Position der Behandler hilfreich sein und Patienten entlasten.		
Hohe Heilerwartung!		

Tab. 9: Bewertung der Systemischen Ansätze; vgl. Haselmann 2008, S. 360f. und Pauls 2004, S. 151

5.5 Psychotherapieforschung, Wirkfaktoren und die Bedeutung für eine schulenübergreifende Psychotherapie

5.5.1 Spezifische und unspezifische Wirkfaktoren

»Wer und Was wirkt Wie in der Psychotherapie?« (Märtens/Petzold 1998, S. 98) ist simplifiziert die Fragestellung der Psychotherapieforschung.[16] Betrachtet werden zum einen die Effekte der einzelnen therapeutischen Ausrichtungen/Verfahren. Zum anderen werden Fragen nach übergeordneten Wirkfaktoren gestellt. Gibt es Aspekte in der Behandlung von psychisch kranken Menschen, die heilsam sind, aber nicht mit dem eigentlichen Therapieverfahren zu verstehen sind? Die genannte Differenzierung nach spe-

16 Mit dieser Fragestellung setzten sich natürlich auch Klienten, Patienten insbesondere vor und zu Beginn von Psychotherapien auseinander.

zifischen und unspezifischen therapeutischen Wirkfaktoren wird in der Literatur zur Psychotherapieforschung vielfach beschrieben.

Tschuschke beschreibt in Anlehnung an Karasu (1986, S. 687ff.) die spezifischen Wirkfaktoren wie folgt:

> »Von jeder Psychotherapieschule postulierte einzigartige und unverwechselbare Katalysatoren bzw. Träger des therapeutischen Veränderungsprozesses, die ihre jeweilige Theorie von jeder anderen unterscheidet […]. Im Unterschied zu den unspezifischen […] Wirkfaktoren von Psychotherapien werden in den spezifischen Wirkfaktoren oder Wirkmechanismen auch spezifische therapeutische Techniken gesehen, die Operationalisierungen basaler theoretischer Grundannahmen der einzelnen Therapieschulen darstellen« (Tschuschke 2009, S. 783).

Die unspezifischen Wirkfaktoren werden von Tschuschke folgendermaßen definiert: »Im Gegensatz zu den spezifischen Wirkfaktoren von Psychotherapien werden in den sogenannten unspezifischen Faktoren solche Wirkkomponenten gesehen, die allen Formen von Psychotherapie immanent sind. Synonyme für ›unspezifisch‹ sind die Begriffe ›allgemeine‹ oder ›kommunale‹ Wirkfaktoren« (Tschuschke 2009, S. 784). Tscheulin (1992, S. XI) hat als das zentrale Merkmal der allgemeinen bzw. unspezifischen Wirkfaktoren das therapeutische Basisverhalten beschrieben. Im Mittelpunkt wird hier die zwischenmenschliche Gestaltung von Beziehungen betrachtet, die diese positiv beeinflusst. Sie stellt kein exklusives Merkmal einer therapeutischen Arbeitsbeziehung dar, sondern ist in allen adäquaten Kontakten und Beziehungen zu beobachten. Als Beispiele werden Empathie, Resonanz aufgeführt (vgl. Tschuschke 2009, S. 784).

5.5.2 Versuch der Darstellung zentraler Ergebnisse der Psychotherapieforschung

In den 1960er Jahren publizierte Frank Forschungsergebnisse zum Thema unspezifische bzw. allgemeine Wirkfaktoren. Er identifizierte Gemeinsamkeiten in den seinerzeitigen wissenschaftlichen Psychotherapieverfahren und Heilmethoden, die auf Erfahrungswissen beruhten, und skizzierte allgemeine/unspezifische Wirkfaktoren, die nach seinen Ergebnissen in allen positiven therapeutischen Interventionen zum Tragen kommen. Er benennt die Vertrauensbildung, Vermittlung von Orientierung, Hilfen bei der Problembewältigung, Sinnstiftung sowie die aktive Beteiligung des Klienten. Franks wissenschaftliches Interesse galt insbesondere dem Aspekt der »Demoralisierung«, von dem nahezu alle Klienten/Patienten der Psychotherapie zumindest initial betroffen sind. Es ist die zentrale Zielsetzung der Psychotherapie, Hoffnungslosigkeit, Traurigkeit, geringes Selbstvertrauen, psychische Symptome u. a. als Kennzeichen der Demoralisierung zu mindern bzw. zu beheben. Zwei Drittel der Patienten mit Demoralisierung profitieren von psychotherapeutischen Maßnahmen (vgl. Pauls 2004, S. 143f.; Frank 1997).

Bandura hob hervor, dass die Effektivität der psychotherapeutischen Verfahren und Methoden kognitiv fundiert ist. Bedeutsam ist die »Self-efficacy«, die als Selbstwirksamkeit der Patienten verstanden werden kann (vgl. Bandura 1982, S. 122ff.).

> »Self-efficacy bedeutet die kognitive Attribution des Patienten hinsichtlich seiner eigenen Wirksamkeit gegenüber bestimmten Aufgabenstellungen [...]. Psychotherapie verschiedenster Art vermag die Self-efficacy-Einschätzung des Klienten/Patienten zu verändern. In einer erfolgreichen Therapie verbessern therapeutische Erfahrungen die Beurteilung des Patienten hinsichtlich seiner eigenen Self-efficacy, wodurch wiederum die Problemlösefähigkeit verbessert wird. Die Erfahrung, ein Problem bewältigt zu haben, wirkt sich rückkoppelnd wieder auf die Erwartung von Selbstwirksamkeit aus« (Pauls 2004, S. 144).

Karasu hat 1986 drei unspezifische Wirkfaktoren respektive »change agents« markiert. Therapeutische Techniken, Verfahren sollten in folgenden Bereichen »eingreifen«:

- »*affektives Erleben*: Techniken des affektiven Erlebens rufen emotionale Erregung und in deren Folge Erschöpfung hervor. Durch diese Erschöpfung fällt dem Patienten die Explikation von Emotionen leichter und die Empfänglichkeit gegenüber Suggestionen des Therapeuten wird erhöht [...]
- *kognitive Beherrschung (kognitive Fähigkeiten)*: Techniken der kognitiven Föderung von Fähigkeiten des Klienten/Patienten zielen darauf ab, dass sich der Patient neue Denkweisen und Einsichten aneignet bzw. diese in alte Konzepte integriert [...]
- *Verhaltensregulation*: Techniken der Verhaltenregulation zielen auf die Veränderung der Handlungskontrolle bzw. von Gewohnheiten ab« (Pauls 2004, S. 145; vgl. Karasu 1986, S. 687ff.)

Oei und Shuttlewood arbeiteten in ihrer 1996 publizierten Metastudie wiederum die nachstehenden drei unspezifischen Wirkfaktoren heraus, die neben den spezifischen Wirkfaktoren in effektiven Psychotherapien zum Tragen kommen: Hoffung bzw. Erwartung auf eine helfende therapeutische Beziehung, emotionale Annahme und Möglichkeit zur Katharsis (vgl. Oei/Shuttlewood 1996, S. 83ff.; Pauls 2004, S. 143).

Gunzelmann et al. (1987) führten eine Metaanalyse zur Wirksamkeit von Laienhelfern in Relation zu professionellen Behandlern durch, indem sie 184 diesbezügliche Untersuchungen sichteten. Vorausgegangen war eine Studie von Strupp und Hadley (1979) mit einem irritierenden Ergebnis.

> »Es stellte sich heraus, dass Patienten, die von nicht ausgebildeten, aber einfühlenden Zuhörern (ausgewählten Universitätsprofessoren ohne psychotherapeutische Ausbildung) betreut wurden, vergleichbar gute Fortschritte machten wie Patienten, die von ausgebildeten Klinikern betreut wurden […]. Beide Patientengruppen machten bessere Fortschritte als diejenigen in der Kontrollgruppe, die keine Behandlung erhielten« (Messer/Warren 1995, S. 164; Übers. i. A. d. Verf.).

Bei der besagten Metaanalyse von Gunzelmann et al. ergaben sich folgende differenzierte Ergebnisse: Etwa 95% der Probanden suchten bei psychischen Nöten keine professionelle Hilfe auf. Hilfe und Besserung der Leiden wurde durch die Laienhilfe initiiert. Laienhilfe ist aber nur dann wirksamer, »wenn der Outcome unmittelbar nach der Therapie gemessen wird. Sie erreichen sehr gute Resultate, wenn es sich a) um stark und gut strukturierte Interventionen und b) um ausgesprochene unspezifische Alltagsaktivitäten handelt« (Schay et al. 2006a, S. 253).

H. G. Petzold hat in den 1980er und 1990er Jahren 14 Wirkfaktoren/Heilfaktoren herausgearbeitet, die im Folgenden aufgeführt seien:

> »1. Einfühlendes Verstehen, Empathie;
> 2. emotionale Annahme und Stütze;
> 3. Hilfen bei der realitätsgerechten, praktischen Lebensbewältigung;
> 4. Förderung emotionalen Ausdrucks und volitiver Entscheidungskraft;
> 5. Förderung von Einsicht, Sinnerleben, Evidenzerfahrung;
> 6. Förderung kommunikativer Kompetenz und Beziehungsfähigkeit;
> 7. Förderung leiblicher Bewusstheit, Selbstregulation und psychophysische Entspannung;
> 8. Förderung von Lernmöglichkeiten, Lernprozessen und Interessen;
> 9. Förderung kreativer Erlebnismöglichkeiten und Gestaltungskräfte;

10. Erarbeitung positiver Zukunftsperspektiven und Erwartungshorizonte;
11. Förderung eines positiven persönlichen Wertebezugs;
12. Förderung eines prägnanten Selbst- und Identitätserlebens und positiver selbstreferenzieller Gefühle und Kognitionen [...];
13. Förderung tragfähiger, sozialer Netzwerke;
14. Ermöglichung von Solidaritätserfahrung« (Märtens 2009, S. 271).

Grawe erwarb durch seine groß angelegten Metaanalysen im Bereich der Psychotherapieforschung eine große wissenschaftliche Reputation (vgl. Grawe et al. 1994). Er postuliert vier grundlegende Faktoren, auf die die Wirkung unterschiedlicher therapeutischer Verfahren zurückzuführen sind (vgl. Junglas 2002, S. 27). Auf der Basis der therapeutischen Wirkfaktoren entwickelte Grawe Ansätze einer »allgemeinen Psychotherapie« und in Verbindung mit den wissenschaftlichen Erkenntnissen der neueren Neurowissenschaften, kurz vor seinem Tode, den Ansatz einer »Neuropsychotherapie« (vgl. Petzold/Orth/Sieper 2006, S. 679). Pauls macht darauf aufmerksam, dass die von Grawe beschriebenen Wirkfaktoren auch für die »Direct Practice« der Klinischen Sozialarbeit (aber auch für eine Soziale Psychotherapie in deren Bedeutung) evident sind (vgl. Pauls 2004, S. 146).

Problembewältigung/Intentionsrealisierung

»Das Individuum lernt, bereits vorhandene Intentionen, die es bisher nicht selbst realisieren konnte, sinnvoll zu realisieren« (Sekot/Jacobi 2001, S. 39). Grawe macht deutlich, dass gerade die »realisierungsorientierte Unterstützung« eine der entscheidenden Funktionen für den Behandler dargestellt und die »Intentionsrealisierung« einen der bedeutendsten Wirkfaktoren in der psychotherapeutischen Behandlung markiert (vgl. Grawe 2000, S. 87f.). »Aktive Hilfe zur Problembewältigung fokussiert problemadäquate Maßnahmen, mit denen der Therapeut den Patienten aktiv bei der Bewältigung seiner Probleme unterstützt« (Pauls 2004, S. 147). Der Therapeut sollte nach Grawe ein problemspezifisches Wissen mitbringen, um dem Klienten/Patienten bei der Lösung seiner Probleme zu helfen. Als Beispiele solcher Unterstützungsleistungen nennt Grawe Selbstsicherheitstrainings für Menschen mit sozialen Phobien, das Umwandeln von »irrationalen« Sätzen, in neue »rationale« Sätze (Rational-Emotive Therapie nach Ellis), Kommunikationstrainings bei Paaren mit inadäquaten Beziehungsstrukturen (vgl. Pauls 2004, S. 147).

Motivationale Klärung/Intentionsveränderung

> »Bestimmten Problemen liegt nicht unbedingt ein Fähigkeitsdefizit zugrunde, sondern eher ein volitional/motivationales Defizit. Durch Klärung zugrundeliegender Prozesse, Kognitionen, Prämissen, Wünsche, Emotionen, etc. werden die entsprechenden Intentionen verändert, was manchmal bereits zu einem Verschwinden der Störung führen kann« (Sekot/Jacobi 2001, S. 39f.).

Die Klienten/Patienten werden durch den Behandler darin unterstützt, sich selbst mit ihren bewussten und unbewussten Zielvorstellungen, ihren Wünschen, Motiven und Werten adäquater zu begreifen. »Bei vielen Patienten wird das Ergebnis dieses Erklärungsprozesses, eine neue Konstellation von Intentionen, dafür ausreichen, dass sie ab da selbstständig zur Realisierung ihrer Intentionen imstande sind. Sie fassen [...] konkrete Absichten im Sinne ihrer veränderten Intentionen und setzten diese in entsprechende Handlungen um. Die Realisierung ihrer Intentionen macht sie zufriedener, verbessert ihr Wohlbefinden usw« (Grawe 2000, S. 90). Diese motivationale Klärung/Intentionsveränderung wird durch verschiedene therapeutische Methoden herbeigeführt: Deutung, Focusing, innere Dialoge, psychodramatische Rollenspiele, Konfrontationen mit nicht akzeptierten Persönlichkeitsanteilen etc. (vgl. Pauls 2004, S. 147).

Problemaktualisierung/prozessuale Aktivierung

> »Empirisch hat sich gezeigt, dass die Prozesse, die einem Problem zugrunde liegen, nur dann effektiv verändert werden, wenn der ursprüngliche Prozess aktualisiert, d.h. erzeugt wird. Ein Kennzeichen dafür sind starke Emotionen beim Patienten. Wenn der problematische Prozess abläuft, kann in diesen bewusst eingegriffen werden. So kann dieser Wirkfaktor als Voraussetzung der beiden ersten Faktoren angesehen werden. Ohne gleichzeitiges Bearbeiten mittels eines der beiden ersten Wirkfaktoren hat dieses Wirkprinzip selbst keine therapeutische Wirkung« (Sekot/Jacobi 2001, S. 40).

Der Aspekt, dass über Erlebens- und Verhaltensweisen gesprochen wird, ohne dass sie aktuell prozessual ablaufen (ohne emotionale Involvierung), ist nicht überflüssig, dient er doch einer Vorbereitung der Veränderung (vgl. Grawe 2000, S. 94). Es stellt sozusagen ein »Warm-up« für die darauffolgende Aktionsphase dar. H.G. Petzold (1986, S. 374f.) spricht von der »Initialen Phase« der Therapie (auch einer Therapiestunde). Als Beispiele für den Wirkungsfaktor Problemaktualisierung/prozessuale Aktivierung können die Reizkonfrontationstechnik, die Übertragungsneurose und das psychodramatische Rollenspiel genannt werden. Für den Suchtbereich könnte die »neuere« Entwicklung, dass Entwöhnungstherapien zunehmend mehr im realen Umfeld des Rehabilitanden durchgeführt werden, als Beispiel herangezogen werden. Die medizinische Rehabilitation Suchtkranker findet als ambulante, ganztägig ambulante Therapie statt, ferner siedeln sich immer mehr Suchtkliniken in den Ballungsräumen[17] an. Somit wird der Patient nicht unter einer »Schutzglocke« behandelt, sondern früh mit seinen psychosozialen Problemlagen in der Behandlung konfrontiert.

Ressourcenaktivierung

> »Für einen Therapieerfolg muss sich der Patient für seine Veränderung selbst verantwortlich fühlen. Der Motor jeglicher Veränderung ist die Ressourcenaktivierung. Nur durch die Aktivierung seiner (momentan ungenutzten) Ressourcen können die Probleme, deretwegen sich der Patient in Therapie begab, dauerhaft angegangen und verändert werden. Daher findet sich in erfolgreichen Therapien auch ein größerer Schwerpunkt auf der Ressourcen- als auf der Problemperspektive« (Sekot/Jacobi 2001, S. 40).

Grawe betont, dass traditionell die Situation des Hilfssuchenden in der Psychotherapie aus der Problemperspektive beleuchtet wird. Aus diagnostischen Zwecken ist dieser Aspekt notwendig, um ein Verständnis für psychosoziale Nöte des Betroffenen zu entwickeln.

> »Wenn man jedoch glaubt, man könne mit derselben Perspektive auch die *Veränderung* von Problemen konzipieren, befindet man sich auf dem Holzweg. [...] Wenn man Veränderung aus einer Problemperspektive heraus betreiben will, geht man von einem grundlegenden Irrtum aus, nämlich dem, dass der Therapeut es ist, der den Patienten ändert. In Wirklichkeit ändert sich in einer erfolgreichen Therapie der Patient in Interaktion mit einem Anstösse gebenden und unterstützenden Therapeuten. Dass sich der Patient für seine Veränderung selbst verantwortlich fühlt, ist nach einer Vielzahl empirischer Befunde eine wichtige Voraussetzung für ein gutes Therapieergebnis« (Grawe 2000, S. 96).

17 Als Beispiel kann hier der Kölner Raum gelten. Hier haben sich in der jüngsten Zeit zwei große Suchtkliniken angesiedelt, die vormals ihre Standorte im ruralen Raum hatten.

Pauls hat diese – übrigens nicht nur von Grawe, sondern ebenfalls von Orlinsky et al. (1994) und Schulte (1996) propagierte – Herangehensweise folgendermaßen beschrieben. Für die inhaltliche Therapieplanung ist die Problemperspektive in der Regel geeignet: Was muss modifiziert werden? Für die prozessuale Therapieplanung ist die Ressourcenperspektive der »Blickwinkel« der Wahl: Wie kann das Problem geändert, modifiziert werden? Als Ressourcen werden Soziale Netzwerke, die Therapiebeziehung, die Motivation des Klienten/Patienten etc. beschrieben (vgl. Pauls 2004, S. 146). Man kann also von einer Differenzierung zwischen externen (sozialen) und internen (innerpsychischen) Ressourcen sprechen. Lambert (1992) hat die Ergebnisvarianz der Psychotherapie durch diesen Wirkfaktor auf 40% geschätzt (vgl. auch Gassmann/Grawe 2009, S. 101).

Therapiebeziehung

Im Jahre 2005 hat Grawe seine Auflistung durch den Wirkfaktor der therapeutischen Beziehung ergänzt (vgl. Petzold/Orth/Sieper 2006, S. 679). »Bei allen Therapien trägt darüber hinaus die Qualität der Therapiebeziehung signifikant zu einem besseren oder schlechteren Therapieergebnis bei« (Grawe 2005b, S. 7). 30% der Ergebnisvarianz der Psychotherapie klärt sich mit einer guten, qualitativen therapeutischen Beziehung auf. Bei einer Anlehnung an dieses Modell »wären Schwerpunkte der Wirksamkeit einer sozialen bzw. klinisch-sozialarbeiterischen Psychotherapie im Bereich der interpersonellen und sozialen Problembewältigung und der Ressourcenaktivierung (psycho-soziale Unterstützung) anzusiedeln« (Pauls 2004, S. 148).

H.G. Petzold hat 2006 zu den fünf »Grawe-Wirkfaktoren« weitere hinzugefügt, die auch von einer Sozialen Psychotherapie beachtet werden müssen. Die von Grawe entwickelten Heuristiken wurden von der Integrativen Therapie bereits in den 1980er Jahren skizziert und postuliert. Neben diesen Übereinstimmungen zeigen sich aber gravierende Abweichungen zwischen Grawe und Petzold. In Abweichung zu Grawe betonte die Integrative Therapie frühzeitig die Relevanz der »therapeutischen Beziehung« und betrachtet sie als grundlegende Basis für die Effektivität sämtlicher oben genannter Faktoren in der Behandlung, sie sieht sie als »Metafaktor«. Diesen (Meta-)Wirkfaktor fügte Grawe hingegen erst 2005 seinen Ergebnissen hinzu. Abgesehen von der »therapeutischen Beziehung« benennen Petzold, Orth und Sieper (2006, S. 679f.) nachfolgende weitere Wirkfaktoren:

»›Selbsterfahrung‹
Sich selbst in einer differenzierten Weise erfahren, um sich selbst wahrzunehmen, zu erfassen, zu finden, zu verstehen, zu gestalten im Sinne einer ›Lebenskunst‹ ist durchaus als heilsamer und entwicklungsfördernder Wirkfaktor zu sehen. [...]
›konstruktiv kooperierendes soziales Netzwerk‹
Dieser Faktor ist nicht nur als ›Ressourcenaktivierung‹ [...] auf der individuellen Ebene zu sehen, sondern als aktive Netzwerk/Konvoi-Arbeit [...] durch das Therapiesystem, so dass durch Sozial- und Netzwerktherapie die ›supportive Valenz‹ des Netzwerkes zunimmt und der Betroffene hier Hilfen und Unterstützung bekommt [...]
›hinlänglich konsolidierte Lebenslage‹
Auch hier ist ein wesentlicher Faktor zu sehen, da ein ›schlechter sozioökonomischer Status‹ als einer der wesentlichsten Risikofaktoren für psychische Erkrankungen angesehen wird.«

5.5.3 Integration psychotherapeutischer Verfahren

Es ist in mehreren Studien (vgl. Orlinsky 1999) belegt worden, dass sich erfahrene Psychotherapeuten in ihrer Arbeitsweise trotz unterschiedlicher therapeutischer Grundausbildung immer mehr annähern. Intuitiv werden diese Therapeuten gespürt haben, dass Patienten nicht mit »der Methode« zu helfen ist, sondern dass jeder Patient möglichst eine passgenaue Psychotherapie benötigt. Vermutlich werden sie aber auch ein Gefühl dafür entwickelt haben, dass übergeordnete Wirkfaktoren (unspezifische) in der Therapie von Bedeutung sind. Therapeuten verfügen aber auch über Erfahrungen in mehreren psychotherapeutischen Verfahren, die die Neigung der Methodenintegration fördert. Dies geschieht in der Regel in einer eklektischen Form.

Orlinsky hat diese stellenweise intuitiven Formen der Methodenintegration bei einzelnen Therapeuten wissenschaftlich zu systematisieren versucht. Die Methodenvielfalt wird in ein wissenschaftlich basiertes Psychotherapiemodell, das er als »Generic Model of Psychotherapy« (Orlinsky 1999, S. 37) bezeichnet, integriert. »Dieses Modell geht zurück auf die Notwendigkeit, die vielen unterschiedlichen Variablen, die hinsichtlich ihres Einflusses bisher empirisch untersucht worden sind, in Form einer begrenzten, aber umfassenden Anzahl von Kategorien zu systematisieren« (ebd., S. 34). Hautzinger und Eckert (2007, S. 21) haben das Psychotherapiemodell nach

Orlinsky folgendermaßen definiert: »Das allgemeine Modell von Psychotherapie versucht, die verschiedenen bestehenden psychotherapeutischen Behandlungsmodelle zu integrieren. Es ist zugleich eine wissenschaftliche Theorie, die die verschiedenen klinischen Theorien in einen begründeten Zusammenhang stellt.« In dem Modell werden drei Gruppen von Variablen (Einflussgrößen) differenziert:

- »Input«-Variablen: Elemente des Therapeuten, beispielsweise Deutung in der psychoanalytischen Therapie;
- »Prozess«-Variablen: Elemente des Therapieprozesses, die als Basis gesehen werden, damit Veränderungen einsetzen, beispielsweise Bewusstseinsmachung unbewusster Gefühle;
- »Output«-Variablen: Elemente der Therapieeffekte; sie beziehen sich auf die Veränderung der Patienten (vgl. Orlinsky 1999, S. 34; Hautzinger/Eckert 2007, S. 21).

Das »Generic Model of Psychotherapy« differenziert sechs Facetten innerhalb des Behandlungsprozesses:

- formaler Aspekt: therapeutischer Vertrag;
- technischer Aspekt: therapeutische Maßnahmen;
- interpersonaler Aspekt: therapeutische Beziehung;
- intrapersonaler Aspekt: innere Selbstbezogenheit;
- klinischer Aspekt: direkte Auswirkungen der Therapiesitzung;
- zeitlicher Aspekt: sequenziell verlaufender Prozess (vgl. Orlinsky 1999, S. 34ff.; Hautzinger/Eckert 2007, S. 21f.).

Ähnlich wie Orlinsky hat auch Grawe (1999) ein Modell einer allgemeinen Psychotherapie entwickelt, als Ableitung der Ergebnisse von empirischen Psychotherapiestudien. Er verbindet mit der allgemeinen Psychotherapie die Vision eine Psychotherapie, die sich nicht an »Therapieschulen« anlehnt, sondern »in der der Therapeut verschiedene Interventionsmöglichkeiten flexibel nutzt und sich dabei am Ergebnisstand der empirischen Psychotherapieforschung sowie an den jeweiligen grundlagenwissenschaftlichen (psychologischen) Erkenntnissen orientiert« (Becker 1999, S. 197).
Zwei Unterschiede werden von Grawe gegenüber dem Ansatz von Orlinsky genannt, nämlich zum einen die profunde Untersuchung zahlreicher Wirksamkeitsstudien, unter deren Berücksichtigung andere Schlüsse zu den therapeutischen Wirkfaktoren gezogen werden, zum anderen der Verzicht auf die Markierung von Korrelationen der Wirkfaktoren untereinander. Die

von Grawe beschriebenen Wirkfaktoren stellen keinen umfassenden Entwurf einer allgemeinen Psychotherapie dar, jedoch entscheidende Komponenten (vgl. Hautzinger/Eckert 2007, S. 25). Orlinsky, so mein Eindruck, bemüht sich, die Essenzen der einzelnen unterschiedlichen Therapierichtungen »herauszufiltern« und für eine allgemeine Psychotherapie nutzbar zu machen. Der Titel eines seiner Artikel »Learning by Many Masters« (vgl. Orlinsky 1999) ist Ausdruck einer eher wohlwollenden Haltung gegenüber den psychotherapeutischen Paradigmen. Grawe ist mit seiner Kritik gegenüber den Psychotherapierichtungen, so ebenfalls mein Eindruck, ungewöhnlich scharf und bemängelt die fehlende wissenschaftliche Fundierung. »Die psychotherapeutischen Theorien der ›ersten Generation‹ […] hatten mehr die Funktion, die Realität zu schaffen als Realität zu erklären« (Grawe 1999, S. 117). D. h., die einzelnen psychotherapeutischen Paradigmen hatten mehr mit Glaubenssätzen (er spricht von »Konfessionen«) gemein als mit qualifizierten Aussagen (»Professionen«). Das berühmt gewordene Buch zur Psychotherapieforschung von Grawe et al. aus dem Jahre 1994 trägt entsprechend auch den Titel *Psychotherapie im Wandel. Von der Konfession zur Profession.*

Als ein Therapieverfahren, das sich der Methodenintegration verschrieben hat, ist die Integrative Therapie nach H. G. Petzold zu erwähnen.

> »Die **Integrative Therapie** ist ein moderner Ansatz ganzheitlicher und differentieller Psychotherapie bzw. ›Humantherapie‹, der dem ›neuen Integrationsparadigma‹ in der Psychotherapie zuzuordnen ist […], das an der empirischen Therapieforschung und klinischen Psychologie, der Neurobiologie und der modernen Wissenschaftstheorie und klinischen Philosophie orientiert ist« (Petzold o. J.).

Sie hat früh auf der Basis eines eigenständigen Theoriegerüstes (»Tree of Science«; vgl. Petzold 1993b, S. 457ff.) unterschiedliche Therapieverfahren integriert und Ergebnisse der Psychotherapieforschung beachtet. Die Integrative Therapie als ein »ganzheitliches therapeutisches Verfahren« beinhaltet die Elemente Psychotherapie, Leibtherapie und Soziotherapie sowie die therapeutische Arbeit mit kreativen Medien (vgl. Petzold o. J.). Als bedeutsame Ideen und Theorien des Integrativen Ansatzes werden genannt:

> »die französische Tradition ›klinischer Philosophie und Psychologie‹ (P. Janet, G. Marcel, M. Merleau-Ponty, M. Foucault, P. Ricoeur), die russische, kultur-

theoretische und psychophysiologische Tradition (N. Bernštejn, A. Lurija, L. Vygotskij), gestalttheoretische Autoren (W. Köhler, K. Lewin, M. Wertheimer) und Protagonisten tiefenpsychologischen Denkens (S. Ferenczi, S. Freud, F. Nietzsche) sowie experientieller, kreativer (V. Iljine, J.L. Moreno, F. Perls), körper- und bewegungsorientierter (E. Gindler, O. Raknes, W. Reich) und last but not least behavioraler Psychotherapie (A. Bandura, F. Kanfer, A. Lazarus). Wichtige Einflüsse kommen auch aus der griechisch-römischen Tradition philosophischer Seelenführung (Sokrates, Seneca, Epictet, Marc Aurel u.a.) und den asiatischen Kampfkunst- und Meditationstraditionen (Budo, Wushu)« (Petzold o.J.).

H.G. Petzold beschreibt den Ansatz wie folgt:

»Der Integrative Ansatz ist keine Kombination oder Aneinanderreihung therapeutischer Verfahren und Methoden, sondern er sucht in diesen nach spezifischen und allgemeinen Wirkmomenten und Konzepten, um auf dieser Grundlage eigenständige, schulenübergreifende Theoriekonzepte und Praxisstrategien zu entwickeln, in denen die besten Elemente der traditionellen Schulen – sich wechselseitig ergänzend – einbezogen sind und aus dieser Synergie eine neue mehrperspektivische Sicht und ein neuer Weg der Behandlung entstehen kann: Integrative Therapie« (Petzold 1993a, S. 17).

Das »Integrative Konzept« ist gekennzeichnet durch Mehrperspektivität, Exzentrizität, Konnektivierung, Transversalität und »komplexes Lernen«, die von Ebert und Könnecke-Ebert (2007, S. 164ff.) als Kernkompetenzen der Integrativen Therapie definiert werden. Der Mensch in der Integrativen Therapie (anthropologischen Grundformel) wird »genderspezifisch als Mann und Frau unter einer anthropologischen Perspektive als ›Körper-Seele-Geist-Subjekt in einem sozialen und ökologischen Feld‹« (Petzold 2007, S. 468) begriffen. Die Integrative Therapie wird in dieser Arbeit zur Sozialen Psychotherapie immer wieder aufgeführt, da H.G. Petzold wie kein anderer Vertreter einer modernen Psychotherapie u.a. die Elemente sozialer Kontext, Salutogenese und Netzwerktherapie in die therapeutische Arbeit integriert hat, sodass eine Soziale Psychotherapie dort viele Anleihen nehmen kann. Folgendes Zitat über die Ziele und Strategien eines Integrativen Ansatzes zeigt die hohe Kompatibilität zur Sozialen Psychotherapie:

»Eine tragfähige Beziehung und empathisches Verständnis für erlebtes Leid, konkrete Hilfe in Problemlagen, Einsicht in die gesellschaftlichen Bedingungsgefüge der Biographie, des aktualen Lebens und der Zukunftsentwürfe,

Bewußtheit für den eigenen Leib sowie Räume für emotionalen Ausdruck und soziales Miteinander, das ist es, was unsere Patienten brauchen, um gesund zu werden, was Menschen brauchen, um gesund zu bleiben, und was Psychotherapie bereitstellen muß, um wirksam zu sein. Dabei müssen vielfältige, kreative Methoden und Medien eingesetzt sowie differentielle und integrative ›Wege der Heilung und Förderung‹ beschritten werden« (Petzold 1993a, S. 17).

Hautzinger/Eckert ziehen als Fazit bei der Diskussion um die allgemeine Psychotherapie und die allgemeinen Wirkfaktoren, dass sie als ein Leitbild fungieren sollen und nicht als neue Psychotherapie verstanden werden können. Psychotherapie sollte sich am Erkenntnisfortschritt orientieren und nicht an einer bestimmten theoretischen Grundlage. Das psychotherapeutische Handeln sollte sich somit an folgenden allgemeinen Geboten ausrichten, die damit auch für eine Soziale Psychotherapie von Bedeutung sind:

Psychotherapieforschung und die Bedeutsamkeit für eine Soziale Psychotherapie

- »Therapeuten sollten Ressourcen orientiert wahrnehmen, denken, und handeln.
- Therapeuten sollten prozessorientiert wahrnehmen, denken und handeln.
- Therapeuten sollten Beziehungsexperten sein.
- Therapeuten sollten Störungsexperten sein.
- Therapeuten sollten Experten für motivationale Dynamik des psychischen Geschehens werden.
- Therapeuten sollten bewältigungs- und klärungsorientiert intervenieren können.
- Therapeuten sollten die Möglichkeit verschiedener Rahmenbedingungen (Settings) nutzen.
- Therapeuten sollten ihr Vorgehen aus einem individuellen Fallverständnis ableiten lernen.
- Therapeuten sollten mehrdimensional wahrnehmen, denken und handeln können« (Hautzinger/Eckert 2007, S. 30).

Aus Sicht einer Sozialen Psychotherapie kann man den »Geboten« für das psychotherapeutische Handeln nur zustimmen, aber es bleiben Ergänzungen, um eine ausschließliche individuumszentrierte Sichtweise zu verhindern. Folgende Gebote sollten aus der Perspektive einer klinisch-sozialarbeiterischen Psychotherapie hinzugefügt werden:

- Soziale Psychotherapeuten sollten Experten für Social Support und Netzwerkinterventionen sein.
- Soziale Psychotherapeuten sollten systemisch wahrnehmen, denken und handeln.
- Soziale Psychotherapeuten sind Experten für bifokale/trifokale Interventionen, d.h., sie setzen je nach Indikation psychologische und/oder soziale/sozialarbeiterische Mittel in der Behandlung ein.

5.6 Exkurs: Biologische Ansätze

Der biologische Ansatz hat insbesondere in der psychiatrischen Versorgung eine gewichtige Bedeutung und sei deshalb an dieser Stelle kurz gewürdigt. Gerade die Neurowissenschaften tragen dazu bei, seelische Störungen, aber auch »normale« psychische Funktionen immer besser auf neurobiologischer Basis zu verstehen. So sei hier der Zusammenhang von »Spiegelneuronen« und Empathie genannt (vgl. Bauer 2006). Eine Soziale Psychotherapie muss sich mit solchen neueren Erkenntnissen auseinandersetzen.

Im Zentrum des biologischen Ansatzes steht die Annahme, dass seelische Störungen durch krankhafte biologische Prozesse bedingt werden. Beispielsweise werden für die Schizophrenie oder für depressive Erkrankungen erblich bedingte Funktionsstörungen vermutet, die eine Prädisposition hervorrufen. Diese sollen, so wird vermutet, ein chemisches Ungleichgewicht im Gehirn bedingen (vgl. Davison et al. 2007, S. 15f.).

»Wissenschaftler, die innerhalb des biologischen Paradigmas arbeiten, sind davon überzeugt, dass die Lösung psychopathologischer Rätsel allein in körperlichen Ursachen zu finden sind« (ebd., S. 16). Als moderner Forschungsansatz innerhalb des biologischen Paradigmas gilt zum einen die Verhaltensgenetik. Sie beschäftigt sich mit individuellen Unterschieden »im Verhalten, die zum Teil auf die unterschiedliche genetische Ausstattung zurückzuführen sind« (ebd.). Auf vier Verfahren stützt sich die Verhaltensgenetik: Zwillingsstudien, Vergleichsuntersuchung unter Familienmitgliedern,

Adoptionsstudien und Linkage-Analysen. In diesem Zusammenhang, auch für eine Soziale Psychotherapie, ist die Differenzierung zwischen dem Genotyp und Phänotyp von Bedeutung. Unter Genotyp wird der genetische, nicht unmittelbar wahrnehmbare genetische Aufbau des Menschen verstanden, während unter dem Phänotyp phänomenologisch sichtbare Merkmale (Symptome der Ängstlichkeit) gefasst werden (vgl. ebd., S. 16ff.). Der Genotyp gilt als eine relativ statische Größe, wobei durch die Epigenetik (vgl. The Epigenome Network of Excellence [Das Epigenom-Exzellenznetz]) zunehmend deutlicher wird, dass dies nur in Ansätzen gilt. Bestimmte vorhandene Gengruppen können »ein- und ausgeschaltet« werden. Der Phänotyp ist Veränderungen unterlegen und drückt die Interaktion genetischer Ausstattung und Umwelt(-Erfahrungen) aus. Als weiterer moderner Forschungsansatz gilt die Biochemie des Nervensystems. Sie beschäftigt sich insbesondere mit Neurotransmittern wie Noradrenalin, Dopamin, Serotonin und Gamma-Aminobuttersäure (GABA). Diese Ansätze sehen Zusammenhänge zwischen zu vielen oder zu wenigen Neurotransmittern und der Verursachung von psychischen Störungen.[18] Die biologistischen Ansätze versuchen, die psychischen Störungen durch Beeinflussung der somatischen Funktionen zu behandeln (Einfluss auf die Neurotransmitter durch die Gabe von Psychopharmaka wie Neuroleptika oder Antidepressiva).

Der Argumentation von Davison et al. (vgl. ebd., S. 21) folgend, haben die biologischen Ansätze Fortschritte bei der Erfassung der Korrelationen zwischen dem Gehirn und dem Verhalten und Erleben gemacht. Ferner hat sich meiner Auffassung nach die psychopharmakologische Behandlung von psychischen Störungen, die ja auf dem biologischen Ansatz beruht, deutlich verbessert (z. B. Verringerung der Nebenwirkungen bei den atypischen Neuroleptika). Unbestritten ist, dass gerade bei Patienten mit schweren depressiven Symptomen und Schizophrenie Neuroleptika das Leiden reduzieren konnten und den Zugang zu anderen Therapieformen, auch zu Psychotherapie, erst ermöglichten. Doch das Verhältnis von Psychotherapie und Psychopharmakotherapie wird immer kontrovers diskutiert, da letztlich unterschiedliche Denkweisen dahinter stehen.

> »Allgemein wird Psychotherapie als einsichtsgeleitete Veränderung der Selbsterkenntnis durch persönliche Beziehungserfahrung, als top-down-Entwick-

18 Genannt sei z. B. die sogenannte Dopamintheorie hinsichtlich der Entstehung der Schizophrenie. Es wird angenommen, dass eine Überaktivität des Dopamin die Schizophrenie auslöst (vgl. Davison et al. 2007, S. 18ff. und 382ff.).

lung, definiert, welche eine authentische Neuorientierung im Leben einleiten soll. Demgegenüber stellt die Psychopharmakotherapie, als primär chemische Beeinflussung der propriozeptiven Reizsignale des Wahrnehmungsprozesses, eine bottom-up-Regulierung dar, wodurch eher eine Wiederherstellung des Zustandes vor der Erkrankung erreicht werden soll« (Pieringer/Pieringer 2008, S. 155).

Trotz der häufigen Unumgänglichkeit des Einsatzes der Psychopharmaka bei schweren psychischen Störungen sollte primär in der Behandlung von psychischen Erkrankungen die Orientierung von Asklepios gelten: »zuerst heile durch das Wort, erst dann durch die Arznei« (Asklepios zit. nach ebd.).

Zu kritisieren ist aber insbesondere der Reduktionismus in der Forschung, dass alle komplexen kognitiven und gefühlsmäßigen Reaktionen explizit mit somatischen Korrelaten assoziiert werden (vgl. Davison et al. 2007, S. 21). Diese Tendenz ist auch in der psychiatrischen Behandlung von seelischen Störungen zu beobachten. Die Pharmakotherapie steht im Zentrum aller therapeutischen Bemühungen in Kliniken, begleitet von symptomorientierten, Individualpsychologischen Behandlungsansätzen. Jedoch die soziale Dimension, die ja so eindrücklich die Sozialpsychiatrie prägte, gerät aufgrund der Ökonomisierung des Gesundheitswesens immer mehr in den Hintergrund. Soziale Psychotherapie muss in diesem Kontext die Zusammenhänge bei der Krankheitsentstehung und dem Krankheitsverlauf aus der Sicht einer Sozialgenese im Sinne ihrer Adressaten deutlich machen.

Kritik	**Stärken**	**Bedeutsamkeit für die Soziale Psychotherapie**
Reduktionismus: komplexe kognitive und emotionale Reaktionen werden mit somatischen Korrelaten assoziiert.	Durch neuere Erkenntnisse der Neurowissenschaften werden bestimmte seelische Phänomene erklärbarer (wobei die soziale Dimension kaum beachtet wird).	Psychosoziale Betrachtungsweisen von Gesundheit und Krankheit benötigen auch eine Beachtung der somatischen, der biologischen Dimension.
Nicht-Beachtung der psychosozialen Dimension	Schuldzuweisungen der Psychodynamischen Verfahren verlieren z. T. ihre Grundlagen, z.B.: schizophrenogene Mutter als Ursache für die Entwicklung einer schizophrenen Psychose. Neurotransmittertheorien haben auch einen entstigmatisierenden Aspekt. Schizophrenie wird erklärt als Störung des Dopamin.	Soziale Psychotherapie fühlt sich einem biopsychosozialen Paradigma verbunden.

Kritik	Stärken	Bedeutsamkeit für die Soziale Psychotherapie
monokausale Betrachtungsweise psychischer Störungen	Schwere psychische Störungen und das Leiden der Patienten können durch die Pharmakotherapie verringert werden. Auch eine Entlastung der Angehörigen und der Behandler kann erreicht werden.	Bei aller Kritik an der pharmakologischen Therapie psychischer Erkrankungen ist auch das Potenzial dieser Behandlungsform zu beachten. Sie ermöglicht erst die Behandlung bzw. ist ein Baustein dieser und trägt auch zur Teilhabe am gesellschaftlichen Leben der Patienten/Klienten bei.
Ausschließliche pharmakologische Behandlung fördert die Ökonomisierung des Gesundheitswesens, da Kosten für vermeintlich teurere »sprechende Therapien« eingespart werden.	Durch die Pharmakotherapie kann erst ein Zugang für andere Therapieformen erreicht werden.	
Psychopharmakotherapie fördert eine »Medizin am Fließband«		
geringe Beachtung der therapeutischen Beziehung		
geringe/keine Selbsterfahrungsaspekte in der Ausbildung von Ärzten		

Tab. 10: Bewertung der Biologischen Ansätze; vgl. Davison et al. 2007, S. 15ff.; Fetscher 2008, S. 10ff.; Lux 2008, S. 4ff. und eigene Bewertungen

6 Paradigmen Sozialer Psychotherapie

»Angesichts des inzwischen in Deutschland zur Dominanz gelangten reduktionistischen Verständnisses von Psychotherapie mit dem ›psychologischen Blick‹ bleibt die Frage: Wer gibt all den Menschen in prekären Lebenssituationen psychosoziale Unterstützung, die nicht über die sprachliche Intelligenz, die Introspektionsfähigkeit und den Reichtum an sozialen und materiellen Ressourcen verfügen, um allein vermittels Arbeit an ihren Gefühlen, Gedanken und Erinnerungen wieder fähig zu werden, ihre Lebenssituation zu meistern? Psychologische Psychotherapie, so wichtig sie sein kann, wird hier immer nur bei einem Teil der Probleme erfolgreich sein« (Crefeld 2002b, S. 79).

6.1 Die psychosoziale Dimension Sozialer Psychotherapie: Kerngedanke Sozialer Psychotherapie

Von Uexküll wird im Kontext von biopsychosozialen Modellen von Krankheit und Gesundheit immer wieder aufgeführt (vgl. Geißler-Piltz et al. 2005). Bereits 1979 setzte er sich mit zwei Problembereichen bei der Krankheitsentwicklung auseinander. Zum einen postulierte er, dass das Individuum und die Umwelt nicht unabhängig voneinander betrachtet werden dürfen. Zum anderen gab er an, dass die physiologischen, psychologischen und sozialen Aspekte des Krankheitsgeschehens nur getrennt betrachtet würden und es an Modellen der Überschau fehle. Ein Rekurs auf die Soziale Arbeit wäre von der medizinischen Seite sicher her gewinnbringend gewesen, stellt sie doch die Profession dar, die sich früh in ihrer Professionalisierungsgeschichte mit diesen Schnittstellen zwischen Psychischem, Sozialem und Physiologischem auseinandersetzte (vgl. von Uexküll 1979, S. 8ff.). Cabot, der Begründer der sozialen Krankenhausfürsorge, strebte Ende des 19. Jahrhunderts eine »chemische Verbindung« zwischen den Sichtweisen der Ärzteschaft und der damaligen Sozialbeamtinnen an.

»Er sagt: Wenn wir zusammenfassend über unsere Fälle in der sozialen Krankenhausfürsorge berichten, legen wir uns vier Fragen vor:

1. Wie ist der Gesundheitszustand des Patienten?
2. Wie ist sein Charakter, sein geistig-moralischer Zustand?
3. Wie sind die äußeren Verhältnisse beschaffen, unter denen er aufgewachsen ist und lebt?

> 4. Wie sind die geistigen-seelischen Einflüsse beschaffen, unter denen er aufgewachsen ist und lebt?
>
> Der Arzt weiß in der Regel viel über den ersten Punkt, etwas über den zweiten – über die beiden anderen so gut wie nichts auszusagen. Der soziale Arbeiter muß jeden Fall von allen vier Seiten zu ergründen suchen« (Cabot zit. nach Salomon 1926, S. 5f.).

Diese Fragestellungen von Cabot haben früh die Methodik, d.h. die Diagnostik und die Behandlung, in der Sozialen Arbeit geprägt und stellen einen Meilenstein für die Klinische Sozialarbeit und einer darauf begründeten Sozialen Psychotherapie dar. Die Environment-Perspektive ist die Leitidee jeglicher Sozialen Arbeit, auch in ihrer klinischen Ausprägung. Von Richmond Anfang des 20. Jahrhunderts bis zur deutschen Klinischen Sozialarbeit war der doppelte Fokus in der Betrachtung von Problemlagen, seien sie gesundheitlicher oder sozialer Natur, zentral und beeinflussten die entsprechenden Interventionsstrategien. Salomon hatte, wie in Kapitel 2.2.1 bereits dargestellt, 1926 in ihrer Veröffentlichung zur sozialen Diagnose zwei Interventionsziele in ihrer sozialen Therapie anvisiert: zum einen das Individuum, das mit sich und der Umwelt besser zurechtkommen soll, und zum anderen die Beeinflussung durch die Umwelt. In diesem Zusammenhang ist auch die Sozialisationsforschung und ihre Bedeutsamkeit für eine Soziale Psychotherapie zu erwähnen, die sich mit der Verwobenheit von Individuum und Gesellschaft auseinandersetzt (vgl. Hurrelmann et al. 2008b, S. 25).

Neben der skizzierten Traditionslinie der therapeutischen Sozialarbeit mit ihrem doppelten Fokus lässt sich eine weitere Legitimation für eine psychotherapeutisch tätige Soziale Arbeit mit ihrem kurativen, präventiven und gesundheitsfördernden Aspekt über einen Bedarfsdiskurs herleiten. Soziale Psychotherapie hat, wie mehrfach erörtert, insbesondere Menschen mit multiplen psychosozialen Problemlagen als Zielgruppe. Diese »Hard-to-reach«-Adressaten werden mit den Methoden einer Psychologischen Psychotherapie nicht erreicht werden können, die sich auf psychologische Mittel konzentriert. Ein doppelter Fokus in der Diagnostik und Behandlung ist hier erforderlich. Goldbrunner hat bereits in den 1980er Jahren aufgezeigt, dass gerade in der Arbeit mit Multiproblemfamilien die Verschränkung von psychischen, sozialen und sozioökonomischen Bedingungen notwendig ist. Meiner Einschätzung nach gilt dies auch für die Arbeit mit Einzelpersonen.

»Eines der Kernprobleme in der Arbeit mit Problemfamilien [aber auch von Einzelpersonen mit multiplen Problemlagen; Anm. D.D.] ist die Aufspaltung der äußeren, materiellen und der inneren, psychischen und der interpersonellen Realität, institutionell verankert in der Trennung zwischen Einrichtungen, die Hilfe schwerpunktmäßig anbieten im äußeren Bereich [...] und Einrichtungen, die Hilfen schwerpunktmäßig im psychischen Bereich bieten« (Goldbrunner 1989, S. 76).

Nun ist es nicht die primäre Aufgabe von Sozialer Psychotherapie, die sozioökonomische Realität von Klienten zu klären. Dafür würde in der Regel eine Versorgung durch eine grundständige Soziale Arbeit genügen, aber treten die sozioökonomischen Problemlagen im Verbund mit psychischen und interpersonalen Störungen auf, ist eine bifokale[19] methodische Herangehensweise notwendig. Goldbrunner schlägt im Anschluss an Rauchfleisch eine solche Zweigleisigkeit in der Behandlung vor, in der die materiellen Sorgen und die intrapsychischen wie interpersonellen Störungen Raum finden.

»Demnach verfolgt der Sozialarbeiter [als Sozialer Psychotherapeut; Anm. D.D.] gleichzeitig zwei Prozessebenen, die zum Teil parallel laufen und zum Teil ineinander übergehen. Dadurch werden beide Ebenen über die Beziehung Sozialarbeiter-Klient in ihrer Bedeutsamkeit für den Klienten bzw. die Familie anerkannt, auch wenn in der manifesten Arbeit situationsabhängig eine Ebene den vorrangigen Fokus bildet« (Klein 2006, S. 3).

In meiner langjährigen Tätigkeit in der Suchttherapie habe ich immer wieder diese Doppelbelastung von Abhängigen wahrgenommen, die Notwendigkeit einer bifokalen oder trifokalen Behandlung gesehen und entsprechend meines auch sozialarbeiterischen Hintergrundes durchgeführt. Oft kam es in einer Einzeltherapiestunde vor, dass die Perspektiven zwischen psychischen und sozialen Notlagen wechselten und sich diese therapeutisch »sinnvoll ergänzten«. Ein Ausblenden einer Thematik würde dieser Klientel nicht gerecht, und die gleichzeitige oder zeitversetzte Bearbeitung der oben genannten Problemfelder wirkt sich insgesamt entlastend auf den Patienten aus. Die therapeutische Bearbeitung von beispielsweise materiellen Notlagen bei Vorliegen einer schweren psychischen Störung mag von

19 In Kapitel 7.1 spreche ich in Anlehnung an Rauchfleisch vom »trifokalen Ansatz«.

vielen Fachleuten nicht als der Psychotherapie zugehörig gesehen werden. Aber wenn man die Ergebnisse der Gesundheitsforschung zum Thema gesundheitliche Ungleichheit und die Zusammenhänge von sozioökonomischem Status und Gesundheit sieht, kann dies als Argument nicht mehr gelten (vgl. Kapitel 6.2.6). Soziale Arbeit in ihrer therapeutischen Funktion ist die einzige Profession, die diese psychosozialen Problemfelder, so meine Auffassung, adäquat behandeln kann. Nicht umsonst haben sich gerade in Arbeitsfeldern wie der Suchtkrankenhilfe und Sozialpsychiatrie viele therapeutische Sozialarbeiter engagiert, da die betroffenen Klienten massiv unter psychischen, aber auch sozialen Nöten leiden.

Um den Gedanken des Psychosozialen zu konkretisieren, sei auf den oben erwähnten Ansatz von Rauchfleisch eingegangen, der in seinem bifokalen Ansatz prototypisch die Behandlung von psychisch Schwerstkranken mit multiplen sozialen Problemlagen darstellt. Rauchfleisch hat insbesondere Menschen in psychosozialer Not im Fokus, d. h., er beschreibt eine Gruppe von Patienten/Klienten, die unter primär bedeutsamen psychischen Störungen leiden, wie beispielsweise Menschen mit schweren Persönlichkeitsstörungen oder Suchtkranke, die sich immer wieder in soziale Schwierigkeiten »verstricken«. »Das Charakteristische bei ihnen ist, dass es im Verlauf der Jahre zu einer unheilvollen Verquickung zwischen psychischen und sozialen Problemen und zu einer zunehmenden Eskalation beider Störungsbereiche kommt« (Rauchfleisch 2006, S. 4). Rauchfleisch hat deutlich gemacht, dass dieser Personenkreis mit einer eindimensionalen psychotherapeutischen Behandlung oder sozialarbeiterischen Interventionen nicht adäquat erreicht werden kann. Wichtig ist der gleichzeitige Blick auf die psychischen und sozialen Schwierigkeiten, also eine psychosoziale Perspektive. Er gibt an, dass die Fachleute im Rahmen ihrer Ausbildungen auf ein notwendiges bifokales Vorgehen nicht vorbereiteten werden. In diese »Lücke« kann eine auf Klinischer Sozialarbeit basierende Soziale Psychotherapie einspringen. Der Ansatz von Rauchfleisch basiert auf der Psychoanalyse mit dem Schwerpunkt der Arbeit am Widerstand, an der pathologischen Abwehr und den Übertragungsphänomenen. Zeitgleich werden die sozialen Aspekte beachtet und bearbeitet (vgl. Rauchfleisch 1996, S. 4ff.):

> »Das heißt: sie müssen die Psychodynamik und die persönlichkeitsstrukturellen Besonderheiten ihrer Klienten berücksichtigen und auf die Übertragungs-Gegenübertragungsdispositionen achten und immer dort, wo sie auf die unheilvollen Kontamination von sozialen und psychischen Problemen stoßen,

> den psychodynamischen Hintergrund bearbeiten, weil die Klientinnen und Klienten sonst nicht von den Angeboten der Sozialarbeit profitieren können« (Rauchfleisch 2006, S. 4).

Als Beispiele der Bearbeitung sozialer Aspekte benennt er Problemfelder im interpersonellen Bereich wie Konflikte mit Angehörigen, Betreuern, Arbeitergebern, und Problemfelder im sozioökonomischen Bereich wie Hilfen bei der Schuldenregulierung. Er erweitert die »Direkt Practice« um Aspekte, die als »Netzwerkarbeit« definiert werden können. Beispielsweise erwähnt er Konferenzen mit Betreuern und anderen relevanten Bezugsgruppen. Aus pragmatischen Gründen spricht er sich dafür aus, dass die Hilfeleistungen im bifokalen Ansatz von einer Person, also einem Sozialarbeiter mit Kenntnissen der Psychodynamik oder einem Psychotherapeuten mit Kenntnissen für soziale Problemlagen, durchgeführt werden, anstatt von unterschiedlichen Personen. Meiner Einschätzung nach wären aber Klinische Sozialarbeiter mit psychotherapeutischer Zusatzqualifikation für diesen »Indikationsbereich« geradezu prädestiniert, da sie durch ihre Ausbildungen die sozialen und psychischen Dimensionen optimal in ihre Arbeit integrieren. Rauchfleisch hat seinen bifokalen Ansatz explizit für die Patientengruppe von schweren psychischen Störungen formuliert, auf Basis der psychoanalytischen Behandlungsmethode.

In zwei Punkten sind meiner Auffassung nach Ergänzungen zum bifokalen Ansatz notwendig. Zum einen bezüglich der Klientel. Profitieren könnten nicht nur Klienten mit den sogenannten »frühen Störungen«, sondern auch Patienten, die durch soziale Problemlagen wie Arbeitslosigkeit psychisch dekompensieren und keine Vorerkrankung aufweisen. Diese sozial verursachten Störungen können meiner Auffassung nach auch zu temporären Verlusten der sozialen Kompetenzen führen und somit weitere soziale Folgeschäden initiieren. So kann eine vorübergehende sozialarbeiterische Anwaltschaft und parallel eine stützende Psychotherapie, bei gleichzeitigem Training der sozialen Kompetenzen, zu einer Entlastung führen. Aber auch bei anderen psychischen Störungen ist in der Regel die Beachtung der zwei Dimensionen in der Diagnostik und Behandlung notwendig. Wenn auch hier die Ätiologie der Erkrankungen nicht primär zu suchen ist, führen psychische Störungen häufig zu Belastungen im interpersonellen und sozioökonomischen Bereich. Zum anderen ist meiner Erfahrung nach das bifokale Vorgehen auch auf der Grundlage anderer psychotherapeutischer Paradigmen möglich. In der Arbeit mit Suchtkranken habe ich oft in Einzeltherapiestunden vom sozialarbeiterischen Fokus auf die Arbeit mit Gestalttechniken umgeschwenkt. Bei sozialarbeiterischer Arbeit ist der Behandler häufig auch mit starken Gefühlsreaktionen der Klienten konfrontiert. Beispielsweise hat ein Suchtkranker noch nicht sein Geld von einer Behörde erhalten und reagiert auf die Frustration mit aggressiven Impulsen. Diese Gefühle können durch gestalttherapeutische Techniken »entladen« werden und mittels Rollenspielen ist es überdies möglich, noch weitere Kompetenzen einzuüben. So bietet das soziale Problem einen Ausgangspunkt für eine vertiefte, psychotherapeutische Arbeit, da es sie gestalttherapeutisch, psychoanalytisch oder verhaltentherapeutisch orientiert.

Das doppelte Vorgehen in der Therapie kann auch als »Psychotherapy plus« im Sinne Dorfmans verstanden werden, als »Psychosocial Therapy« nach Turner oder als Soziale Psychotherapie, wie in dieser Arbeit vertreten. Zusammenfassend sei an dieser Stelle Dorfman zur Thematik des Psychosozialen der Klinischen Sozialarbeit zitiert:

> »Der psychosoziale Ansatz, also der Aspekt, der am stärksten mit der Praxis der traditionellen Sozialarbeit in Verbindung gebracht wird, gründet auf der Idee des Multideterminismus. Das psychosoziale Konzept ist jedoch breiter angelegt. Es umfasst auch eine Theorie der Kausalität und bietet ein klinisches Modell, das multidimensionale Einschätzung und Behandlung beinhaltet. Seit seinem Beginn im späten 19. Jahrhundert zielt der psychosoziale Ansatz auf zweierlei Faktoren zum Verständnis des Klienten ab. Ein klinischer Sozialarbeiter identifiziert und evaluiert die psychischen Faktoren (z.B. Persönlichkeit, Bewältigungsstrategien, Denkvermögen und Intaktheit des Ego) sowie die sozialen Faktoren (z.B., glücklose Familiengeschichte, Beziehung zu Gleichaltrigen und Einbindung in soziale Einrichtungen). [...] In der Tat bezeichnen wir dieses Modell manchmal als biopsychologischen Ansatz« (Dorfman 1996, S. 27f.; Übers. i.A. d. Verf.).

Psychosoziale Dimension: Konsequenzen für eine Soziale Psychotherapie

- Beachtung der interpersonellen und sozioökonomischen neben der intrapersonellen Dimension
- Interventionen richten sich auf alle Dimensionen mit sozialen und psychologischen Mitteln
- Indikationsschwerpunkt: Menschen mit multiplen psychosozialen Notlagen (»Hard-to-reach«-Adressaten)

6.2 Gesundheits- und Krankheitsbegriff der Sozialen Psychotherapie

6.2.1 Grundsätzliche Gedanken zum Gesundheits- und Krankheitsbegriff in der Sozialen Psychotherapie

Geißler-Piltz et al. (2005, S. 25) haben darauf verwiesen, dass sich eine Klinische Sozialarbeit vom pathogenetischen Krankheitsmodell distanziert und sich eher für die Frage interessiert, warum Menschen in Krisen etc. gesund bleiben. Das Interesse und die Adaptierung von salutogenetischen Konzepten sind wichtig und richtig. Aber die Abkehr von Krankheitsmodellen wird von mir nicht geteilt, insbesondere wenn Klinische Sozialarbeit behandelnde Funktionen ausübt. Sie braucht auch ein Verständnis dafür, welche Belastungen, Störungen, Traumata, Konflikte etc. die Klienten über die Zeit (zeitextendierende Schädigungen) und/oder über den Intensitätsgrad schädigen. Klinische Sozialarbeit erhebt ja explizit den Anspruch, die sogenannten »Hard-to-reach«-Adressaten zu behandeln, also eine Klientel, die nur über geringe Ressourcen und viele »Defizite« verfügt. Das Wissen um die Probleme und deren Genese ist in der täglichen Arbeit des klinisch tätigen Sozialarbeiters, wie sich oben auch in Rauchfleischs Ansatz zeigt, notwendig. Es ist nicht nachzuvollziehen, dass in der Klinischen Sozialarbeit die pathogenetische Sichtweise kritisch gesehen und eine Ressourcenorientierung bevorzugt wird. Wenn die pathogenetische Sichtweise um das salutogenetische Paradigma ergänzt wird, kann der Gefahr einer einsichtigen Orientierung entgegengewirkt werden. Aus der Resilienzforschung ist bekannt, dass ein Großteil der Probanden aus der großen »Hawaii-Studie« trotz belastender Faktoren in der Kindheit als Erwachsene psychisch gesund und sozial integriert sind/waren. Aber ein kleiner Teil der Betroffenen entwickelte psychische Probleme, und diese Gruppe stellt ja gerade die Klientel Klinischer Sozialarbeit dar. Es wäre meiner Einschätzung nach fahrlässig, nicht die psychosozialen Bedingungsfaktoren bei der Genese von psychosozialen Störungen zu beachten.

6.2.2 Der Gesundheits- und Krankheitsbegriff im Wandel der Zeit

Für die im Gesundheitswesen Tätigen, und dies gilt auch für Soziale Psychotherapeuten, ist ein klares Verständnis von Gesundheit und Krankheit von elementarer Bedeutung, da dieses oft nur latent wahrgenommen wird. Aber diese impliziten Bilder, Vorstellungen, Normen, Moralvorstellungen von Gesundheits- und Krankheitszuständen wirken durch unsere Interventionen bis tief in die Behandlung hinein.

Beide Termini können auch als Konstrukte verstanden werden, die im Laufe der geschichtlichen Entwicklung Veränderungen unterworfen sind, geprägt durch die jeweiligen dominierenden gesellschaftlichen und wissenschaftlichen Auffassungen von Gesundheit und Krankheit. Im Mittelalter herrschte die Vorstellung vor, dass Gesundheit und Krankheit mit der göttlichen Fügung zusammenhingen. Die Zustände hatten etwas Schicksalshaftes. Krankheit wurde als göttliche Strafe für ein moralisch und religiös verwerfliches Leben gewertet. Durch die Aufklärung und die zunehmende Orientierung an den Wissenschaften verlor das religiöse »Paradigma« an Bedeutung. Leben und Tod wurden zunehmend weniger als von Gott determiniert betrachtet. Der Mensch erhielt sukzessiven Einfluss auf das Leben. Krankheiten wurden als vermeidbar oder als beeinflussbar interpretiert (vgl. Faltermaier 2005, S. 41f.).

> »Im Zeitalter der Aufklärung entwickelten sich allmählich Vorstellungen, dass auch der Einzelne und die Gesellschaft für die Lebensumstände verantwortlich sind; entsprechend wurde dann auch die Selbstverantwortung für die Gesundheit propagiert. Durch Vernunft und entsprechendes Verhalten sei Krankheit zu vermeiden und das Leben zu verlängern« (Faltermaier 2005, S. 42).

Einschränkend muss man an dieser Stelle hinzufügen, dass diese von Faltermaier dargestellte historische Entwicklung eine sehr »westlich zentrierte« Betrachtung ist. In anderen Regionen dieser Welt herrschen bis heute andere Vorstellungen von Gesundheit und Krankheit. Mitte des 18. Jahrhunderts engagierten sich Ärzte mit aufklärerischen Programmen (Diätetik) für eine gesunde und natürliche Lebensführung, mit den Prinzipien des eigenen Tuns und einer Selbstdisziplin. Zentral waren die Gedanken der Mäßigung in der Sexualität, der Ernährung etc. und des Ausgleiches. Gefordert wurden Erholung und Bewegung etc. Gesundheit wurde im Sinne Rousseaus als natürlicher Zustand bewertet, und man propagierte das einfache Leben gegenüber einem Leben in Müßiggang und Luxus. Kritisch wurden auch die Folgen der Zivilisation bewertet, wie ein Zuviel an Arbeit, Armut etc. Mitte des 19. Jahrhunderts erfolgte eine Umorientierung von der Konzentration auf die Gesundheit hin zur Bekämpfung von Krankheiten, dies bedingt durch die Hinwendung der Medizin zu den Naturwissenschaften. Insbesondere durch die experimentelle Forschung wurden viele Erkenntnisse erlangt, die die Behandlung von Krankheiten deutlich voranbrachten. Als Beispiel kann die Entdeckung von Bakterien genannt werden und die später entwickelte antibiotische Behandlung (vgl. ebd., S. 41ff.). »Diese bis heute in unserem Kulturkreis vorherrschende naturwissenschaftliche Medizin ist also ein Produkt des 19. Jahrhunderts; sie dominiert immer noch ein kuratives Gesundheitssystem, das auf die Behandlung von Krankheiten zentriert ist« (ebd., S. 43).

6.2.3 Zur Problematik der Differenzierung von Gesundheit und Krankheit

Bevor im nächsten Absatz auf die patho- und salutogenetischen Paradigmen und Modelle eingegangen wird, ist zunächst ein kurzer Exkurs zu den Termini »Gesundheit« und »Krankheit« notwendig. So klar wie dem ersten Anschein nach eine Differenzierung von Gesundheit und Krankheit ist, so schwierig ist bei einer dezidierten Betrachtung eine präzise Unterscheidung und Definition der einzelnen Begriffe. Franke (2006, S. 18ff.) hat sich mit den Beurteilungskriterien von Gesundheit und Krankheit beschäftigt. Eine Problematik bei den potenziellen Differenzierungsmerkmalen führt sie auf die *fehlenden präzisen Definitionen* von Gesundheit und Krankheit zurück. Als Beispiel zählt sie hier zum einen die Klassifikationssysteme von Erkrankungen – z.B. ICD-10, International Statistical Classification of Diseases and Related Health Problem, 10. Revision (vgl. Deutsches Institut für Medizinische Dokumentation und Information) – auf, die diagnostische Merkmale, aber keine Definition aufführen. Zum anderen nennt sie die in Gesetzestexten verankerten Krankheitsbegriffe, die je nach Gesetz variieren.

Als zweiten Punkt führt sie die *neueren technischen Möglichkeiten der Diagnostik und Behandlung* an. »Je elaborierter die technischen Möglichkeiten der Diagnostik werden, umso mehr erweitert sich das Spektrum potenzieller Krankheiten« (Franke 2006, S. 19).

Die *Diskrepanz zwischen einem Befund und dem Erleben* des Klienten/Patienten wird als weiteres Merkmal diesbezüglich erwähnt. Als ein Beispiel erwähnt Franke »psychosomatische Patienten«, die sich subjektiv als sehr beeinträchtigt erleben, bei denen aber der körperliche Befund nur leichte oder gar keine pathogenen Merkmale aufweist.

Darüber hinaus *haben Normabweichungen nicht immer einen Krankheitswert*. Hier sind beispielsweise normabweichende Blutwerte aufzuführen, die sich jedoch nicht bei allen pathologisch auswirken.

Auch auf die *Kulturabhängigkeit des Krankheitsverständnis* nimmt Franke Bezug. Als Beispiel wird das Alkoholabhängigkeitssyndrom aufgeführt, als eine neu »entstandene« Erkrankung. Nach einem Urteil des Bundessozialgerichts im Jahre 1968 haben Abhängige ein Recht auf Therapie, und es entwickelte sich seither eine Vielzahl von Behandlungsangeboten, insbesondere im Bereich der medizinischen Rehabilitation. Trotz der rechtlichen Anerkennung der Alkoholsucht als Erkrankung im Sinne der Sozialversicherung wird das abhängige Trinken in der Gesellschaft allgemein, bei Betroffenen und z.T. bei Behandlern noch heute nicht selten als Laster, Willensschwäche und Uneinsichtigkeit gewertet. Nach Tölle (vgl. Tölle/Windgassen 2009, S. 257) lassen sich beispielsweise transkulturelle Unterschiede bei der Symptomatik der Depression feststellen. In afrikanischen und einigen asiatischen Kulturen wird eine Depression eher körperlich erlebt, in europäischen Kulturen eher seelisch wahrgenommen. Auch der Zeitgeist hat einen Einfluss auf die Gestaltung von Krankheitssymptomen. Die Selbstverletzungstendenzen von Borderline-PatientInnen sind ein Beispiel dafür. Die diesbezügliche Symptomatik hat sich meiner Erfahrung nach in den letzen Jahren stark gewandelt. Heute sind klinisch überwiegend Verletzungen durch Schneiden in den Armbereichen zu beobachten (das »Ritzen«). Vor ca. 20 Jahren war diese Form der Selbstverletzung meinen Beobachtungen nach nahezu unbekannt.

Franke nennt weiterhin die *Funktionalität der Symptome/Störungen*. Similare Symptome können bei einem Menschen Krankheitswert erhalten, während eine andere Person keine Auswirkungen verspürt. Bei einer »Mehlallergie« kann ein Bäcker häufig seine Tätigkeit nicht ausführen, während die meisten anderen Personen von diesen Symptomen kaum betroffen wären. Führt der Bäcker eine Umschulungsmaßnahme zum Schuster durch, bliebe die Symptomatik zwar erhalten, »aber die Krankheit hat ihre Funktionalität verloren« (Franke 2006, S. 22).

Auch die *interessenorientierte Bestimmung von Krankheit* wird in diesem Zusammenhang aufgeführt. Bestimmte Gruppen haben in der Regel ein ökonomisches Interesse daran, bestimmte Zustände als pathologische Zustände oder gar Krankheiten darzustellen. Franke nennt als ein Beispiel das weibliche Klimakterium. Die Medikalisierung dieser natürlichen menschlichen Entwicklungsphase mit der Reduktion von bestimmten Hormonen wird als »Hormonmangelstatus« deklariert. Dahinter stehen häufig auch Interessen der Pharmaindustrie, Hormonersatzpräparate zu vermarkten. Im Amerikanischen wird diese Erweiterung von Krankheitszuständen als »Disease Mongering« (Krankheitshandel) bezeichnet (vgl. ebd., S. 18ff.).

6.2.4 Patho- und Salutogenese-Modelle aus der Sicht der Gesundheitswissenschaften

Wenn nun von patho- und salutogenetischen Modellen gesprochen wird, muss eine diesbezügliche Differenzierung getroffen werden, denn es werden mehrere Konzepte darunter subsumiert. In den Tabellen 11a und 11b werden stichpunktartig unterschiedliche Paradigmen und Modelle von Krankheit und Gesundheit dargestellt, wobei ich nur ausgewählte Modelle detaillierter aufführe. Dabei stütze ich mich auf die Charakterisierung der gesundheitswissenschaftlichen Paradigmen und Modelle nach Faltermaier (2005).

In der Sozialen Psychotherapie kommt es nun darauf an, beide Sichtweisen zu integrieren und nicht eine Perspektive auszuschließen. Selbst Antonovsky sprach von einer komplementären Beziehung zwischen Pathogenese und Salutogenese (vgl. Faltermaier 2005, S. 51). Faltermaier postuliert für die Gesundheitspsychologie die Notwendigkeit, beide Paradigmen zu betrachten, da sie sich sinnvoll ergänzen (vgl. ebd., S. 146). Im Folgenden werden skizzenhaft die Schwächen und Stärken des Modells der psychosozialen Krankheitsätiologie und der Salutogenese aus Sicht der Sozialen Psychotherapie dargestellt – und ebenfalls die daraus abzuleitenden Konsequenzen für die Psychosoziale Diagnostik und Therapie.

Modell der psychosozialen Krankheitsätiologie

Das Modell der psychosozialen Krankheitsätiologie sieht in Krankheit und Gesundheit zwei entgegengesetzte autonome Zustände. Es hält meiner Meinung nach noch an einem dichotomen Bild von Krankheit und Gesundheit fest. Die Autoren des theoretischen Modells der Salutogenese haben zu Recht kritisiert, dass Gesundheit und Krankheit keine Gegensätze darstellen. »An die Stelle einer Dichotomie zwischen Gesundheit und Krankheit tritt bei Antonovsky die Vorstellung eines Kontinuums mit den Polen Gesundheit […] und Krankheit« (Hurrelmann 2006, S. 124).

Das Modell bleibt trotz der Erweiterung um die psychosoziale Dimension defizit- und krankheitsorientiert. Die pathogenen psychosozialen Faktoren

Pathogenese/Krankheitsmodelle	Salutogenese/Gesundheitsmodelle
Paradigmen	
Biomedizinische Krankheitsmodell • Naturwissenschaftlicher Zugang • Körper als Untersuchungsobjekt. biologischer Organismus betrachtet. »Maschinen-Metapher« • Krankheiten werden durch physiologische und anatomische Störungen/Defekte verursacht • Krankheit wird als Abweichung vom normalen Ablauf des Organismus betrachtet • lineares Denken • Leib-Seele-Dualismus. Im Fokus steht die Untersuchung der körperlichen Funktionen. Seelisches Erleben wird nicht beachtet • Der kranke Mensch ist passives Objekt der pathologischen Prozesse • Die »Seelenpflege« hat in der Behandlung keine Bedeutung. Ursachenbekämpfung steht im Mittelpunkt **Biopsychosoziales Krankheitsmodell** • Einbeziehung von psychischen, sozialen und kulturellen Faktoren • Wissenschaftlicher Zugang zu den verhaltensmäßigen und psychosozialen Daten ist notwendig • Bedeutung der subjektiven Krankheitswahrnehmung	**Paradigmen der Salutogenese** • Gesundheit steht im Mittelpunkt • Zentrale Frage: Warum bleiben Menschen gesund? • Grundprinzip des menschlichen Lebens ist die Heterostase • Gesundheit ist ein dynamische und labiler Zustand (multidimensionales Kontinuum) • Orientierung an Ressourcen

Tab. 11a: Paradigmen der Gesundheitswissenschaften; vgl. Faltermaier 2005, S. 52, 44ff.

sind nicht genügend ausdifferenziert dargestellt. Belastende Faktoren wirken dann besonders pathogen, wenn sie massiv und in bestimmten Entwicklungsphasen auftreten. H. G. Petzold beschreibt neben den Stressfaktoren folgende pathogene Faktoren in seinem Modell der Pathogenese:

Pathogenese/Krankheitsmodelle	**Salutogenese/Gesundheitsmodelle**
Modelle	
Risikofaktorenmodell • Risikofaktoren sind Determinanten von Pathologien • Risikofaktoren sind Vorläufer von Krankheiten • Modell trifft keine kausalen Aussagen • Risikofaktoren sind Prädikatoren von Krankheiten • Risikofaktorenmodell: Zusammenstellung aller Risikofaktoren für eine bestimmte Pathologie (additiv oder interaktiv) • Formen der Risiken: somatisch, verhaltensbedingt, psychosozial **Modell der psychosozialen Krankheitsätiologie** • Kohärenz zwischen Stress und Krankheit. • Gesundheitsgefährdende Gewohnheiten (**Risikoverhalten**) und gesundheitsproblematischer Lebensstil • Charakter-/persönlichkeitsbedingte pathogenetische Faktoren • psychophysische Mechanismen • unterschiedliche Wechselwirkungen und indirekte Einflüsse **Stresstheorien** **Modelle des Risikoverhaltens**	**Modell der Salutogenese (nach *Antonovsky*)** • Komplementäre Relation von Pathogenese und Salutogenese • Fundamentales Postulat: Heterostase, Altern, Entropie gelten als Kerncharakteristika lebender Organismen • Abkehr von der dichotomen Klassifizierung in »krank« und »gesund« • Konzept des multidimensionalen Gesundheits-Krankheits-Kontinuums • Zentrale Bedeutung: Stresskonzept und Stressbewältigung. • Wird Stress bewältigt: positive Richtung auf dem Gesundheitskontinuum • Konzentration auf Copingressourcen/Widerstandsressourcen. • Kernaspekt der Salutogenese: Kohärenzgefühl/Sense of Coherence (SoC). Bestandteile: (1) Gefühl der Verstehbarkeit (sense of comprehensibility), (2) Gefühl der Handbarkeit bzw. Bewältigbarkeit (sense of manageability), (3) Gefühl der Sinnhaftigkeit bzw. Bedeutsamkeit (sense of meaningfulness). **Modelle der subjektiven/sozialen Konstruktion von Gesundheit** **Modelle des Gesundheitshandelns/Gesundheitsverhaltens**

Tab. 11b: Modelle der Gesundheitswissenschaften; modifizierte und erweiterte Tabelle nach Faltermaier 2005, S. 52, 44ff.; vgl. Franzkowiak 2003, S. 195ff.; Antonovsky 1997; Bundeszentrale für gesundheitliche Aufklärung 2001, S. 28ff.

- *Pathogenesemodell der Entwicklungsnoxen:* »Dieses Modell differenziert die Auswirkungen erlebter Defizite, Traumata, Konflikte und Störungen auf die Entwicklung der Persönlichkeit« (Ebert/Könnecke-Ebert 2007, S. 181).
- *Pathogenesemodell der Repression und Dissoziation:* »Dieses Modell führt die Rücknahme emotionaler, expressiver Impulse,Retroflexion, Selbstanästhesierung, Abspaltung auf negative Ereignisse, Traumata und Resonanzmangel in sensiblen Phasen zurück« (ebd.).

Die Sozialisationstheoretiker heben die Lebenslaufperspektive hervor. Sie betrachtet die Entwicklung der Persönlichkeitsentwicklung und damit auch die Genese der persönlichkeitsbedingten pathogenen Faktoren (vgl. Hurrelmann 2000, S. 60ff.). Dieser Aspekt fehlt in dem Modell der psychosozialen Krankheitsätiologie. Die Betrachtungsweise der strukturfunktionalistischen Theorie von Krankheit und Gesundheit, wie das system-familientherapeutische Modell, das sich auf die Systemtheorie stützt (der Patient als Symptomträger, als identifizierter Patient/Ausdruck von dysfunktionalen Familienstrukturen), wird ebenso wenig erfasst (vgl. ebd., S. 65ff.). Das Modell der psychosozialen Krankheitsätiologie hat für die Soziale Psychotherapie folgenden möglichen Nutzen: Es ist eine der Kernkompetenzen der Klinischen Sozialarbeit/Sozialen Psychotherapie, den Zusammenhang von sozialer, psychosozialer Belastung und Krankheit/Gesundheit in ihrer Arbeit integriert zu haben. Ihr liegt genuin ein biopsychosoziales Krankheits- und Gesundheitsverständnis zugrunde (vgl. Geißler-Piltz 2004, S. 32). Zur Erfassung der psychosozialen Entstehungsbedingungen und aktuellen Belastungen erfolgt in der Sozialen Psychotherapie zunächst die psychosoziale Diagnostik. »Klinische Sozialarbeit braucht dazu eine spezifische Diagnostik, die sich aufgrund ihres Schnittstellencharakters zwischen psychischen, sozialen und alltagssituativen Dimensionen profilieren und multidimensional und prozessual angelegt werden muss« (Pauls 2004, S. 205).

Neben der Erfassung der Belastungen, Defizite und schädigenden Einflüsse fragt die Soziale Psychotherapie auch nach dem Gesunden, d. h., sie ergänzt die Anamnese um die Perspektive der Ressourcen, Stärken und protektiven Faktoren. Die pathogenetische Fixierung des oben vorgestellten Modells muss bei der Anamneseerhebung, aber auch auf der Ebene der Interventionen, um den salutogenetisch-ressourcenorientierten Blickwinkel erweitert werden.

Auf der Ebene der Interventionen/Behandlung bietet das Modell der psychosozialen Ätiologie, wenn es um die salutogenetisch-ressourcenorientierte Komponente komplettiert wird, mannigfaltige Optionen. Insbesondere im Suchtbereich wird seit Jahrzehnten auf der Grundlage von biopsychosozialen Krankheitsmodellen von SozialarbeiterInnen und SozialpädagogInnen therapeutische Arbeit geleistet.

Modell der psychosozialen Krankheitsätiologie: Konsequenzen für eine Soziale Psychotherapie

- Kausalität von Krankheiten wird gegenüber dem biomedizinischen Krankheitsmodell erweitert
- Ableitung von konkreten psychosozialen Interventionen zur Behebung oder Linderung von Leiden
- Kuration braucht pathogenetische Erklärungsmodelle zur Legitimation von effektiven Strategien
- Ergänzung um eine Salutogenetische Perspektive ist zwingend notwendig

Salutogenesemodell nach Antonovsky

Im Anschluss an Hurrelmann (2006, S. 126f.) lassen sich folgende kritische Punkte des Salutogenesemodells nach Antonovsky (s. Tab. 11b) festhalten:

- Aus einer konzeptionellen Perspektive ist nicht eindeutig geklärt, ob das Sense of Coherence (SoC) eine Ressource oder ein Aspekt des Gesundheitsstatus darstellt. Antonovsky lässt dies offen.
- Aus der empirischen Sicht ist anzumerken, »dass bis heute die Erstellung eines einsatzfähigen Messinstrumentes für das zentrale Konstrukt Kohärenzgefühl noch recht unbefriedigend ist« (ebd., S. 126). Dies ist der mangelnden konzeptuellen Klarheit geschuldet. Es kommt zu unverständlichen Schnittmengen mit beispielsweise lerntheoretischen Konzepten (Selbstwirksamkeitsgefühl) und Stresstheorien.
- Aus Sicht der Gesundheitspsychologie wird die Abstinenz der subjektiven Bewertung von Krankheit und Gesundheit bemängelt, ferner die Berücksichtigung des aktiven Gesundheitsverhaltens.
- Aus dem Blickwinkel der Gesundheitssoziologie wird kritisiert, dass gesellschaftliche Aspekte nur marginal beachtet werden.

Aus welchem Grund ist die salutogenetische Perspektive für eine klinisch-sozialarbeiterische Psychotherapie so bedeutsam? Es wurde bereits mehrfach angesprochen, dass mit der Salutogenese ein Konzept entwickelt wurde, das die Gesundheit in den Mittelpunkt der Betrachtung nimmt, ohne diese jedoch zu einem paradiesischen Gut zu überhöhen. Krankheit gehört hier als ein Teil des Lebens dazu und wird nicht verleugnet. Dies bedeutet aber auch, dass bei schweren Krankheitsphasen immer gesunde Anteile vorhanden sind. Mit dieser Grundhaltung Menschen mit multiplen gesundheitlichen und sozialen Problemlagen zu begegnen, kann Trost spenden und auch eine Akzeptanz der vielleicht unheilbaren Situation schaffen. Diese Grundhaltung, dass Krankheit zum Leben integral dazugehört, dämpft auch im positiven Sinne Heilserwartungen bei den therapeutisch Tätigen und weitet den Blick über den kurativen Ansatz von Psychotherapie hinaus, wie angesprochen eben zu einem evolutiven und gesundheitsfördernden Ansatz.

Antonovsky äußerte sich bezüglich einer positiven Veränderung, einer Weitung des Sense of Coherence (SoC) durch therapeutische Maßnahmen eher skeptisch. Er gab jedoch Empfehlungen für den Umgang mit Patienten, die als eine Art »ethischer Rahmen« von Therapie gelten könnten. Im Zentrum steht der Respekt vor der Integrität des Menschen (vgl. Pauls 2004, S. 95). Pauls hat diese Grundhaltung nach Antonovsky wie folgt formuliert:

> »Er empfiehlt, dass Experten-Begegnungen mit Kranken so sein sollten,
> - dass den Personen (wenigstens) kein Schaden zugefügt wird,
> - dass die Begegnungen so gestaltet werden, dass sich die Betroffenen als konsistent erleben können,
> - dass den Menschen ermöglicht wird, ihr Kohärenzgefühl verbessernde Erfahrungen zu identifizieren und fördern zu können (z.B. im Hinblick auf Autonomie)« (ebd., S. 9).

In dem Buch der Bundeszentrale für gesundheitliche Aufklärung von 2001 zur Salutogenese wird im Zusammenhang mit Gesundheitsperspektive und Psychotherapie Folgendes geschrieben:

> »Das Konzept der Salutogenese ist insofern hilfreich, als es die Psychotherapieschulen auffordert, ihre Theorien und Konzepte zu überprüfen. Es zwingt sie, die Frage zu beantworten, ob sie die Rolle gesundheitsfördernder und schützender Faktoren in der Praxis der Psychotherapie und in der Erforschung von

> Ätiologie und Therapie ausreichend berücksichtigen, und es bietet Anstoß zu den Fragen, welchen Stellenwert sie ressourcenaktivierenden Methoden einräumen, und inwieweit gesunde Anteile beim Patienten gestärkt und betont werden« (Bundeszentrale für gesundheitliche Aufklärung 2001, S. 76).

Seit der Veröffentlichung der Metaanalyse zu den Wirkungen von Psychotherapie im Jahre 1994 durch Grawe et al. hat sich meiner Auffassung nach eine zunehmende Öffnung Richtung Salutogenese, Ressourcen und Stärkenorientierung ergeben. Darauf soll in den weiteren Kapiteln dieser Arbeit eingegangen werden. Angemerkt werden soll noch, dass implizit in mehreren Psychotherapieschulen dieses »Gedankengut« bereits integriert war und ist bzw. sich gut ergänzen lassen kann. Maoz hat darauf aufmerksam gemacht, dass es eine Affinität zwischen der salutogenetischen Perspektive und den folgenden psychotherapeutischen Richtungen gab und gibt: rational-emotive Therapie, kognitive Verhaltenstherapie, Verfahren, die sich auf Lernvorgänge, Problemlösung und Krisenintervention spezialisieren, supportive Therapie, Verfahren auf Basis des Humanismus, Existenzialismus und der Anthropologie, Systemische Familientherapie. Keine Berührungspunkte sieht er in den klassischen Psychodynamischen Verfahren (vgl. Maoz 2004, S. 87ff.).

Salutogenese-Modell: Konsequenzen für eine Soziale Psychotherapie

- Erweiterung der Krankheitslehre um ein wissenschaftliches Verständnis von Gesundheit
- Beachtung der »gesunden Anteile« in der psychosozialen Diagnostik
- Krankheit wird als integraler Bestandteil, als Möglichkeit des Lebens betrachtet
- Erweitertes Verständnis von Heilung
- Erweitertes Interventionsrepertoire

6.2.5 Resilienzmodell

Nach Fengler ist das Konzept der Salutogenese eng mit der Resilienz verbunden. Unter Resilienz wird die seelische Widerstandsfähigkeit des

Individuums gefasst, während die Salutogenese die Entwicklung von Gesundheit im Fokus hat (vgl. Fengler 2004, S. 349). Franke (2006, S. 173ff.) ordnet das Resilienzmodell sogar explizit den Gesundheitsmodellen zu. Antonovsky sprach von einer Nähe zu der Arbeit von Werner und Smith (1998), Pionierinnen der Resilienzforschung, auf die ich bereits in Kapitel 5.1 eingegangen bin. Aber er sah auch Konvergenzen zu der Forschungsarbeit von Werner und Smith, auf die hier nicht näher eingegangen werden kann (vgl. Antonovsky 1997, S. 56f.). Faltermaier sieht eine offensichtliche Nähe zwischen der Resilienz/Widerstandskraft und den Widerstandsressourcen im Konzept der Salutogenese. Während Resilienz oben als Eigenschaft einer Person beschrieben wird, wird im Kontext Klinischer Sozialarbeit ein weiter gefasster Terminus propagiert. »Resilienz wird […] als eine Form von tiefer und komplexer Zustandsbeschreibung einer Person in aktueller und historischer Verortung verstanden, nicht als ihre Eigenschaft. Damit beinhaltet Resilienz biologische, psychologische und soziale Dimensionen« (Klein 2007, S. 3). Eine für die Soziale Psychotherapie hilfreiche Definition stammt von Hildenbrand, betont sie doch auch die Entwicklungspotenziale in allen Lebensphasen der menschlichen Entwicklung:

> »Resilienz bezieht sich auf Handlungs- und Orientierungsmuster, die Individuen in der Konfrontation mit und Bewältigung von widrigen Lebensumständen herausbilden. Diese Muster konstituieren den Kern autonomer Lebenspraxis. Die Entwicklung dieser Muster ist nicht auf spezifische Lebensphasen beschränkt oder mit einer bestimmten Lebensphase abgeschlossen, sondern dauert lebenslang an. Resilienz beschreibt demnach spezifische Handlungs- und Orientierungsmuster der Krisenbewältigung einerseits, deren Entwicklung in immer neuen Erfahrungen der Bewältigung von Krisen andererseits. Resilienz wird in individuellen und in sozialen Kontexten gleichermaßen gebildet« (Hildenbrand 2007, S. 4).

Die entwicklungspsychologische Längsschnittstudie von Werner und Smith richtete ihre Aufmerksamkeit insbesondere auf Kinder, die unter sehr schwierigen Lebensverhältnissen, d. h. unter einer Kumulation von Risikofaktoren[20] in einer frühen Lebensphase, aufwuchsen und darauf, wie sie sich entwickelten.

20 Eine Aufzählung von protektiven und Risikofaktoren findet sich im Anhang: Tabelle 20.

Risikofaktoren	Protektive Faktoren
Hohe biologische, familiäre und sozioökonomische Belastungen in den beiden ersten Lebensjahren: • »chronische Armut • schlechte Erziehung und Ausbildung der Eltern • perinatale Komplikationen • psychopathologische Auffälligkeiten der Eltern • verlängerte Trennung von der primären Pflegeperson • rasch nachfolgende Geburten jüngerer Geschwister • ernsthafte und wiederholte Kinderkrankheiten • Erbkrankheiten der Eltern • Entwicklungsprobleme der Geschwister • chronische Familienzwistigkeiten • Arbeitslosigkeit oder Abwesenheit des Vaters • Wechsel des Wohnortes • Scheidung, Trennung oder Tod von Eltern oder Geschwistern u.v.m.« (Tress 1987, S. 608).	Resiliente Personen verfügten oder hatten trotz aller genannten Risikofaktoren protektive Faktoren in ihrer Biografie. Ausgeführte protektive Faktoren wirkten dem hohen Grundrisiko entgegen: • »nachhaltige Zuwendung zum Säugling in den ersten Lebensmonaten und eine positive Beziehung der leiblichen Eltern zum Kind; • Präsenz zusätzlicher Pflegepersonen neben der Mutter; • Zuwendung durch Eltern, Geschwister und Großeltern; • dosierte Beschäftigung der Mutter außerhalb des Hauses; • Verfügbarkeit von Gleichaltrigen und Nachbarn zu emotionalen Stütze; • klare Strukturen und Regeln in Haushalt und Familie« (Tress 1987, S. 608).

Tab. 12: Risikofaktoren und Protektive Faktoren/Ergebnisse der Studie von Werner und Smith; vgl. Werner/Smith 1998

Ein Teil der Kinder entwickelte sich im Jugend- und Erwachsenenalter trotz der widrigen Lebensumstände positiv. »Diese Kinder zeichneten sich vor allem dadurch aus, dass sie körperliche, psychische und soziale Widerstandsfähigkeiten mobilisieren konnten, dass sie Belastungen aktiv und wirksam verarbeiten und positive Beziehungen aufbauen konnten« (Faltermaier 2005, S. 253). Diese resilienten Kinder und Jugendlichen hatten im Laufe ihrer Sozialisation mehr protektive Faktoren, die sich als wirksam erwiesen, als die vulnerablen Kinder (vgl. ebd., S. 253f.). Nach Petzold können die protektiven Faktoren insgesamt zu drei Konsequenzen führen:

- Begünstigung positiver Entwicklung,
- Pufferungseffekt gegen Stress,
- Förderung von Resilienz (vgl. Petzold 2009, S. 315).

Protektive Faktoren und die Entwicklung von Resilienz haben somit eine bedeutsame Funktion für die menschliche Entwicklung und stellen nach Petzold essenzielle Interventionsparameter in der therapeutischen Praxis dar (vgl. ebd.).

Gerade bei der Klientel einer Sozialen Psychotherapie/Klinischen Sozialarbeit gewinnt dies an Bedeutung, leiden diese Personen doch häufig unter einem deutlichen Mangel an den oben aufgezeichneten protektiven Faktoren und konnten/können keine ausreichende Resilienz entwickeln. Geißler-Piltz et al. sehen in den Ansätzen der Resilienz, insbesondere in den theoretischen Konzepten von Saleeby (2008) und Greene (2002), gute Handlungsansätze für eine Klinische Sozialarbeit, vor allem für die Adressaten, die durch Krisen und zeitextendierende, soziale Problemlagen Fähigkeiten oder Kompetenzen einbüßen oder dadurch bedingt Ressourcen nicht aktivieren können. »Die Blockierung führt nicht selten zu einer Verlustspirale, eine Häufung von Widrigkeiten und Belastungen, die letztlich den Zugang zu Lösungen versperrt« (Geißler-Piltz et al. 2005, S. 27). Kritisch sehen sie hingegen Antonovskys Modell der Salutogenese, da es auf einem eher starren Bild des gesellschaftlichen Zusammenlebens basiert.

> »Den sozial gut eingebundenen Menschen ist die Aktivierung und Nutzung ihrer Ressourcen eher möglich, während den sozial und psychisch besonders Bedürftigen die Nutzung und Aktivierung generalistischer Widerstandsreserven verschlossen bleiben. Hier wirkt das salutogenetische Modell starr und für die direkte Praxis entmutigend« (ebd.).

Geißler-Piltz et al. betonen die Bedeutsamkeit der in den Modellen innewohnenden Stärkenorientierung für eine Klinische Sozialarbeit. Psychosoziale Gesundheit soll erhalten oder gestärkt werden durch die Förderung von Ressourcen, ferner durch eine »Meisterung« von Lebenslagen, ohne, und das betonen die Autoren an dieser Stelle, die Defizite außer Acht zu lassen. Wie bereits mehrfach betont, sind aus meiner Sicht die Defizite, die mangelnden Ressourcen gerade bei dieser Klientel der Sozialen Arbeit nicht zu verleugnen. Mit einer zu rigiden Fokussierung auf Ressourcen, die nicht oder nur in geringem Maße vorhanden sind, können KlientInnen auch überfordert werden. Klinische Sozialarbeit und Soziale Psychotherapie müssen diese ansatzweise, von »außen«, zur Verfügung stellen, mit einem durch »Nachbeelterung« geprägten therapeutischen Kontakt, durch die Förderung eines therapeutischen Milieus in stationären bzw. teilstationären Settings, durch Vermittlung von materiellen Ressourcen etc. Die Integrative Therapie spricht in diesem Zusammenhang von Nachsozialisation oder »reparenting« (zweiter Weg der Heilung) und von Vermittlung und Bereitstellung alltagspraktischer Hilfen (vierter Weg der Heilung).[21]

21 Als erster Weg der Heilung in der Therapie wird die Bewusstseinsarbeit und als dritter der der kreativen Erlebnisentdeckung und der ressourcenorientierten Erlebnisaktivierung genannt (vgl. Ebert/Könnecke-Ebert 2007, S. 197).

Franke ist gegenüber dem Forschungsansatz der Resilienz eher kritisch eingestellt, betont er nach ihrer Auffassung zu sehr eine individualistische Betrachtung des Kindes und verliert die gesellschaftliche Dimension für den Aspekt der Gesundheit. Sie bemängelt den Fokus auf das Kind, das in seinen Bedürfnissen häufig missachtet wird und sich dennoch an die Welt anzupassen vermag. Als Betrachtungsfolie für die »Welt« dient eine amerikanisch-europäische Mittelschichtsnorm. »Individuelle Gesundheit braucht gesellschaftliche Rahmenbedingungen, die Gesundheit ermöglichen. Da, wo Kindern das Recht auf Gesundheit verwehrt wird, halte ich einen Forschungsansatz, der sich ausschließlich auf das individuelle Verhalten von Kindern konzentriert, für reduktionistisch und ethisch fragwürdig« (Franke 2006, S. 175). Meiner Auffassung nach ist die Kritik von Franke an der Resilienzforschung zu scharf, denn mit den Risikofaktoren und den protektiven Faktoren werden auch Umweltfaktoren beachtet. Aber eine zu starke Fokussierung auf das Kind ist für den klinischen Nutzer dieser Studien dadurch zu verhindern, dass auch Aspekte von gesundheitlicher Ungleichheit beachtet werden. Jeder Behandler muss ja zu einer synoptischen Betrachtung von Gesundheits- und Krankheitsmodellen in der Lage sein. Ferner ist zu ergänzen, dass Forschung immer einen Fokus herausnehmen muss, einen Teilausschnitt der Welt betrachtet. Ein Mehr würde die Forschung, in diesem Falle die Resilienzforschung, überfrachten und diese war/ist durch ihren Längsschnittcharakter schon komplex genug. Für mich ist dieser Forschungszweig deshalb von Bedeutung, da er, wie in Kapitel 5.1 bereits dargestellt, den Entwicklungsdeterminismus der Tiefenpsychologischen Ansätze, das lineare Denken infrage stellt.

Resilienzmodell: Konsequenzen für eine Soziale Psychotherapie

- Hinterfragt psychodynamischen Entwicklungsdeterminismus/ lineares Denken
- Wachstum, Gesundheit ist auch bei »schwierigen Entwicklungsverläufen« möglich
- Beachtung von protektiven Faktoren und Risikofaktoren
- Bereitstellung von protektiven Faktoren in der Behandlung

6.2.6 Soziale Ungleichheit und Gesundheit

In den bisher beschriebenen Gesundheits- und Krankheitsmodellen ist der Aspekt von sozioökonomischen Einflüssen auf den Gesundheitsstatus nur unterrepräsentativ beachtet worden. Für eine auf Sozialer Arbeit basierende Psychotherapie ist die Berücksichtigung dieser Dimensionen aber unumgänglich. Inwiefern die aus der sozialen/gesundheitlichen Ungleichheitsforschung sich ergebenden Ergebnisse sich in konkreten therapeutischen Interventionen umsetzen lassen, ist aktuell unklar. Die Forschungsergebnisse verfolgen bislang eher einen deskriptiven Ansatz und geben nur in Ansätzen Erklärungen zu den Phänomenen ab, die aber nach Richter und Hurrelmann (2009, S. 15) notwendige Voraussetzungen für die Entwicklung von Handlungsstrategien wären. Meines Erachtens bieten die Forschungsergebnisse Reflexionshilfen für den Behandler, sensibilisieren ihn für diesbezügliche Probleme der Klienten auf der sozioökonomischen Ebene. Ferner wären Ansätze in der Netzwerktherapie denkbar, wobei hier einschränkend erwähnt werden muss, dass es hier deutliche Überschneidungen zu einer grundständigen Sozialen Arbeit gäbe. Eine weitere Konsequenz würde nur mittelbar den therapeutischen Prozess betreffen. Therapeutische Sozialarbeiter sind in der Regel in Institutionen beschäftigt und somit häufig auch in Gremienarbeit involviert. Hier können sie ihr Know-how bezüglich der sozialen Ungleichheit von Gesundheit einbringen und somit einen kleinen Beitrag zum Abbau dieser Phänomene beitragen, indem sie sich für die Belange ihrer »Hard-to-reach«-Adressaten engagieren.

Die Kerndimensionen sozialer Ungleichheit, d. h. die Bildung, der Beruf und das Einkommen, zeigen einen deutlichen Zusammenhang und haben einen entscheidenden Einfluss auf die gesundheitliche Lage.

> »Gesundheitliche Ungleichheiten finden sich in den unterschiedlichsten Ausprägungen von Gesundheit und Krankheit. Personen mit einer niedrigen Bildung, beruflichen Stellung oder einem niedrigen Einkommen sterben in der Regel früher und leiden in ihrem ohnehin schon kürzeren Leben auch häufiger an gesundheitlichen Beeinträchtigungen« (Richter/Hurrelmann 2009, S. 13).

Deskriptive Ansätze gesundheitlicher Ungleichheiten

Die Beschreibung gesundheitlicher Ungleichheit konnte gut den Zusammenhang von Mortalität und sozioökonomischen Aspekten belegen. Im

Jahre 1986 untersuchten Klosterhuis und Müller-Fahrnow 1.531 Sterbefälle von versicherungspflichtigen Angestellten und konnten belegen, dass es signifikante einkommensabhängige Differenzen bei der Sterblichkeit gab. Angestellte mit höheren Einkommen hatten ein geringeres Risiko, frühzeitig zu versterben, als Angestellte mit einem geringen Verdienst (vgl. Klosterhuis/Müller-Fahrnow 1994; Richter/Hurrelmann 2009, S. 16ff.).

> »So existiert ein deutlicher sozialer Gradient in der Sterblichkeit, d.h. mit einer stufenweisen Abnahme des Einkommens erhöht sich das Risiko frühzeitiger Sterblichkeit kontinuierlich. Prägnant ist weiterhin, dass es sich bei den hier dargestellten Daten um Angestellte handelt, d.h. um eine gesellschaftlich relativ gut gestellte Personengruppe. Der soziale Gradient verweist damit auf Prozesse relativer sozialer Benachteiligung zwischen den einzelnen sozialen Schichten, auf Faktoren also, die den gesellschaftlichen Differenzierungsprozess insgesamt – und nicht lediglich eine Teilgruppe – betreffen« (ebd., S. 16f.).

Auf weitere Differenzierungen muss hier verzichtet werden.

Richter und Hurrelmann betonen, dass Menschen in unteren Soziallagen doppelt gehandicapt sind. Nicht nur, dass das Risiko steigt, frühzeitiger zu versterben, sondern diese Menschen sind auch im Lebensverlauf gesundheitlich beeinträchtigter (vgl. ebd., S. 19). Interessant für die Soziale Psychotherapie sind die Ergebnisse zu den Zusammenhängen von sozialer Ungleichheit und psychischen Störungen. Im Bundes-Gesundheitssurveys von 1998 zeigte sich, dass es ein erhöhtes Risiko bei einem niedrigen sozialen Status gab, psychisch zu erkranken. Genannt werden somatoforme Störungen, affektive Störungen, Angststörungen und Substanzstörungen (vgl. Lampert/Mielck 2008, S. 8ff.).

Erklärende Ansätze gesundheitlicher Ungleichheit

Auch wenn die Wissenschaft von einer exakten Erklärung der vorhandenen Korrelation zwischen dem Gesundheits- und sozioökonomischen Status aktuell noch weit entfernt ist, gibt es dennoch Forschungsbemühungen, diese zu ergründen. Richter und Hurrelmann führen folgende Erklärungsansätze und -modelle zur gesundheitlichen Ungleichheit auf (vgl. Richter/Hurrelmann 2007, S. 6ff.; 2009, S. 19ff.):

- Ansätze, die »soziale Selektionsprozesse« identifizieren: »Der Ausdruck ›Selektion‹ bezieht sich auf Prozesse sozialer Mobilität. Dabei wird angenommen, dass die Gesundheit den beruflichen Status und das Einkommen beeinflusst und nicht umgekehrt« (Richter/Hurrelmann 2007, S. 6).

- Ansätze, die einen geringen sozioökonomischen Status als Ursache für eine größere Gefährdung der Gesundheit identifizieren:
  - Materieller Erklärungsansatz: Menschen aus unteren sozialen Schichten leiden nicht nur unter geringeren finanziellen Mitteln, sondern leben häufig in gesundheitsschädigenden »Räumen«.
  - Kulturell-verhaltensbezogener Erklärungsansatz: Es werden Zusammenhänge zwischen dem sozioökonomischen Status und gesundheitsbezogenem Risikoverhalten gesehen. Ein niedriger sozioökonomischer Status korreliert mit Risikofaktoren wie Rauchen, Bewegungsmangel, unausgewogener Ernährung etc.
- Psychosozialer Erklärungsansatz: Psychologische und psychosoziale Faktoren werden zur Erläuterung gesundheitlicher Ungleichheiten herangezogen; genannt werden auch Ressourcen, die ungleich verteilt sind.
- Ansätze, die ungleiche gesundheitliche Versorgung identifizieren: Richter und Hurrelmann machen in diesem Zusammenhang auf zunehmende Einschränkungen im Gesundheitswesen aufmerksam. Als Beispiel benennen sie die Einführung der sogenannten »Praxisgebühr«, die dazu geführt hat, und diese Erfahrung teile ich aus meiner psychosozialen Praxis, dass Klienten mit niedrigem sozioökonomischen Status sich diese stellenweise nicht leisten können und so notwendige Arztbesuche nicht wahrnehmen oder auf das nächste Quartal verschieben.
- Unterschiedliche Erklärungsmodelle: Die oben genannten Ansätze werden in theoretische Bezugsrahmen integriert. Diese unterschiedlichen Modelle differenzieren »sich zwar in ihrer Komplexität, gemein ist ihnen aber, dass sie verschiedene Ebenen und Verknüpfungen berücksichtigen« (Richter/Hurrelmann 2009, S. 22). Beispielhaft sei das Modell von Mackenbach (2006) erwähnt, das einen Effekt identifiziert, in dem ein niedriger sozioökonomischer Status eine vermehrte Gesundheitsgefährdung mit sich bringt. Dem sozioökonomischen Status wird aber nur ein indirekter Effekt beigemessen. Er hat einen Einfluss auf die Gesundheit über besondere Risikofaktoren, die ungleich verteilt sind. Differenziert werden hier: materielle, verhaltensbezogene und psychosoziale Risikofaktoren.

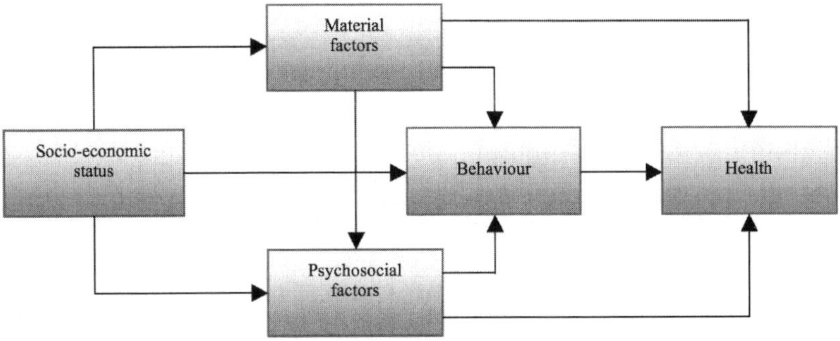

Abb. 5 Erklärungsmodell zur gesundheitlichen Ungleichheit; Quelle: Mackenbach 2006, S. 32

- Aktuelle Erklärungsansätze:
  - Ansätze mit dem Fokus auf der Lebenslaufperspektive: Kritisch merken Richter und Hurrelmann an, dass die temporäre und räumliche Dimension in oben genannten Modellen keinen Anklang gefunden haben. Dies hatte ich auch bereits bei dem Modell der psychosozialen Krankheitsätiologie kritisiert. »Im Rahmen einer Lebenslaufperspektive konnten in den letzten Jahren zahlreiche neue Erkenntnisse gewonnen werden. Hier wird der zeitliche Rahmen der Betrachtung von Zusammenhängen zwischen sozialem Status, Risikofaktoren und Erkrankungen erweitert, womit Einflüsse in den frühen Lebensjahren für die Erklärung gesundheitlicher Ungleichheit im Erwachsenenalter einbezogen werden« (Richter/Hurrelmann 2007, S. 8). Kumulieren sich im Lebenslauf benachteiligende Bedingungen, so ist das Risiko zu erkranken erhöht.
  - Neo-materielle Erklärungsansätze: Die Forschungsansätze sind nicht auf das Individuum, sondern auf ganze Gesellschaften gerichtet, d. h., die Gesundheit ganzer Gesellschaften oder kleinerer Einheiten (Stadtquartiere, Bundesländer etc.) steht im Fokus. Dieser Forschungsansatz wird unter dem Stichwort »soziales Kapital« oder »Sozialkapital« diskutiert.

Ansätze gesundheitlicher Ungleichheit: Konsequenzen für eine Soziale Psychotherapie

- Reflexionsaspekt für Soziale Psychotherapeuten: »Armut macht krank.«
- Erweiterung der Erklärungsansätze der klassischen Psychotherapieverfahren um die Dimension des Sozioökonomischen
- Beachtung der räumlich-zeitlichen Dimension von Krankheitsentstehung unter der Perspektive des Sozioökonomischen
- Kumulation von sozioökonomischen Belastungen erhöht die Krankheitsentstehung

6.3 Gesundheitsförderung und Kuration

Klinische Sozialarbeit versteht sich explizit als gesundheitsfördernde Fachsozialarbeit (vgl. European Centre for Clinical Social Work e.V.). Dies gilt, in Anlehnung an Petzold und Orth (1999, S. 9), auch für eine Soziale Psychotherapie, die sich neben dem kurativen Aspekt auch der Gesundheitsförderung verpflichtet fühlt. Bei der Gesundheitsförderung handelt es sich um einen Leitbegriff der World Health Organisation und um die damit verbundenen, initiierten Programme. Grundlage bilden die Ottawa-Charta (vgl. WHO, Regionalbüro für Europa 2006) von 1986 und die Jakarta-Erklärung (vgl. WHO 1997) von 1997. Ziel der Gesundheitsförderung ist es, »allen Menschen ein höheres Maß an Selbstbestimmung über ihre Gesundheit zu ermöglichen und sie damit zur Stärkung ihrer Gesundheit zu befähigen« (WHO, Regionalbüro für Europa 2006). Geißler-Piltz et al. sprechen davon, dass Menschen mehr Kontrolle über ihre Gesundheit erlangen sollen. Dies sei auch über die Veränderung der sozialökonomischen und sozialökologischen Umgebung zu fördern (vgl. Geißler-Plitz et al. 2005, S. 35). Das gesundheitsfördernde Handeln wird von der World Health Organisation in fünf Ebenen unterteilt:

> »1. Entwicklung einer gesundheitsfördernden Gesamtpolitik […]
> 2. Gesundheitsförderliche Lebenswelten schaffen […]
> 3. Gesundheitsbezogene Gemeinschaftsaktionen unterstützen […]

4. Persönliche Kompetenzen entwickeln […]
5. Gesundheitsdienste neu orientieren« (Homfeldt/Sting 2006, S. 162).

Während sich das Aufgabenspektrum einer generalistisch orientierten Sozialen Arbeit über mehrere Ebenen erstrecken kann, orientiert sich eine klinisch-therapeutische Soziale Arbeit primär am vierten Punkt, dem Menschen. Das bedeutet, dass dem Adressaten geholfen wird, persönliche Kompetenzen zu entwickeln und/oder aufzubauen.

> »Gesundheitsförderung unterstützt die Entwicklung von Persönlichkeit und sozialen Fähigkeiten durch Information, gesundheitsbezogene Bildung sowie die Verbesserung sozialer Kompetenzen und lebenspraktischer Fertigkeiten. Sie will dadurch den Menschen helfen, mehr Einfluß auf ihre eigene Gesundheit und ihre Lebenswelt auszuüben, und will ihnen zugleich ermöglichen, Veränderungen in ihrem Lebensalltag zu treffen, die ihrer Gesundheit zu gute kommen. […] Es gilt dabei, Menschen zu lebenslangem Lernen zu befähigen, und ihnen zu helfen, mit den verschiedenen Phasen ihres Lebens sowie eventuellen chronischen Erkrankungen und Behinderungen umgehen zu können. Dieser Lernprozeß muß sowohl in Schulen wie auch zu Hause, am Arbeitsplatz und innerhalb der Gemeinde erleichtert werden. Erziehungsverbände, die öffentlichen Körperschaften, Wirtschaftsgremien und gemeinnützige Organisationen sind hier ebenso zum Handeln aufgerufen wie die Bildungs- und Gesundheitsinstitutionen selbst« (WHO, Regionalbüro für Europa 2006).

Mühlum setzt den Begriff der Gesundheitsförderung dem der Gesundheitserziehung im Kontext Klinischer Sozialarbeit entgegen. Er kritisiert den Begriff der Gesundheitserziehung als zu kurzgreifend, da die darauf aufbauenden Trainings- und Aufklärungsprogramme etc. nur am Individuum, an seinen Symptomen, Krankheiten und Verhalten orientiert sind und die äußeren Lebensbedingungen außer Acht lassen (vgl. Mühlum 2008, S. 68ff.).

> »Die komplexe Lebensweise der Adressatinnen und Adressaten wird reduziert auf epidemiologisch objektivierbare Verhaltenselemente […]. Lebenslage und Lebensbedingungen von Individuen und Kollektiven sind unzureichend reflektiert […]. Vielen Ansätzen der Gesundheitserziehung unterliegt konzeptionell wie pragmatisch eine unreflektierte Mittelschichts-Orientierung« (Franzkowiak/Wenzel 2005, S. 717).

Die Gesundheitsförderung nach Mühlum strebt dagegen Selbstbestimmung, Autonomie und Kompetenz des Menschen an, und ist daher ein Ansatz der Sozialen Arbeit im Gesundheitswesen. Er versucht auch, diese Form der angewandten Gesundheitsförderung in der Sozialarbeitswissenschaft zu verorten und nicht innerhalb der Gesundheitswissenschaften. Aber aus meiner Sicht greift die Kritik von Mühlum an der Gesundheitserziehung zu kurz. Bevor Menschen, beispielsweise im therapeutischen Setting, an Autonomie, Selbstbestimmung etc. gewinnen, brauchen sie auch oftmals eine Orientierung, eine Anleitung, auch die eines Experten. Nach meinem Verständnis hat therapeutisches Arbeiten ebenso immer Elemente der Pädagogik/Agogik inne, dementsprechend sollten sich beide Konzepte ergänzen (vgl. Mühlum 2008, S. 69f.).

Hurrelmann et al. vergleichen die Gesundheitsförderung und die Krankheitsprävention. Sie verstehen beide Begriffe als Interventionsformen. »Es handelt sich in beiden Fällen um das gezielte Eingreifen von öffentlich und/oder professionell autorisierten Handelnden, um sich abzeichnende Entwicklungen von Morbidität und Mortalität bei Einzelnen oder ganzen Bevölkerungsgruppen zu beeinflusse« (Hurrelmann et al. 2009b, S. 11f.). Sie streben beide das Ziel des Gesundheitsgewinns an, aber mit unterschiedlichen Mitteln. Die Differenz zwischen den Interventionsformen machen die Autoren an der Eingriffslogik fest. Während sich die Krankheitsprävention am pathogenetischen Paradigma orientiert und entsprechend Krankheit zu verhindern oder abzuwenden sucht, orientiert sich die Gesundheitsförderung an dem salutogenetischen Paradigma, also an der Gesundheitserhaltung. Die Krankheitsprävention orientiert sich an den Risikofaktoren, die Gesundheitsförderung hingegen an den Schutzfaktoren. Die Autoren (vgl. ebd.) schließen nicht wie Mühlum eine Interventionsstrategie aus, sondern sehen beide Formen als wichtig an. Dieser Auffassung kann ich mich für die Soziale Psychotherapie anschließen, die neben den anderen, bereits genannten Bausteinen der Kuration und der Persönlichkeitsentwicklung beide Elemente benötigt. Hurrelmann et al. bemängeln die aktuell untergeordnete Rolle der beiden Interventionsformen in den meisten westlichen Staaten und plädieren für einen vermehrten Ausbau entsprechender Programme, aber auch für eine Integration in die Gesundheitssysteme (Kuration, Rehabilitation und Pflege).

Gesundheitsförderung: Konsequenzen für eine Soziale Psychotherapie

- Aufgabenstellung: Förderung der Entwicklung von persönlichen Kompetenzen
- Hilfe zur Autonomie, Selbstbestimmung und sozialer Kompetenz
- Förderung von Gesundheit und Verhinderung von Krankheit (Krankheitsprävention)
- Integration der Gesundheitsförderung und Krankheitsprävention in die Kuration

6.4 Defizit- und Ressourcenorientierung

Es ist immer wieder darauf hingewiesen worden, dass gerade Soziale Arbeit, insbesondere eine Klinische Sozialarbeit, einen ressourcenorientierten Blickwinkel einnehmen muss (vgl. Pauls 2004; Geißler-Piltz et al. 2005). Dies gilt selbstverständlich auch für eine in der Sozialen Arbeit begründete Soziale Psychotherapie. Grawe et al. hatten gerade die Bedeutung einer solchen Perspektive als Wirkfaktor hervorgehoben (vgl. Grawe/Grawe-Gerber 1999). Dies illustriert besonders eindrücklich die Aussagen von Lambert (1992), dass die Aktivierung der Ressourcen 40% der Ergebnisvarianz von therapeutischen Prozessen erklären. Neu ist diese Perspektive in der psychosozialen Arbeit jedoch nicht. Die Empowermentbewegung und die Gemeindepsychologie haben bereits seit den 1980er Jahren auf die Risiken einer pathogenetisch fixierten psychosozialen Praxis hingewiesen, und in den Fokus rückte zunehmend das Engagement zur Stärkung von Selbstheilungskräften. In diesem Zusammenhang ist auch die Gesundheitsförderung zu nennen, die die Gemeindepsychologie forcierte und sich dafür einsetzte, die Gesundheit zu fördern, anstatt Krankheit zu vermeiden (vgl. Schemmel/Schaller 2003, S. 9f.). Aber auch in der therapeutischen Sozialarbeit spielte die Orientierung an Ressourcen spätestens seit der Entwicklung der »Functional School« in den USA eine bedeutende Rolle und kann somit als ein Fundament Sozialer Psychotherapie bezeichnet werden. Eine Vereinnahmung des Begriffes durch die Gemeindepsychologie und die moderne Psychotherapie ist nicht legitim und verleugnet die jahrzehntelange Umsetzung dieses Modells in der Sozialen Arbeit.

Klienten/Patienten, die eine Psychotherapie im Anspruch nehmen, sind häufig von Demoralisation betroffen und können aktuell Probleme, Krisen nicht mehr alleine oder gemeinsam mit ihrem sozialen Netzwerk lösen. Dies gilt insbesondere für die Adressaten der Sozialen Arbeit oder einer Sozialen Psychotherapie, die in der Regel mit mannigfaltigen psychosozialen Problemlagen behaftet sind. Eine Orientierung an Problemen in der therapeutischen Arbeit ist dabei zunächst adäquat. Aber der Aussage von Gassmann und Grawe folgend, kann durch

> »diesen nahe liegenden störungs- und problemfokussuerten Blick […] allerdings leicht übersehen werden, dass ein Patient selbst bei ausgeprägter psychopathologischer Beeinträchtigung neben seinen Schwierigkeiten durchaus auch gut funktionierende Bereiche vorzuweisen hat. Dieser gesunde Teil des Patienten kann strategisch genutzt werden: Neben der Beseitigung desjenigen, was den Patienten beeinträchtigt (Problemperspektive), sollte die Förderung dessen, was beim Patienten bereits im Sinne seiner Ziele und Wünsche läuft (Ressourcenperspektive), ein zentraler therapeutischer Ansatzpunkt bilden« (Gassmann/Grawe 2009, S. 100).

Die Problemperspektive setzt den Fokus auf die psychosozialen Problemfelder, während die Ressourcenorientierung sich damit spezifizieren lässt, wie die psychosozialen Problemfelder überwunden werden können (vgl. ebd.). Das Verhältnis der Problem- oder Defizitperspektive zur Ressourcenorientierung wird in der Literatur differenziert betrachtet. Willutzki (2003, S. 92) hat diese Unterschiede in drei Bildern charakterisiert:

- Ressourcen und Defizite/Probleme sind die zwei Seiten einer Medaille: Fiedler sieht die Ressourcenorientierung gleichwertig zur Problemorientierung. Erst wenn beide Aspekte in der Behandlung Raum finden, würde dies Sinn stiften und eine Perspektive eröffnen. Eine similare Betrachtungsweise zeigt sich bei Becker, Opper, Bös sowie Woll und Wustmans. Die salutogenetische und pathogenetische Sicht führen »zu weitgehend äquivalenten empirischen Ergebnissen, wobei beide Perspektiven Schwächen und Stärken aufweisen« (ebd., S. 92). Für Antonovsky ist das Bild der Medaille problematisch, da es dichotom konstruiert ist. Aus seiner Sicht haben Menschen immer gesunde und kranke Anteile. Es gibt ein Kontinuum von gesund und krank. Bei der Medaillenmetapher besteht die Gefahr, dass entweder nur das Gesunde (eine Seite der

Medaille) oder nur das Kranke (die andere Seite der Medaille) im Fokus stünden. Nach Antonovskys Sicht sind auf jeder der beiden Seiten der Medaille gesunde und kranke Anteile gleichermaßen.

- Probleme und Ressourcen als Pole eines Kontinuums/einer Dimension: Hier sind Jerusalem und Antonovsky zu nennen. Jerusalem setzt die Aspekte Ressourcen versus Vulnerabilität innerhalb einer Dimension. Antonovskys Kontinuumsvorstellungen sind auch dieser Kategorie zuzuordnen.
- Vulnerabilitäten/Problemlagen und Ressourcen werden autonome Dimensionen zugeschrieben, ähnlich den Vorstellungen bei Gesundheit und Krankheit, das sogenannte Unabhängigkeitsmodell.

Wenn nun von Ressourcen gesprochen wird, stellt sich die Frage, was konkret darunter gefasst wird. Langosch stellt die Nützlichkeit in das Zentrum seines pragmatischen Ressourcenverständnisses. »Unter dem Begriff Ressource sei […] alles verstanden, was jemandem nützt, hilft und Unterstützung bietet oder helfen, nützen und Unterstützung bieten könnte. Es geht bei der Ressourcenorientierung also um Nützlichkeit« (Langosch 2008, S. 12). Eine weit gefasste wissenschaftliche Definition haben 1999 Grawe und Grawe-Gerber formuliert.

> »Als Ressource kann jeder Aspekt des seelischen Geschehens und darüber hinaus der gesamten Lebenssituation eines Patienten aufgefasst werden, also z.B. motivationale Bereitschaften, Ziele, Wünsche, Interessen, Überzeugungen, Werthaltungen, Geschmack, Einstellungen, Wissen, Bildung, Fähigkeiten, Gewohnheiten, Interaktionsstile, physische Merkmale wie Aussehen, Kraft, Ausdauer, finanzielle Möglichkeiten sowie zwischenmenschliche Beziehungen« (Grawe/Grawe-Gerber 1999, S. 66).

Alles, was sich bei einem Menschen innen und außen abspielt, kann zur Ressource werden. Interessant aus dem Blickwinkel Sozialer Psychotherapie sind die Dimensionen von Ressourcen:

- Systemdimension: Differenziert wird zwischen intrapersonalen Ressourcen (hier werden die Fähigkeiten und Stärken des Individuums subsumiert) und interpersonalen Ressourcen (aus dem zwischenmenschlichen Bereich).
- Bedeutungsdimension: Unterschieden wird zwischen motivationalen Ressourcen (Zielen, Wünschen etc.) und potenziellen Ressourcen (beinhaltet Facetten der Fertigkeiten und des Könnens).

- Kommunikationsdimension: Zum einen werden implizite Ressourcen genannt. In bestimmten Prozessen können diese aktiviert werden, ohne dass diese dem Individuum unbedingt bewusst sind. Zum anderen werden hier explizite Ressourcen aufgeführt. Auf diese kann bewusst zurückgegriffen werden (vgl. Gassmann/Grawe 2009, S. 106).

Schay et al. haben aus der funktionalen Perspektive den Ressourcen die Bedeutung zur Sicherung des Überlebens und der Existenz, zum Aufbau von Identität und zur Schaffung von Lebensqualität zugeschrieben. Geringe Ressourcen oder der Verlust vorhandener Ressourcen, und davon sind die Adressaten einer sozialarbeiterisch orientierten Psychotherapie nicht nur marginal betroffen, können Krisen evozieren und zum weiteren Abbau von Ressourcen beitragen. Schay et al. haben aus der Sicht von Drogenabhängigen beschrieben, und dies scheint mir auf andere Klientel einer Sozialen Psychotherapie übertragbar zu sein, dass der Zugriff auf Ressourcen gestört ist (vgl. Schay et al. 2006b, S. 174).

> »Bei komplexen Person-Umfeld-Interaktionen und -Kommunikationen ist eine unlösbare ›Wahrnehmungs-Verarbeitungs-Handlungs-Verschränkung‹ gegeben, d.h. ein Prozeß des beständigen Wahrnehmens, Erfassens/Erkennens, Bewertens/Einschätzens, der Aktivierung von Ressourcen/Handlungsmustern. Diese Prozeße sind bei Abhängigen [und häufig auch bei der Klientel der Sozialen Arbeit insgesamt; Anm. D.D.] oftmals gestört, so daß auch der Zugriff auf verfügbare Ressourcen aufgrund ›impliziten Wissens‹ erfolgt, d.h. durch mitbewußte bzw. unbewußte Verarbeitungsprozesse nicht mehr in hinreichender Weise erfolgen kann« (ebd., S. 174f.).

Die Autoren benennen hier zwei grundsätzliche Verarbeitungsmodi: zum einen Handlungen der Bewältigung, bei denen sie evasives, aggressives und adaptives Coping differenzieren, zum anderen schöpferische Gestaltungen (Creatingstile) mit den Formen des »creative adjustment«, »creative change« und »creative cooperation«. Die Copingstrategien bewirken dabei einen Abbau von Ressourcen und

> »beinhalte[n] die Gefahr einer Negativspirale des progredierenden Ressourcenverfalls. Creating umfasst die kreative Nutzung sozialer Ressourcen, ist verbunden mit Ressourcengewinn und der Change zu einer positiven Spirale der Gewinnmaximierung. Diese Stile gilt es bei den Abhängigen [und häufig

auch bei der Klientel der Sozialen Arbeit insgesamt; Anm. D.D.] zu explorieren, um sie ggf. zu nutzen oder kompensatorisch zu stärken« (ebd., S. 175).

Defizit- und Ressourcenorientierung: Konsequenzen für eine Soziale Psychotherapie

- Beachtung der Defizite, um entsprechende Ressourcen von »außen« bereitzustellen
- Verändertes Menschenbild: Der Mensch/Klient/Patient hat immer Ressourcen, egal wie krank er ist
- Es gilt insbesondere, diese in den therapeutischen Interventionen zu »wecken«, zu fördern oder zu entwickeln

6.5 Lebensweltorientierung

Lebensweltorientierung wird im Kontext Sozialer Arbeit mit dem Namen Thiersch in Zusammenhang gebracht. Jedoch, so betont Kleve (2002, S. 37), stellt die Lebensweltorientierung »ein allgemeines Strukturmerkmal sozialpädagogischer Theorien« dar. Dennoch hat Thiersch bereits in den 1970er Jahren mit seinem Rahmenkonzept (vgl. Thiersch 2009, S. 5) eine Entwicklung in der Theoriebildung der Sozialpädagogik antizipiert. Dieses Konzept hat seit den 1990er Jahren einen strukturbildenden Charakter für die Theorien Sozialer Arbeit (vgl. Kleve 2002, S. 37ff.).

> »Lebensweltorientierung bedeutet demnach in der Sozialpädagogik: das Einlassen auf die eigensinnigen Erfahrungen der AdressatInnen Sozialer Arbeit; Lebensweltorientierung wirkt damit normalisierenden, disziplinierenden, stigmatisierenden und pathologisierenden Tendenzen der gesellschaftlichen Funktion Sozialer Arbeit entgegen« (ebd., S. 37).

Es sei nun hier der Ansatz von Thiersch skizzenhaft rezipiert, da er ebenfalls eine Bedeutung für die Klinische Sozialarbeit (vgl. Geißler-Piltz 2004) erhalten hat und somit auch für die Soziale Psychotherapie. Insbesondere die Ansätze der Rekonstruktiven Sozialpädagogik mit dem spezifischen Verfahren der Konstruktion der Lebensgeschichte ihrer Adressaten berufen sich auf lebensweltorientierte Denkweisen (vgl. Galuske 2009, S. 213).

Thiersch setzte sich immer für eine klare Trennung von Sozialer Arbeit und Therapie ein und verdeutlich dies am Umgang mit dem Alltag der Adressaten Sozialer Arbeit und Therapie.

> »Therapie […] bietet bei besonderen Indikationen gezielte Arrangements an und agiert damit jenseits des Alltags, dessen Interaktionsmuster sie verfremdet und reduzierend partiell außer Kraft setzt. […] Die Vielfältigkeit des Alltäglichen wird in therapeutischen Ansätzen reduziert, indem aus der gegebenen Komplexität jene Probleme akzentuierend herausgehoben werden, die sich – im Kontext der jeweiligen Anthropologie – als Schlüsselprobleme, also als geeignet dazu erweisen, daß die Klienten, indem sie sie durcharbeiten, neue Möglichkeiten von Selbstverständnis und Handlungsmustern finden« (Thiersch 1978, S. 17).

Die alltags- oder lebensweltorientierte Soziale Arbeit hat hingegen zum Ziel, Hilfe zur Selbsthilfe zu ermöglichen, weil sie die Klienten der Sozialen Arbeit dazu befähigt, einen gelingenden Alltag zu gestalten.

> »Das Ziel aber, zum gelingenderen Alltag zu helfen, gelingt nur da, wo Sozialarbeit in ihrer konkreten Arbeit auch versucht – provakativ, verfremdend und stützend – den Adressaten aus Armut, aus Hilflosigkeit und Verstrickung im Alltag herauszuhelfen, Elend und Blindheit eines bornierten Alltagspragmatismus aufzulösen und, zugleich damit, Verhältnisse sozialpolitisch zu verändern« (Thiersch 2006, S. 49).

Neben dem kurativen Aspekt Sozialer Psychotherapie versucht sie im Anschluss an Petzold auch, zu einem gelingenderen Alltag beizutragen. Im Fokus ihres Handelns stehen, wie in der Definition Sozialer Psychotherapie deutlich wurde, die psychosozialen Problemlagen. Und diese lassen sich nicht mit einer alltagsentrückten Psychotherapie bewältigen, sondern mit einer Sozialen Psychotherapie, die sozialarbeiterische Interventionen in ihr Methodenrepertoire integriert. Soziale Psychotherapie ist häufig auch alltagsnäher strukturiert (z.B. auch aufsuchende Hilfen, ähnlich der Hausbesuche des Arztes; diese werden auch klar als Therapie deklariert), ferner praktisiert sie sich in alltagsnachbildenden Strukturen (z.B. therapeutischen Gemeinschaften in der Suchttherapie oder Sozialpsychiatrie).

Lebensweltorientierung: Konsequenzen für eine Soziale Psychotherapie

- »Anti-Labeling-Effekt«: Der Adressat wird nicht nur in klassifikatorischen Kategorien ICD (International Statistical Classification of Diseases and Related Health Problem, 10. Revision)/DSM (Diagnostic and Statistical Manual of Mental Disorders) betrachtet, also mit normalisierenden, disziplinierenden, stigmatisierenden und pathologisierenden Tendenzen, sondern in seiner eigenen Art.
- Einlassen des Therapeuten auf die Lebenswelt des Adressaten;
- Soziale Psychotherapie beachtet die Alltagswelt ihrer Adressaten konsequent.
- Interventionen finden z.T. in Alltagssituationen statt oder in Settings, die den Alltag nachbilden.

6.6 Entwicklung in der Lebensspanne

> »Wenn man das Leben verstehen will, sich selbst verstehen will, Menschen verstehen will, die in generationenübergreifenden sozialen familialen und amicalen Netzwerken leben […], dann muss man sich mit dem ›herakliteischen Strom‹, mit der gesamten Lebensspanne auseinandersetzen« (Petzold/Scheiblich/Thomas 2006, S. 70f.).

Es ist das Verdienst H.G. Petzolds, auf den Aspekt des Kontinuums in der psychotherapeutischen Theorie aufmerksam gemacht und diese Perspektive in die Praxeologie integriert zu haben. Dieser »lifespan development approach« der Integrativen Therapie ist für die Soziale Psychotherapie von großer Bedeutung. Entwicklung wird als Veränderungsprozess in der Zeit gesehen. »Sie geschieht – wenn auch am dramatischsten in der frühen Kindheit – ein Leben lang. Lernfähigkeit und Plastizität (›Anpassungsfähigkeit‹) kennzeichnen die gesamte Lebensspanne des Menschen, sie sind keineswegs ein Privileg der Kindheit« (Rahm et al. 1993, S. 183). Der lebenslaufbezogene Ansatz hat eine dezidierte entwicklungspsychologische/entwicklungstheoretische, ferner salutogenetische Perspektive. Es werden über den Lebenslauf hinweg protektive Faktoren, Risikofaktoren beachtet, des Weiteren Resilienzen und Ressourcen (vgl. Orth/Petzold 2001, S. 3). Die kindliche Entwicklungsperspektive orientiert sich nicht an den »älteren« psychoanalytischen Theorien der Entwicklungspsychologie, die Petzold als spekulativ und nach wissenschaftlichen Kriterien als fragwürdig einstuft.

> »Freuds Phasenlehre ist nicht haltbar [...] und Margret Mahler hat einfach falsch, d.h. ausschließlich metapsychologisch konzeptualisiert, ohne Abstützung auf Beobachtungen. Wenn man Studentinnen neben die Wiege setzt, Strichlein machen läßt, auf 90 cm Abstand, dann kommt man natürlich zum autistischen Säugling, denn die Kleinen kommunizieren eben auf Brustwarzenabstand – 22,5 bis 25 cm (Papoušek, Papoušek 1981). Da kommunizieren sie wie die Weltmeister« (Petzold 1999, S. 95).

Moderne Entwicklungspsychologie muss sich an der empirischen Säuglingsforschung, der empirischen Entwicklungspsychologie und Entwicklungspsychobiologie orientieren (vgl. Petzold 1993b, S. 654f.). Der »lifespan development approach« nimmt Abstand vom psychodynamischen Diktat der »frühen Genese«.

Lebenslaufperspektive: Konsequenzen für eine Soziale Psychotherapie

- Der Mensch wird immer aus der Perspektive des Kontexts/Kontinuums betrachtet
- Orientierung an empirischer Entwicklungspsychologie
- Abkehr von klassischer psychoanalytischer Phasenlehre

6.7 Soziale Psychotherapie im Kontext sozialer Netzwerke und sozialer Unterstützung

> »Die Alltagswelt der Klienten Klinischer Sozialarbeit [und Sozialen Psychotherapie; Anm. D.D.] besteht aus vielfältigen Belastungen, die mit den Stärken und Schwächen ihres sozialen Netzwerkes und ihren individuellen Bewältigungsmöglichkeiten und Ressourcen zusammenhängen. Deshalb ist es bei Belastungsdiagnostik und sozialarbeiterischen [und psychotherapeutischen; Anm. D.D.] Hilfen zur Belastungsbewältigung wichtig, die komplexen Wechselwirkungen zwischen den Merkmalen sozialer Netzwerke, dem ihnen innewohnenden Unterstützungspotenzial und der subjektiven Belastungsbewältigung sichtbar zu machen« (Pauls 2004, S. 103).

Eine der Stärken der Sozialen Psychotherapie ist die Einbeziehung sozialer Netzwerke und sozialer Unterstützung in ihre therapeutische Praxis, im Gegensatz zu der individuumszentrierten Psychologischen Psychotherapie. Im Rahmen der Grundausbildung von Psychotherapeuten werden, wie oben in Kapitel 4.3 bereits erwähnt, klinisch-psychologische Kompetenzen eingefordert. Damit wird der Ausschluss von Nicht-Psychologen aus der Psychologischen Psychotherapie begründet, denn ihnen mangele es an diesen »Qualitäten«. Wenn man den Menschen aber als soziales Wesen sieht, das in sozialen Netzwerken lebt, davon profitiert (im Sinne einer Ressource), aber auch leidet, das Soziale Unterstützung erfährt oder es ihm daran mangelt, so verwundert es schon, dass diese wichtige Perspektive in den Ausbildungsvoraussetzungen nur marginal verlangt wird. Neben der Gemeindepsychologie haben sich zunehmend Klinische Sozialarbeiter dieses wichtigen Feldes angenommen (vgl. Dehmel 2008). Soziale Arbeit, so kann ja per se eine besondere professionelle Form sozialer Unterstützung gesehen werden, und das Denken in Netzwerken und deren Nutzung ist ebenfalls genuin sozialarbeiterisch.

Die Netzwerk- und Soziale-Unterstützungs-Forschung konnten markant aufzeigen, dass soziale Bindungen und personale Beziehungssysteme in mehrfacher Hinsicht für die Gesundheit und das allgemeine Wohlbefinden zweckdienlich sind. Sie können allgemein gesundheitsfördernd und präventiv wirken und bei einer vorhandenen Krankheit den Heilungs- und Bewältigungsprozess beschleunigen. Sie haben auch wirksame Funktionen bei der Erholung von Belastungszuständen und tragen zur Entwicklung von Bewältigungsstrategien bei.

> »Soziale Netzwerke, ihr Rückhalt und ihre alltäglichen wie problembezogenen Unterstützungsleistungen helfen offensichtlich den unterschiedlichsten Personen und Gruppen in den unterschiedlichsten Lebensphasen und Lebenskonstellationen die unterschiedlichsten Anforderungen, Risiken, Probleme und Krisen ihrer Lebensführung und Lebensbewältigung erfolgreich zu meistern und gesünder zu sein und zu bleiben« (Nestmann 2009, S. 955).

Nun ist jedem Praktiker der Sozialen Arbeit bekannt, dass viele ihrer Adressaten nicht auf diese positiven Netzwerkfunktionen zurückgreifen können, denn entweder sind sie nicht bzw. nicht im ausreichenden Maße vorhanden, sind nicht hilfreich oder gar maligne. Als empirisch belegt gilt, dass

> »eine signifikante Beziehung zwischen Isolation, mangelnder Netzwerkintegration, niedrigem Support und schlechter psychischer und physischer Gesundheit ebenso existiert wie eine (nahezu) eben so enge Verknüpfung zwischen der Einbettung in ein soziales Netzwerk, guter sozialer Unterstützung und guter Gesundheit und gesteigertem Wohlbefinden« (ebd.).

Es stellt sich nun die Frage, wie die Forschungsergebnisse für die Praxis Sozialer Psychotherapie nutzbar im Interesse der Adressaten gemacht werden können. Zunächst soll eine Annährung an die Begriffe »soziales Netzwerk« und »Soziale Unterstützung« in die Thematik einführen.

Die Begriffe »soziales Netzwerke« und »Soziale Unterstützung« »repräsentieren sehr unterschiedliche Gestaltungsprinzipien sozialer Beziehungen und sind vor allem in der Psychologie eng miteinander verknüpft, obwohl sie sehr unterschiedliche Sachverhalte fokussieren« (Laireiter 2009, S. 75). Im sozialarbeiterischen Kontext, aber auch in therapeutischen Bewegungen werden die Aspekte des sozialen Netzwerkes, der Netzwerktherapie, der sozialen Unterstützung eher der Sozio-, sozialen oder Sozialtherapie subordiniert (vgl. Petzold/Petzold 1993, S. 459ff.). In ihrem umfangreichen Band *Soziale Unterstützung und Psychotherapie* heben die Herausgeber Röhrle und Laireiter (2009a), aber auch Hass und Petzold (1999) die Bedeutsamkeit dieser »sozialen Dimensionen« für die psychotherapeutische Praxis besonders hervor.

6.7.1 Soziale Netzwerke

Der Terminus »Soziales Netzwerk« hat unterschiedliche Traditionslinien. Genannt werden aus der Soziologie die »Geometrie sozialer Beziehung« nach Simmel, »Beziehungen erster und zweiter Ordnung« nach von Wiese, »Verkehrskreise/ambiencies« nach Caplow und Lazarsfelds Aspekt des »persönlichen Einflusses«. Eine weitere »Wurzel« stellt die Sozialpsychologie in den Arbeiten von Lewin (Feldtheorie) und Moreno (Soziometrie) dar. Auf die Sozialanthropologie (u.a. Barnes, Bott, Radcliffe-Brown) geht die Begrifflichkeit zurück sowie eine erste Definition (vgl. Laireiter 2009, S. 76).

Soziales Netzwerk wird verstanden als »eine spezielle Anordnung von Verflechtungen innerhalb einer bestimmten Gruppe von Personen, deren Besonderheit darin besteht, dass die Eigenschaften dieser Verflechtungen als Ganzes herangezogen werden können, um das Sozialverhalten der beteiligten Personen zu interpretieren« (Mitchell 1969, S. 2; Übers. i. A. d. Verf.). Kähler hat Soziale Netzwerke wie folgt umschrieben: »Der Begriff des sozialen Netzwerks bezieht sich auf das Geflecht der – in der Regel: sozialen – Beziehungen, die zwischen einer definierten Menge von einzelnen Einheiten – in der Regel: Individuen – beobachtet werden können« (Kähler 1975, S. 283). Eine komplexe Definition stammt von Petzold, die hier erwähnt sei, da er bereits früh in der Auseinandersetzung mit sozialen Netzwerken Konsequenzen für eine therapeutische Arbeit gezogen hat, nämlich mit der Netzwerktherapie (vgl. Hass/Petzold 1999).

> »Ein soziales Netzwerk ist das für exzentrische Beobachter eines sozioökologischen Kontextes mit Mikro- oder Mesoformat vorfindliche und umschreibbare multizentrische Geflecht differentieller Relation in der Zeit zwischen Menschen (und ggf. Institutionen), die zueinander in unterschiedlichen Bezügen stehen (Kontakte, Begegnungen, Beziehungen, Bindungen, Abhängigkeiten in Kovois) und in konkreten oder virtuellen Austauschverhältnissen (z. B. wechselseitige Identitätsattributionen, Hilfeleistungen, Teilen von Informationen, Interessen, Ressourcen, Supportsystemen). Dabei können sich durch das Vorhandensein konkordanter und diskordanter ›sozialer mentaler Repräsentationen‹, das sind kollektive Kognitionen, Emotionen, Volitionen (z. B. Wirklichkeitskonstruktionen, Interpretationsfolien, Werte, Normen, Entscheidungsroutinen) in dem vorfindlichen Netzwerk als konkreter Realität der Interagierenden unterschiedliche ›soziale Welten‹ als mentale Realitäten konstituieren« (Petzold 2002, S. 6).

Eine einfache Definition stammt ebenfalls von Hass und Petzold: »Netzwerke sind Strukturen, die eine soziale Matrix für verschiedene Inhalte, wie etwa soziale Unterstützung und soziale Sinnsysteme bereitstellen« (Hass/Petzold 1999, S. 195). Laireiter hat darauf hingewiesen, dass der Terminus »soziales Netzwerk« in den wissenschaftlichen Diskursen unterschiedliche Bedeutungen inne hat und dies eng mit den verschiedenen Arten und Formen von sozialen Netzwerken korreliert. Diese Differenzen der Beschaffenheit sozialer Netzwerke führen ebenfalls zu divergierenden Bedeutungen (vgl. Laireiter 2009, S. 76).

Folgende Unterscheidungen werden in der sozialen Netzwerkforschung getroffen (vgl. Laireiter 2009, S. 76ff.):

- ➢ Unterscheidungen im Hinblick auf das methodische Vorgehen:
  - ➢ Soziale Netzwerke werden als reale soziale Entität gesehen (re-

ale Netzwerke) und beforscht (Psychologie, Mikrosoziologie, Sozialanthropologie), z.B. Untersuchungen von egozentrierten personalen Netzwerken wie Familienbeziehungen, Freundeskreise etc.

- Der Terminus »soziales Netzwerk« repräsentiert eher ein methodisches Vorgehen in der Wissenschaft. »In vielen Fällen besitzen die erfassten Netzwerke jedoch eine weniger eindeutig definierbare soziale Realität als viel mehr eine symbolische […]. In diesen und vergleichbaren Kontexten, in denen das Netzwerk mehr in den Köpfen der Netzwerkforscher als in denen der Beforschten existiert und eher eine Methode zur Analyse komplexer Ereignisse und Verbindungen darstellt, verkörpert es einen analytischen Begriff im Sinne eines spezifischen methodischen Herangehens an bestimmte Phänomene« (ebd., S. 77).

- Unterscheidungen im Hinblick auf die Verbindungen zwischen den Mitgliedern sozialer Netzwerke:
  - Relationale Netzwerke. Diese stehen für direkte Beziehungen unter den Akteuren sozialer Netzwerke.
  - Positionale Analyse: Im Zentrum steht die Analyse der Position im sozialen Netzwerk.
  - Ereignisnetzwerke: Verbindungen kommen zustande durch zusätzliche Ereignisse (z.B. Kongressteilnahme, Unfall).
- Unterscheidung im Hinblick auf den Analyseausschnitt:
  - Gesamtnetzwerk. Die Untersuchungen »beziehen sich auf alle Beziehungen einer bestimmten Art in einem untersuchten Set von Akteuren« (ebd., S. 78).
  - Partielles Netzwerk: Untersucht werden bestimmte Ausschnitte des Gesamtnetzwerkes oder der ego-zentrierten Netzwerke.
  - Ego-zentrierte/personale Netzwerke: Sie bilden den Gegenpol des Gesamtnetzwerkes. Im Zentrum der Analyse steht das Individuum, die Verbindungsstrukturen sind also nicht von primärer Bedeutung.

Die letztgenannte Gruppe an Netzwerken ist im Kontext Sozialer Psychotherapie von besonderer Relevanz. Ego-zentrierte Netzwerke zeichnen sich dadurch aus und grenzen sich damit von den Gesamtnetzwerken ab, dass sie durch Personen generiert werden. Sie stellen damit das Bezugssystem dieser einzelnen Personen dar. Sie gelten als vielgestaltig, d.h., es werden unterschiedliche Verbindungsformen beschrieben wie Bekanntschaften, soziale Rollen. Persönliche Beziehungen gelten als multiplex, dies bedeutet, dass Angehörige eines Netzwerkes in vielfältiger Form verbunden sind. Ein Netzwerkmitglied kann parallel Kollege, Freund und Nachbar sein. In personalen Netzwerken konstituieren sich auch unterschiedliche Subgruppen wie Familie, Nachbar. Diese werden als »Cluster« oder »Cliquen« beschrieben. In der Literatur der Netzwerkforschung werden differenzierte Beziehungsformen in personalen Netzwerken markiert, wie Tabelle 13 illustriert.

Beziehungsmerkmal	Netzwerkbezeichnung	Namensgenerator/Beispielitems
Bloße Bekanntschaft	Bekanntschaftsnetzwerk	Vorgabe von Namenslisten: Welche dieser Personen kennen Sie persönlich?
Sozialer Kontakt/ soziale Interaktion	Interaktions- und Kontaktnetzwerk	Mit welchen Personen treffen Sie sich häufig (mindestens einmal im Monat)?
Soziale Rolle	Rollennetzwerk	Mit welchen Personen aus Ihrer Nachbarschaft haben Sie Kontakt? Wer sind Ihre Arbeitskollegen?
Subjektive Wichtigkeit	Network of significant others	Welche Personen sind für Sie besonders wichtig?
Emotionale Beziehung/Rolle	Affektives Netzwerk	Wer sind Ihre wichtigsten Freunde? Wer sind Ihre engsten Bezugspersonen?
Interpersonale Belastung	Belastungsnetzwerk	Mit welchen Menschen in Ihrer Umgebung haben Sie öfters Konflikte?
Sozialer Austausch/ Soziale Unterstützung	Unterstützungsnetzwerk Austauschnetzwerk	Mit wem besprechen Sie persönliche Dinge und Probleme?

Tab. 13: Beziehungs- und Erfassungskriterien egozentrierter sozialer Netzwerke; Quelle: Laireiter 2009, S. 81

Von Relevanz für die Soziale Psychotherapie ist neben der Erfassung der bedeutendsten Mitglieder eines Netzwerkes auch die Analyse des Aufbaus und der Zusammensetzung von personalen Netzwerken. Unterschieden werden vier Ebenen:

- »Strukturelle Parameter: Größenparameter (Große/Range), Vernetzungsparameter (Konnektivität, Verbundenheit, Dichte/Kohäsion), Relationale Struktur (Cliquen, Cluster, Sektoren/Segmente)
- Interaktionale Parameter: Direktionalität/Richtung, Reziprozität, Beziehungsrolle, Uni- vs. Multiplexität, Intensivität, Frequenz, ›strong tie‹ vs. ›weak tie‹, Homogenität vs. Heterogenität, Dauer/Stabilität, Entfernung, Verteilung/Distribution, Erreichbarkeit
- Inhaltlich-funktionale Parameter: Kommunikation/Kontakt/Interaktion

(Geselligkeit), Austausch (Information, Geld, Arbeit und Leistungen, Güter, Immaterielles [Liebe, Anerkennung, Zuwendung, Status etc.], emotionaler Rückhalt, Sichtweisen und Einschätzungen), Normen/ Werte, Kontrolle/Regulation (Macht), Belastung (Konflikte, Abwertung, Ausgrenzung, Kränkungen etc.)

- Subjektiv-evaluative Parameter: Wichtigkeit, Zufriedenheit, Angemessenheit« (Laireiter 2009, S. 83f. [zitierter Text wurde aus zwei Tabellen entnommen]).

6.7.2 Soziale Unterstützung

Soziale Netzwerke gelten als die Interaktionsmatrix der sozialen Unterstützung. Die Soziale Unterstützung wird dabei verstanden »als die wichtigste Funktion sozialer Beziehungen […] und lässt sich als Befriedigung zentraler sozialer Bedürfnisse, vor allem im Kontext von Belastungen – aber auch im ›normalen‹ Alltagsleben – nach Sicherheit, Zuneigung, Zugehörigkeit, Verständnis, Aussprache etc. durch soziale Beziehungen verstehen« (Röhrle/ Laireiter 2009b, S. 14). Dabei werden nach Röhrle und Laireiter (2009b, S. 14f.) drei Teilbereiche/-aspekte konzeptuell differenziert:

- Zunächst seien die Menschen genannt, die anderen allgemein oder bei einer Notwendigkeit als Unterstützungsgebende zur Verfügung stehen. Dieser Teilaspekt wird auch als »support network«, »support ressources« bezeichnet. Die Gruppe der Unterstützer setzt sich zusammen aus engen Angehörigen wie Partnern, Freunden. Benannt werden in diesem Bereich instrumentelle Unterstützungen. Auch entfernte Gruppen können als »Social Supporter« fungieren, so beispielweise Nachbarn.
- Von Bedeutung ist auch das Gefühl, die Überzeugung, sich im Bedarfsfall von Unterstützern Hilfe holen zu können. Dies wird als »preceived support« deklariert und wird auch als ein Merkmal der Persönlichkeit »im Sinne einer Erweiterung des inneren Arbeitsmodellkonzepts von Bowlby […] wie auch als kognitives Konzept im Sinne eines ›beliefs‹ oder einer Überzeugung […] gesehen« (Röhrle/Laireiter 2009b, S. 15.).
- Wichtig ist ferner die Vermittlung von »Social Support« in sozialen Beziehungs- und Austauschprozessen. Bezeichnet wird dies als Unterstützungsverhalten, erhaltende oder gegebene Unterstützung (»enacted support«, »support behavior«, »supportive interactions«).

Laireiter (2009, S. 85f.) unterscheidet ferner vier Bedeutungsvarianten des Terminus »Soziale Unterstützung«: Soziale Unterstützung wird als Ressource, als Information, als unterstützendes Verhalten und als Bedürfnisbefriedigung beschrieben. Dehmel wählt im Rückgriff auf Diewald (1991, S. 70ff.) eine inhaltliche Typologie, die drei Formen der sozialen Unterstützung differenziert:

- Soziale Unterstützung als *konkrete Interaktion* (oder objektive Unterstützung): Hier werden Soziale Unterstützungsformen subsumiert, die zu beobachten sind, d.h., es sind Leistungen. Zu differenzieren sind hier personenbezogene Dienstleistungen oder güterbezogene Unterstützungen, pflegerische Unterstützungen, materielle Hilfen, Sachleistungen, Geld, sachbezogene Informationen, persönliche Ratschläge, Unternehmungen mit Mitmenschen.
- Als zweite Form wird die *Vermittlung von Kognitionen* beschrieben. Hierunter fällt beispielsweise das Geben von Anerkennung, des Weiteren die Vermittlung von Status. Auch der Bereich Vermittlung von sozialen Normen und Verhaltensweisen gehört zu dieser Form. Als belastender Faktor kann hier die übermäßige soziale Kontrolle gesehen werden. Das Gefühl, zu vermitteln, dazuzugehören, fällt auch in diese Kategorie. Die Erwartbarkeit von Hilfe gehört ebenfalls zu der Form von Vermittlung von Kognitionen. Beziehungen in sozialen Netzwerken vermitteln auch immer die Möglichkeit, soziale Kompetenz zu üben und auszubauen.
- Als dritte Form wird die *Emotionsvermittlung* markiert, mit den Aspekten der Vermittlung von Geborgenheit, Liebe, motivationaler Unterstützung (vgl. Dehmel 2008, S. 21ff.).

Soziale Unterstützung hat Untersuchungen zufolge zwei Wirkungsmechanismen oder Funktionen. Zum einen wirkt »Social Support« unmittelbar auf das Wohlbefinden (Haupteffekthypothese), zum anderen als sogenannter »Puffer« zwischen Stress und Belastung (Puffereffekthypothese/buffering hypothesis). Cohen und Wills (1985) haben beide Effekte, also den direkten und den Puffereffekt, in ihren Studien zum »Social Support« nachweisen können. Aber die unterschiedlichen Wirkungen gehen auf jeweils andere Teilaspekte der sozialen Unterstützung zurück.

> »Direkte Effekte […] werden primär durch so genannte ›strukturelle Maße‹, also Indikatoren und Instrumente, die die soziale Einbettung des Individuums widerspiegeln, sowie Merkmale seines Unterstützungsnetzwerkes, insbeson-

> dere seine Größe, die Anzahl verfügbarer nahe stehender Personen, familiäre Integration etc. generiert. Puffereffekte hingegen stehen primär mit den Maßen in Verbindung, die Formen wahrgenommener Unterstützung repräsentieren, insbesondere kognitive und emotionale sowie Selbstwert bezogene, sowie mit Maßen, die die Verfügbarkeit enger und nahe stehender Personen und die Qualität dieser Beziehungen widerspiegeln« (Laireiter 2009, S. 91).

Dehmel (2008, S. 26f.) fasst die Effekte folgendermaßen zusammen: einerseits die Wirkung durch nicht spezifische, nicht intendierte Unterstützung im Alltag (Haupteffekt-Hypothese) und andererseits die Wirkung durch Unterstützung in spezifischen, konkreten Belastungssituationen.
Berkman (1995) unterscheidet drei Wirkungen sozialer Unterstützung, die sich gegenseitig beeinflussen. Sie spricht von der »abschirmenden Wirkung«. Social Support senkt das Risiko für das Auftreten von Problemsituationen. Auch sie benennt die oben erwähnte Pufferwirkung und eine Toleranzwirkung. Soziale Unterstützung hilft, mit bereits vorhandenen schweren Belastungen besser fertig zu werden (vgl. Hurrelmann 2006, S. 83).

6.7.3 Soziale Netzwerke, soziale Unterstützung: gesundheitsfördernde Wirkungen

Oben wurde bereits kurz skizziert, dass es Belege für eine Korrelation zwischen »positiven« sozialen Netzwerken und positiven Effekten für die Gesundheit gibt. Mehrere Forschungen haben beispielsweise einen Zusammenhang zwischen Netzwerkgröße und seelischer und körperlicher Gesundheit gefunden. Aber die Effekte zeigen sich auch abhängig von Drittvariablen wie Alter oder Geschlecht (vgl. Hass/Petzold 1999; Berkman/Syme 1979). Positive Wirkungen auf die Gesundheit zeigen sich bei einer Konstellation von Netzwerken, in denen starke und schwache Beziehungen vorhanden sind.

> »Während erstere die Einbindung in ein stabiles soziales Kernnetzwerk gewähren, welches dem Individuum eine soziale Verortung (Identität, Zugehörigkeitsgefühl, Routinen) verleiht sowie die grundsätzlichen Unterstützungsbedürfnisse erfüllt, haben sich letztere als vorteilhaft für neue Kontakte über Netzwerkgrenzen hinweg und damit ressourcengenerierend erwiesen.

Darüber hinaus kommt ihnen ein Flexibilitätspotential zu, als daß sie es dem Individuum ermöglichen, sich veränderten Situationen besser anzupassen« (Hass/Petzold 1999, S. 198f.).

Cohnen et al. (1997) haben in einer Studie den Zusammenhang zwischen niedriger Anfälligkeit für Virusinfekte und einem heterogen zusammengesetzten Netzwerk erbracht. Hass und Petzold haben darauf hingewiesen, dass umfassendere empirische Befunde für Soziale Unterstützungsleistungen vorliegen – Soziale Netzwerke sind hier die Matrix des Social Support (vgl. Hass/Petzold 1999; Cohnen et al. 1997). So deuten viele Studien darauf hin, dass Menschen mit positiven sozialen Unterstützungsleistungen ein niedrigeres Erkrankungsrisiko haben, sei es in psychischer, somatischer oder psychosomatischer Hinsicht. Hoher Social Support korreliert auch mit einer besseren sozialen Integration, besserem Selbstwertgefühl, einem optimistischeren Denken (Haupteffekt). Wie oben erwähnt, deuten andere Studien darauf hin, dass hohe Unterstützung in psychosozialen Problemlagen oder bei somatischen Erkrankungen hilfreich ist (vgl. Hass/Petzold 1999, S. 198ff.; Röhrle/Laireiter 2009b, S. 17ff.).

Hass und Petzold (1999, S. 201) verweisen auf Schwarzer, der zusammenfassend feststellte, dass sich aus den Ergebnissen aus der Hilfesuchforschung, der Netzwerkforschung, der sozialen Unterstützungsforschung und der Forschung über enge soziale Beziehungen ein neuer theoretisch-wissenschaftlicher Bezugsrahmen abzeichnet, »der gesundheitliche Störungen als Resultat eines suboptimalen Copings mit Streßsituationen auffaßt und zusammenfassend als ›Streß/Coping Paradigma‹ bezeichnet werden könne« (ebd.).

6.7.4 Soziale Netzwerke, Soziale Unterstützung und ihre negativen Aspekte

Praktikern aus der Sozialen Arbeit ist schon lange bewusst, dass ihre Klientel häufig in problematischen sozialen Netzwerken lebt, über nur geringe Soziale Unterstützungsleistungen verfügt bzw. nicht darauf zurückgreifen kann. Neben den fehlenden Unterstützungsleistungen sind diese häufig auch maligne. Soziale Netzwerke gelten dann als pathogen, wenn sie folgende Merkmale aufweisen:

- Normen und Werte des Netzwerkes können Individuen in ein Spannungsverhältnis versetzen, wenn diese nur eine geringe Kompatibilität zu den gesellschaftliche Normen und Werten haben oder gegen diese verstoßen (Drogenkonsum etc.).

- Verhinderung einer Autonomieentwicklung durch rigide Normen, hohe soziale Kontrolle und hohe Dichte der Beziehungen;
- ambivalente Werte, in der Erziehung z.B. sich widersprechende Aussagen der Eltern;
- geringe soziale Kontakte/geringe Anzahl an Beziehungen bis hin zur totalen sozialen Isolation;
- Beziehungen, die durch fehlende Reziprozität gekennzeichnet sind;
- Kontakte nur am Rand des sozialen Netzwerkes; der Kontakt besteht nur über eine Person (Verlust von Autonomie) (vgl. Hass/Petzold 1999, S. 203f.).

Forschungsergebnisse zu Belastungen im Kontext von sozialen Unterstützungsleistungen haben Hass und H.G. Petzold (1999, S. 204f.) wie folgt subsumiert:

- Auch normale Unterstützungsleistungen können, wie die Sozialpsychologie feststellte, bei Hilfsempfängern mit Selbstwertkrisen einhergehen. Es können sich etwa Abhängigkeitsgefühle einstellen.
- Des Weiteren werden inadäquate Unterstützungen genannt wie Bemühungen der Problemreduzierung. Negative Effekte treten auch dann auf, wenn die Hilfeleistungen gut initiiert waren.
- Enttäuschte Erwartungen im Zusammenhang mit Unterstützungsleistungen, z.B. nicht erfolgte Unterstützung, kann zu Kränkungen führen.
- Als problematisch wird auch ein Zuviel an Unterstützungsleistungen beschrieben. Autonomie wird hier behindert.
- Weiterhin wird ineffiziente Soziale Unterstützung markiert.

Soziale Netzwerke/Soziale Unterstützung: Konsequenzen für eine Soziale Psychotherapie

- Benigne Soziale Netzwerke/Soziale Unterstützungen gelten als gesundheitsfördernd und krankheitsabwehrend.
- Maligne Soziale Netzwerke/Soziale Unterstützungen wirken krankheitsfördernd oder krankheitsauslösend.
- Adressaten Sozialer Arbeit »bewegen« sich im pathogenen Milieu.

➢ Soziale Psychotherapie versteht sich als eine Form professioneller sozialer Unterstützung und Soziale Netzwerke gelten als Interventionsziel Sozialer Psychotherapie.

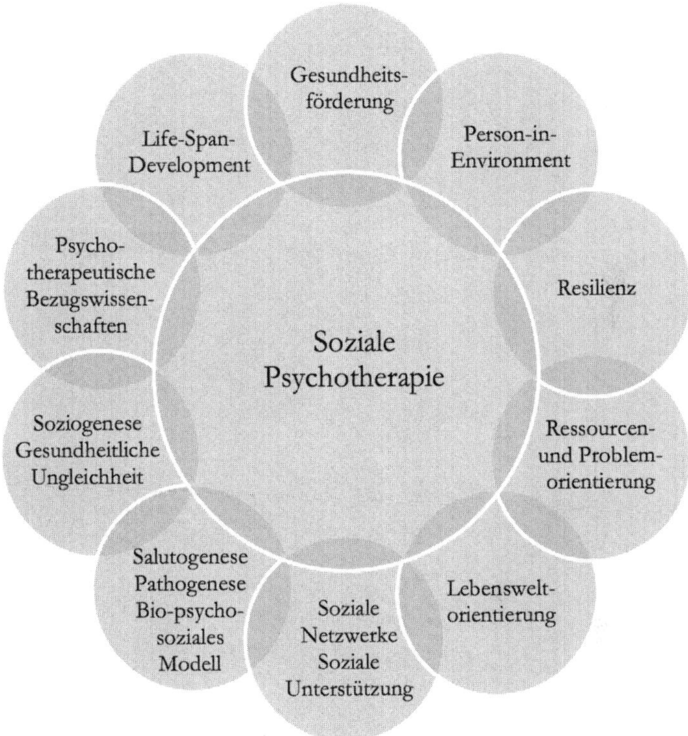

Abb. 6: Einflusssphären Sozialer Psychotherapie

7 Praxeologie Sozialer Psychotherapie

7.1 Der Rahmen für eine Soziale Psychotherapie: Der »trifokale Behandlungsansatz«

7.1.1 Interventionsebenen: Kombination sozialarbeiterischer und psychotherapeutischer Methoden

Im Folgenden sollen ausgewählte Methoden/Interventionen schwerpunktmäßig anhand von Fallbeispielen der Suchttherapie dargestellt werden und den methodischen und funktionalen Aspekt Sozialer Psychotherapie illustrieren. Die Soziale Psychotherapie als ein auf dem psychosozialen Ansatz basierendes Behandlungsverfahren ist in der Methodik in Modifikation auf Rauchfleisch (1996, 2006; vgl. auch Kapitel 6.1) als eine *trifokale Therapie* bei psychosozialen, krankheitsrelevanten Störungen konzipiert. In Diagnostik und Therapie werden klassische, psychotherapeutische und genuin sozialarbeiterische Elemente intermittierend oder parallel indikationsspezifisch angewandt. Wobei die soziale/umweltliche Dimension differenziert betrachtet wird. Soziale Psychotherapie unterscheidet folgende Dimensionen und interveniert in allen Ebenen der intrapersonellen, interpersonellen und sozioökonomischen Dimension. Abbildung 7 führt die drei Interventionsebenen auf, die dafür notwendigen Kompetenzen, eine Auswahl dahinter stehender Ansätze, Theorien, Konzepte sowie beispielhafte Verfahren und Methoden.

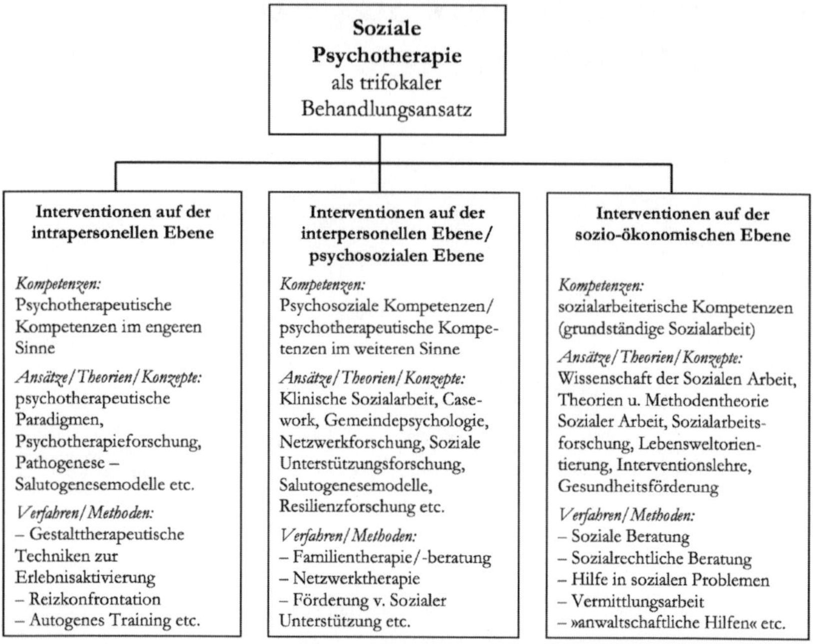

Abb. 7: Trifokales Behandlungsmodell Sozialer Psychotherapie

7.1.2 Methodenübergreifender Ansatz

Des Weiteren beschränkt sich ein trifokaler Ansatz als psychotherapeutisches Verfahren nicht auf die von Rauchfleisch vorgeschlagene Psychoanalyse, sondern ist offen für die anderen psychotherapeutischen Ansätze, die die Ergebnisse der modernen Psychotherapieforschung integrieren. Im Sinne von Orlinsky (1999) sollte man als Therapeut von »many masters« lernen, damit der Klient/Patient die für ihn richtige Methode erhält.

7.1.3 Indikationen

Im Anschluss an Rauchfleisch hat die Soziale Psychotherapie die »Hard-to-reach«-Adressaten im Fokus. Er beschreibt diese Menschen in psychosozialer Not wie folgt:

> »In vielen sozialen, psychiatrischen und psychologischen Institutionen und Praxen haben wir Menschen vor uns, die mit großen sozialen Schwierigkeiten kämpfen und zugleich schwere psychische Störungen aufweisen. Damit sind nicht ursprünglich gesunde Persönlichkeiten gemeint, die beispielweise aufgrund von Langzeitarbeitslosigkeit sekundär psychisch erkranken. Es geht [...] vielmehr um die – zahlenmäßig keineswegs kleine – Gruppe von Klientinnen und Klienten, die bereits primär erhebliche Störungen aufweisen und sich, dadurch bedingt, in vielfältige soziale Schwierigkeiten verstricken. Das Charakteristische bei ihnen ist, dass es im Verlauf der Jahre zu einer unheilvollen Verquickung zwischen psychischen und sozialen Problemen und zu einer zunehmenden Eskalation beider Störungsbereiche kommt« (Rauchfleisch 2006, S. 4).

Eine bifokale Behandlung ist nach seiner Auffassung nötig, da sich bei dieser Klientel, die Rauchfleisch vorschwebt, beide Dimensionen, die soziale und die psychische, virulent potenzieren und man oft nicht mehr zu differenzieren weiß, welches Problem vorrangig zu behandeln sei.

> »Dabei fällt es in der Regel schwer zu entscheiden, ob die Verschärfung der sozialen Probleme Grund für die Zunahme der psychischen Störungen ist, oder ob die Ursache für die Eskalation der sozialen Probleme vor allem bei den psychischen Schwierigkeiten dieser Menschen zu suchen sind. Diese Frage läßt sich – wenn überhaupt – nur in der ganz konkreten Situation eines bestimmten Klienten beantworten. Oft gelingt es uns aber beim besten Willen nicht, die Ursache und Wirkung eindeutig zu identifizieren. Wir müssen vielmehr im Sinne der Systemtheorie [...] von einer engen Wechselwirkung zwischen der sozialen Realität und den psychischen Symptomen ausgehen, die je Ursache und Wirkung zugleich ist« (Rauchfleisch 1996, S. 81).

In Abgrenzung zu Rauchfleisch hat die Soziale Psychotherapie jedoch nicht nur die »schweren Fälle« im Fokus, auch wenn sie einen Schwerpunkt der Praxis bilden, sondern ist für alle Fälle spezialisiert, »wo ein Krankheitsgeschehen als ein ursächlich durch soziale und psychosoziale Faktoren (mit-)bedingter Prozess verstanden werden kann« (Pauls 2004, S. 198f.), oder es durch primär somatische oder psychologische Faktoren zu Störungen gekommen ist und infolgedessen psychosoziale Begleit- oder Folgeschäden entstehen. Da, wie bei den Pathogenesemodellen deutlich wurde, nahezu immer psychosoziale Faktoren bei der Ätiologie von Erkrankungen eine Rolle spielen, ist Soziale Psychotherapie nahezu bei jeder psychischen und psychosozialen Störung indiziert. Ressourcenorientierung trägt maßgeblich zu einem guten Outcome von Therapie bei, und bei diesem Ansatz sind Sozialarbeiter Spezialisten, sodass für eine zu starke Verengung der Indikationsgruppen Sozialer Psychotherapie keine Notwendigkeit besteht, wenn es auch Schwerpunktzielsetzungen gibt.

7.1.4 Trifokale Behandlungsstrategie als eine Variante der Sozialen Psychotherapie

Dieser trifokale Ansatz stellt nur eine Art Rahmen für die Soziale Psychotherapie dar. Andere Schwerpunktsetzungen sind denkbar, beispielsweise eine rein auf die interpersonelle Ebene konzentrierte Soziale Psychotherapie wie die Systemische oder Wachstumsorientierte Familientherapie (Ansatz von Satir). Familientherapie gilt nach der internationalen Definition der Sozialen Arbeit als eine ihrer Methoden, und die Lösung von zwischenmenschlichen Problemen wird als ein primäres Ziel proklamiert (vgl. International Federation of Social Workers).

7.1.5 »Direct Practice«: Setting

Soziale Psychotherapie erfolgt in »Direct Practice«, d.h. überwiegend in der dirketen Arbeit mit dem Klienten/Patienten und seinen Angehörigen, in Einzel-, Gruppen- und Familientherapie. Soziale Psychotherapie, wie in der medizinischen Rehabilitiation Suchtkranker, findet auch im stationären, ganztätig ambulanten Bereich statt, sodass die Methoden vielfach kombiniert angewandt werden. Es ist gerade eine Stärke Sozialer Psychotherapie, Gruppentherapien anbieten zu können, da Soziale Arbeit einerseits auf eine lange gruppenspezifische Professionalisierung schauen kann. Andererseits werden in der Praxis in nicht-therapeutischen Arbeitsfeldern Gruppen durch Sozialarbeiter angeboten, sodass frühzeitig Praxiswissen akquiriert werden kann. In Rahmen von therapeutischen Zusatzausbildungen in den Verfahren der Humanistischen Psychologie, und viele der Absolventen sind Sozialarbeiter, werden Theorien und Methodik in der Gruppentherapie gelernt. Gruppentherapien sind in vielen Indikationsbereichen, insbesondere in der Suchtarbeit, das Setting der Wahl.

Sozialraumbezogene, strukturverändernde Strategien gehören nur am Rande zu den Tätigkeitsfeldern der Sozialen Psychotherapie. »Zwar ist diese Ebene nicht primär den klinischen Arbeitsformen zuzurechnen, doch wird die sozialklinische Fachkraft nicht selten im Rahmen ihrer Fallarbeit mit Problemen auf dieser Ebene konfrontiert« (Pauls 2004, S. 201). Da aber Soziale Psychotherapeuten in der Regel in Institutionen tätig sind, sind sie, wie bereits erwähnt, auch in patientenmittelbare Tätigkeiten wie Gremienarbeit involviert und sind hier engagiert, um zur Besserung der strukturellen Rahmenbedingungen für ihre Klientel beizutragen.

Aus der Praxis der Sozialen Arbeit kommend, wäre es denkbar, den »Ort der Behandlung« nicht nur im institutionellen Rahmen zu belassen, sondern in gewissen indizierten Fällen sogenannte »Hausbesuche« durchzuführen. Vorstellbar wären beispielsweise Anamnesegespräche in der direkten Lebenswelt der Klienten/Patienten. Was für die Sozialpsychiatrischen Dienste, für die Sozialpädagogischen Familienhilfen selbstverständlicher Alltag ist, wäre für das sozial-psychotherapeutische Setting meines Wissens Neuland. Die Lebenswelt der »Hard-to-reach«-Adressaten und der Sozialen Psychotherapeuten liegen oft weit auseinander. Hausbesuche könnten ein erweitertes Verständnis für die Klientel bringen. Klienten/Patienten, denen es oft auch schwerfällt, ihre Sachverhalte zu verbalisieren, würden somit möglicherweise Entlastung erfahren und sich besser verstanden fühlen. Dies wäre ein sicher spannendes Forschungsfeld. Natürlich wären hier auch Probleme der Nähe-Distanz zwischen Therapeuten und Klienten/Patienten zu beachten.

7.1.6 Ziele und Wege in der Sozialen Psychotherapie

Mit ihrem weitgefassten Therapiebegriff benötigt die Soziale Psychotherapie unterschiedlichste Zielrichtungen. Eine Orientierung geben hier die von Petzold, Scheiblich und Thomas definierten Ziele und therapeutischen Wege für die Drogentherapie. Sie benennen hier:

- die Heilung (curing),
- die Bewältigung (coping),
- die Stütze (support),
- die Erweiterung des persönlichen »Blicks« und der Verhaltensmuster (enlargement),
- Verbreiterung des Erlebnishorizontes/Lebensgestaltung (enrichment) und
- Selbstbestimmung (empowerment).

Die Wege der Heilung und Förderung werden in der Integrativen Therapie wie folgt spezifiziert:

- Erster Weg: Bewusstseinsarbeit – Sinnfindung, Einsicht
- Zweiter Weg: Nachsozialisation – Grundvertrauen, emotionale Differenzierung
- Dritter Weg: Erlebnisaktivierung – Persönlichkeitsentfaltung
- Vierter Weg: Solidaritätserfahrung und alltagspraktische Hilfen (vgl. Petzold/Scheiblich/Thomas 2006, S. 87ff.)

7.1.7 Fallvignetten

Das folgende Fallbeispiel aus der Suchttherapie soll kurz den trifokalen Ansatz illustrieren. Dabei werde ich mich auf eine kurze Therapiesequenz beschränken und die anamnestischen Daten rudimentär aufführen. Auf eine biografische Anamnese wird in diesem Rahmen verzichtet, wobei die Erhebung der Lebensgeschichte und die Bearbeitung dieser initial natürlich einen Schwerpunkt in der Rehabiliation darstellte.

> *Fallbeispiel I*
> Herr M., ein 45 Jahre alter Mann, befindet sich zur stationären Entwöhnungsbehandlung für den Indikationsberich Alkohol- und Medikamentenabhängigkeit in einer Suchtabteilung eines Fachkrankenhauses.
>
> Bei der *Aufnahme* beklagt er, dass er nach langjähriger Heroinabhängigkeit auf Alkohol umgestiegen sei. Er habe die Kontrolle über den Alkohol vollkommen verloren, spüre eine zunehmende persönliche Veränderung bei sich in dem Sinne, als er sich schlecht konzentrieren könne, seine Stimmung sehr gedrückt sei und er stellenweise eine starke Wut in sich spüre. Letzter Aspekt sei zwar schon länger da, habe sich aber intensiviert. Früher habe er keine großen Probleme mit Alkohol gehabt. Drogen in Form von Heroin (auch intravenös) konsumiere er bereits seit seiner Jugend. Er habe auch Cannabis, Kokain, Amphetamine etc. in hohen Dosen eingenommen. Nach einer wiederholten Entwöhnungstherapie wegen der Drogen vor mehreren Jahren sei er von allen illegalen Drogen frei, aber auf Alkohol umgestiegen. In der Vergangenheit verbüßte er langjährige Haftstrafen wegen sogenannter »Beschaffungskriminalität«.

Zur sozialen Situation berichtet er, dass er vor der Aufnahme in einer »Nassen-Einrichtung« gelebt habe. Hier wurde er seit mehreren Monaten intensiv sozialarbeiterisch betreut. Mit der Unterstützung der Einrichtung habe er einen »Ein-Euro-Job« angetreten, musste diese Arbeit nach körperlichen Problemen aber wieder aufgeben, was ihn sehr belastet habe. Aktuell habe er keine Freunde, Bekannte und Verwandte, zu denen er Kontakt pflegt bzw. seien diese Kontakte im Verlaufe der Jahre abgebrochen. Mit dem »Drogenmilieu« habe er gebrochen. Eine längere Partnerschaft habe er noch nie gepflegt.

Zur Situation in der Klinik: Herr M. konnte sich schnell einleben, fasste Kontakte zu seinen Mitpatienten und wirkte in der Therapie engagiert. Im Kontakt zum therapeutischen Personal wirkte er zunächst angepasst, konnte aber sukzessive Vertrauen aufbauen und wirkte zunehmend authentischer im Kontakt. Auffallend waren eine gute Introspektionsfähigkeit, Problemeinsicht und die Fähigkeit, wohlwollend auf seine Mitpatienten einzugehen. Er gab konstruktive »Feedbacks«, achtete auf die Grenzen seines Gegenübers, war in der Lage, auch konstruktive Kritik zu geben – nach einem langen Leben in prekären Lebenslagen eine gute Ressource. Spaß entwickelte er auch an unserer Sporttherapie, trotz chronischer Vorerkrankungen zeigt er eine gute körperliche Fitness.

Zur Therapiesequenz: Herr M. kam aufgebracht, wütend zu mir in die Einzeltherapie. Hintergrund war, dass er seit zwei Monaten auf sein Geld von einer Behörde wartete. Zu Beginn der Therapie war der Patient im Rahmen der Einzeltherapie von mir in sozialrechtlichen Belangen beraten und auch in der Durchsetzung seiner sozio-ökonomischen Angelegenheiten unterstützt worden. Stellenweise, als der Patient zu Beginn der Rehabilitation unter kognitiven Problemen und einer eingeschränkten Frustrationstoleranz litt, hatte ich auch in seiner Anwesenheit mit den entsprechenden Behörden telefonischen Kontakt aufgenommen. Parallel in der von mir geleiteten Gruppentherapie wurde im Rahmen von Rollenspielen/Sozialem Kompentenztraining an seinen Fähigkeiten und Fertigkeiten gearbeitet, um hier schnell Autonomie zu fördern und persönliche Ressourcen zu stärken. Dem Patienten gelang dies auch zunehmend.

In der besagten Stunde war er deshalb so aufgebracht, weil man ihm telefonisch mehrfach schon sein Geld zugesichert hatte. Er zitterte förmlich am ganzen »Leibe«, gab an, dass er am liebsten seine Ansprechpartner dort verprügeln würde. Er sprach auch ein starkes »Craving« (Suchtdruck; seltener auch: Substanzverlangen) an, welches so oft im Rahmen dieser Probleme *im sozio-ökonomischen Bereich* auftritt.

Zunächst ließ ich dem Patienten freien Raum, seinem Ärger Luft zu machen, den ich gut nachvollziehen konnte, da ich mit demselben Ansprechpartner auf oft ähnliche Erfahrungen gestoßen war wie der Klient (dieses Einfühlen in die Problematik war aber erst dadurch möglich, dass ich auch *sozialarbeiterisch intervenierte*). Mit Herrn M. wurde dann ein kurzes Telefonat vorbereitet, in Form eines kleinen Rollenspiels, welches er auch dann gut selber umsetzen konnte. Er blieb trotz seiner starken Affekte in der Gesprächsituation sachlich, bestimmt und wurde nicht ausfallend wie häufig in der Vergangenheit. Nach diesem Training im Bereich der Sozialen Kompetenz und der Arbeit auf der *interpersonellen Ebene* (wobei sie sich klar durchmischte mit der genuinen sozialarbeiterischen Intervention) wurde in der gleichen Stunde mit dem Patienten der Fokus auf den *intrapersonellen Bereich* gesetzt. Da der Patient nach dem Telefonat mit der Behörde unter starkem Druck stand und Craving angab, eröffnete ich ihm die Möglichkeit, sich mit gestalttherapeutischen Techniken im weitesten Sinne zu entlasteten. Dieser Fokuswechsel konnte aber nur auf Basis einer tragfähigen therapeutischen Beziehung erfolgen und im Rahmen eines vollstätionären Settings mit viel Unterstützungspotenzial. Herr M. konnte sich mit einem sogenannten »Lolipopschläger«, einem Schläger aus Hartschaumstoff (vergleichbar in der Form mit einem Tennisschläger), entlasten, indem er ihn auf einen Stuhl schlug. Wichtig ist, dass die Schläge auch mit Worten oder Schreien begleitet werden, denn dies erhöht den kathartischen Effekt und evoziert biografisches Material. Dies führte zum einen zu einer körperlichen Entlastung, und der Patient kam zum anderen in Kontakt mit einer alten Szene aus seiner Vergangenheit, in der er Demütigungen erfahren hatte. Diese konnte dann in den weiteren Stunden aufgearbeitet werden, wobei parallel weiterhin an seinen sozialen Ressourcen gearbeitet wurde.

Das Beispiel zeigt, dass hier die Situation im sozio-ökonomischen Bereich und die Aufarbeitung einen Weg, eine Ausgangsbasis für eine vertiefte intra- und interpersonelle Auseinandersetzung bereitete. Mit einer künstlichen Trennung von sozialarbeiterischen Interventionen und der Intervention im psychischen und psychosozialen Bereich wäre diesem Klienten nicht geholfen worden. Das soziale Geschehen bot einen Zugang zu seinen nicht bewussten Anteilen. Der Interventionswechsel erfolgte in diesem Beispiel innerhalb einer Therapiestunde, vorstellbar ist auch eine nacheinander erfolgende Bearbeitung, wie das Fallbeispiel II zeigt. Während wir im ersten Fallbeispiel eher einen Menschen sehen, der in die Gruppe der Patienten mit einer sogenannten »primären Störung« nach Rauchfleisch fiel, würde Herr B. (Fallspiel II) eher nicht in die Kategorie der Patienten/Klienten fallen, die Rauchfleisch im Blick hatte (sekundäre Störung), hätte aber meiner Auffassung nach trotzdem von einer trifokalen Behandlungsweise profitieren können.

Fallbeispiel II

Herr B., Anfang 40, kam zu seiner ersten stationären Entwöhnungsbehandlung auf eine Station für medizinische Rehabilitation für Alkoholabhängige. Bei der *Aufnahme* berichtete er, dass er vor mehreren Monaten seine erste stationäre Entzugsbehandlung gemacht habe. Er sei anschließend nur kurz abstinent geblieben, die stationäre Therapie habe nicht angeschlagen. An seiner Arbeitsstelle, wo er in einer Werkstatt als Facharbeiter tätig sei, sei er dann mit »Alkoholgeruch« aufgefallen. Der bei Herr B. festgestellte »Restalkohol« habe zu keinen Konsequenzen am Arbeitsplatz geführt – dies ist sicher dem geschuldet, dass er als guter, motivierter Arbeiter geschätzt wird und sich nie etwas zuschulden kommen lassen hat. Er habe sich dann dennoch an die Suchtberatung seines Betriebes gewandt. Man legte Herrn B. eine stationäre Behandlung in der Fachklinik nahe. Er berichtete weiter, dass er zuletzt bis zu acht Liter Bier getrunken habe. Der Konsum habe sich über einen langen Zeitraum hinweg ohne für ihn ersichtliche Gründe gesteigert. Nennenswerte Konflikte und Probleme könne er nicht aufführen. Er fühle sich am Arbeitsplatz wohl, ist hier seit der Ausbildung beschäftigt und anerkannt. Er sei gleichermaßen bei seinen Kollegen und Vorgesetzten angesehen. Zuletzt wurde ihm auch eine Leitungsposition angeboten.

Herr B. war im Kontakt freundlich zugewandt, wirkte aber aufgrund seines zunehmenden Alkoholabusus irritiert, diesbezüglich war er nahezu sprachlos. Trotz guter affektiver Schwingungsfähigkeit blieb der Zugang zu eigenen Gefühlen im Hinblick auf seine Alkoholabhängigkeit deutlich reduziert. Um seine aktuelle Lebenssituation, seine Persönlichkeit und seine Identität zu erfassen, wurde Herr B. motiviert und aufgefordert, eine bildliche Darstellung seiner »fünf Säulen der

Identität« zu erstellen. Petzold (1993b, S. 275ff.) unterscheidet hier fünf Dimensionen der Identität, die im Sinne einer Diagnostik erhoben werden können. Diese können verbal erhoben werden oder, wie in diesem Falle, der Patient/Klient wird angeregt, ein Bild zu den fünf Dimensionen zu zeichnen. Die eher kreative Variante bedarf zum einen einer inneren Aufgeschlossenheit des Patienten zu diesem Medium und einer soliden Einführung des Therapeuten. In der Regel stimme ich die Klienten mit »kleinen« Vorübungen auf diese Technik ein.

Leiblichkeit: Die Säule Leiblichkeit wurde von Herr B. als fragile Identitätsdimension dargestellt. Es zeigte sich ein Raubbau durch den chronischen Alkoholabusus am eigenem Körper/Leib, ferner zunehmende Befürchtungen vor einem weiteren somatischen »Verfall«.

Soziales Netzwerk: Das Soziale Netzwerk wurde als »Fundament« seiner Identität gezeichnet. Herr B. berichtete, dass er über einen großen Freundes- und Bekanntenkreis verfüge. Das Verhältins zu den Kollegen wurde auch als tragfähig beschrieben. Herr B. ist ein Mensch, der eine »gewinnende Art« hat. Insgesamt zeigte er adäquate Kommunikationsfähigkeiten. Zuletzt habe er sich jedoch sukzessive, aufgrund von Schamgefühlen, zurückgezogen. Ein Vakuum zeigte sich beim Thema Partnerschaft.

Arbeit, Leistung, Freizeit: Herr B. identifizierte diesen Identitätsbereich ebenfalls als tragfähige Säule. Im Berufsleben habe er sich immer ausgefüllt gefühlt. Seine aktuelle berufliche Beschäftigung würde ihm nach all den Jahren noch Freude bereiten. Er sei auch mit Stolz erfüllt, dass man ihm die Position des Schichtleiters in Aussicht gestellt habe.

Seine Freizeitgestaltung habe durch die Sucht stark gelitten. Zuletzt habe er nur Bier getrunken und Musik »konsumiert«. In der Vergangenheit habe er in seiner Freizeit viel mit Freunden unternommen.

Materielle Sicherheiten: Dieser Identitätsbereich ist stark in Mitleidenschaft gezogen. Mit Scham berichtete er, dass er sich in letzter Zeit finanziell übernommen habe. Er habe sich stark verschuldet und diesbezüglich den Überblick verloren. Die näheren Umstände bleiben bei der Besprechung des Bildes unklar. Bei seiner Narration wirkte er eigentümlich betroffen, eine Atmosphäre der Sprachlosigkeit breitete sich aus.

Werte und Normen: Durch den sozialen Rückzug sei dieser Identitätsbereich »verkümmert. In der Vergangenheit sei er in der Jugendarbeit ehrenamtlich aktiv gewesen gewesen. Das »Soziale« habe für ihn eine besondere Bedeutung gehabt.

Im Weiteren berichte ich über eine kurze *Therapiesequenz*, in der die *intrapersonelle* und die *sozio-ökonomische Dimension* im Vordergrund standen. Die interpersonelle Ebene wurde erst im weiteren Behandlungsverlauf angesprochen, als er eine Partnerschaft eingegangen war. Nachdem in der initialen Phase der Behandlung die Bearbeitung der biografischen und suchtspezifischen Anamnese im Vordergrund stand, wurde im Weiteren das Thema Schuldenregulierung bedeutsam. Zunächst imponierte, dass die Stimmung von Herrn B. sich zunehmend depressiv »eintrübte«. Er wurde ruhiger, brachte sich nicht mehr mit eigenen Themen in die Gruppentherapie ein. Bei der näheren Besprechung in der Einzeltherapie zeigte sich ein Patient, der zunehmend mit einer depressiven Symptomatik auf seine ungekläre Schuldensituation reagierte. Ausgelöst wurde die Niedergeschlgenheit durch ein Schreiben seiner Bank, in dem man ihn aufforderte, mit ihnen in Kontakt zu treten. Dies löste bei ihm größte Ängste und Sorgen aus, da er befürchtete, dass man ihm den Dispositionskredit einschränken könnte und er dadurch bedingt seinen finanziellen Verpflichtungen nicht mehr nachkommen könnte. Es setzten Katastrophenfantasien ein vor einem sozialen »Absturz« (Gerichtsvollzieher, Wohnungsverlust etc.). Er hatte das Schreiben zunächst nicht geöffnet und mit Passivität reagiert. Den Hintergrund bildeten stärker werdende Gefühle der Scham. Er entwertete sich selbst, betitulierte sich als Versager. Normalerweise würde er sonst seinen Verpflichtungen immer nachkommen. Gerade im Arbeitsfeld sei er immer korrekt gewesen, habe in schwierigen Situationen den Überblick behalten und sei als Organisationstalent bekannt. Er habe Arbeitsprobleme angepackt und sei immer direkt auf Leute zugegangen. Und dies bis zuletzt, also auch in seiner akuten Trinkphase. Aus der Scham heraus falle es ihm jetzt schwer, auf die Bank zuzugehen.

Herr B. verfügt über ausreichende Ressourcen, d.h. ädaquate soziale Kompetenzen, auf die er aber aktuell im privaten Bereich jedoch nicht zugreifen konnte. Es ging nun um die Er- und Bearbeitung des Problems, um die Re-Aktivierung von Ressourcen und um emotionale Entlastung. In einer Therapiestunde wurde der gesamte »Schuldenberg« auf ein Plakat aufgeschrieben. Durch die »Visualisierung« fühlte sich Herr B. unmittelbar entlastet, da er nun sah, dass die Schuldensituation nicht so groß war, wie zunächst angenommen. Es zeigte sich, dass er in der Lage sein könnte, die Schulden trotz knapperer materieller Ressourcen abzutragen. In den darauffolgenden Einzeltherapiestunden wurde sukzessive das weitere

Prozedere besprochen. Er erwog zunächst, eine Schuldnerberatungsstelle zu konsultieren. Dies schien in seinem Falle jedoch aus meiner Sicht nicht indiziert, da es nur eine Verschiebung von Verantwortung bedeutet hätte. Vielmehr ging es darum, seine vorhandenen Ressourcen behutsam zu aktivieren und ihm Möglichkeiten des Handelns aufzuzeigen und in Rollenspielen einzuüben *(interpersonelle Ebene)*. Herr B. konnte sich nach anfänglichen Bedenken auf Rollenspiele im Rahmen eines sozialen Kompetenztrainings einlassen und alte Ressourcen wiederentdecken.

Es gelang dann auch ein Transfer des in der Behandlung Gelernten ins Private. Er suchte nun offensiv das Gespräch mit dem Geldinstitut. Er konnte seine Interessen einbringen und fand mit seiner Bank eine realistische Finanzlösung. In den weiteren Gesprächen wurden die gemachten Erfahrungen, die Verwirrungen, die Blockierungen und der Umgang damit reflektiert und analysiert *(intrapersonelle Ebene)*.

Die »Schuldenregulierung«, also die Bearbeitung der sozio-ökonomischen Ebene, war in diesem Falle für das »Therapie-Outcome« von primärer Bedeutung, die anderen Ebenen der Bearbeitung erfolgten eher flankierend. In einer eher psychologisch orientierten Psychotherapie hätte man eventuell auf eine Schuldnerberatungsstelle verwiesen und sich eher primär auf die depressive Symptomatik konzentriert. Die direkte professionelle Soziale Unterstützung in dieser lebenspraktischen Form, unmittelbar begleitet mit psychologischen Interventionen, ist meiner Auffassung aber für einen Behandlungserfolg oft unerlässlich. Soziale Psychotherapeuten sind für diese Interventionsstrategien prädestiniert, da sie in beiden Kontexten »beheimatet« sind. Petzold hat diese Formen der Intervention wie folgt gewürdigt und bezieht sich dabei auf Wirkfaktor-Hilfen bei der realitätsgerechten, praktischen Lebensbewältigung/Lebenshilfe: »Wo immer es Therapeuten gelingt, die Probleme ihrer Patienten ernst zu nehmen und ihnen für die Lösung dieser Probleme […] Hilfen für realitätsgerechte Lösungen an die Hand zu geben, gelingen therapeutische Beziehungen« (Petzold 1993b, S. 316).

7.2 Psychosoziale Diagnostik im trifokalen Behandlungsansatz Sozialer Psychotherapie

»Diagnostische Verfahren haben m.E. zwei Funktionen zu erfüllen: In einem ersten Schritt müssen sie durch ihre Konstruktion, durch die Logik und die

> Anforderungen des Verfahrens, zur Komplexitätsgewinnung beitragen, d.h., sie müssen der Erschließung nicht-naheliegender Informationen dienen. Sie leisten das i.d.R. dadurch, dass sie eine gewisse Systematik beinhalten, die quer zur Ablauflogik eines normalen Gesprächs oder der pragmatischen Alltagslogik liegt. In einem zweiten Schritt können dann aufgrund der so gewonnenen strukturierten Datenlandschaft Entscheidungen getroffen werden – i.d.R. Entscheidungen über eine Interventionsstrategie« (Pantucek 2009, S. 23).

7.2.1 Grundsätzliche Aspekte zu einer psychosozialen Diagnostik

Diagnostik in der Sozialen Arbeit hat, wie in Teil I dieser Arbeit deutlich wurde, eine lange Tradition und war maßgeblich mit der Professionalisierung dieses Berufstandes verbunden. In Deutschland fand durch den Nationalsozialismus und durch die Methodenkritik ab den 1960er Jahren die Methodenwissenschaft und die damit verbundene Diagnostik der Sozialen Arbeit ein vorzeitiges Ende. Obwohl die Kritik sich überwiegend an das normorientierte Konzept der Medizin richtete, kam damit jede sonstige Diagnostik im Kontext Sozialer Arbeit in Misskredit (vgl. Kling-Kirchner 2005, S. 58f.).

Der Begriff »Diagnose«, so hat Salomon deutlich gemacht, war damals ein moderner Begriff, der als eine Erweiterung des als zu eng an die Justiz und Polizei gebundenen Terminus »Ermittlung« oder »Recherche« zu verstehen war. Die Einführung der Sozialen Diagnose deutete auf eine veränderte, professionalisierte Haltung in der Sozialen Arbeit hin, weg von einer eher an Kontrollmechanismen gebundenen Armenfürsorge (vgl. Kapitel 2.2.1). Mit der Sozialen Diagnose ging es nun darum, dem Menschen und seine unmittelbare Umwelt zu erfassen, zu verstehen und entsprechend aus dieser Diagnose heraus einen Behandlungsplan zu erstellen. Die Sozialfürsorgerin

> »hat Tatsachen und Symptome zusammenzutragen, ihre Bedeutung im einzelnen zu bewerten. Sie kann nicht ihr Gesamturteil aus einer Addition aller Feststellungen ableiten, sondern muß Aussagen, Urteile, Beobachtungen gegeneinander abwägen, um einen Menschen und seine Lage richtig zu beurteilen. Dies allein setzt sie in die Lage, einen brauchbaren Plan für die Beseitigung der Nöte oder Schwierigkeiten zu machen« (Salomon 1926, S. 2).

Diagnostik wird somit zu einer Voraussetzung der Intervention. Für Pauls ist sie ein Kernelement der Behandlung. Diagnostik kann bereits eine erste heilsame Intervention darstellen (vgl. Pantucek 2009, S. 15ff.). Wronsky und Kronfeld haben den Ansatz von Salomon weiterentwickelt und die drei zentralen Elemente der Sozialen Diagnose, die heute noch eine Allgemeingültigkeit für die Soziale Arbeit und ihre Subdisziplinen haben, herausgestellt. Es geht hier um die Diagnose der Persönlichkeit, der Umwelt und der Wechselbeziehung zwischen dem Individuum und seinem Umfeld (vgl. Wronsky/Kronfeld 1932, S. 46ff.; vgl. auch den Anhang: Abbildung 11). Zwischenzeitlich zeichnet sich ein Trendwechsel in der Sozialen Arbeit in Bezug auf die Diagnostik ab, die zum einen aus der Entwicklung der Klinischen Sozialarbeit heraus zu verstehen ist. Zum anderen entwickeln sich Verfahren aus dem Bereich der Hermeneutik, die zunehmend auch in die Klinische Sozialarbeit Eingang finden (vgl. Pantucek 2009; Hauper 2002; Hanses 2002; Kraimer 2002). Bevor im Weiteren einzelne ausgewählte diagnostische Verfahren kurz skizziert werden, soll ein allgemeiner Überblick der Diagnostik gegeben werden. Ich orientiere mich für den psychotherapeutischen Bereich an Osten (2000) und bezüglich der sozialarbeiterischen Seite an Haye und Kleve (2005). Schwerpunkt sind die Verfahren, die aus der (Klinischen) Sozialen Arbeit kommen, und die Fragestellung, wie diese in die Praxis Sozialer Psychotherapie integriert werden können.

Osten differenziert drei Formen der Diagnostik, nämlich die klassifikatorische, die ätiologische und die therapierelevante. Tabelle 14 zeigt Dimensionen der psychotherapeutischen Diagnostik, die als Rahmen für die Soziale Psychotherapie gelten können.

Klassifikation	Ätiologie	Indikation
Integrierte Statusdiagnose: • Aufnahmegrund, aktuelle psychosoziale Problemlage • Psychosoziale Diagnostik (Kontext und Interpersonelle Diagnostik) • Kontinuum: Gesundheit–Krankheit • Persönlichkeitsdiagnostik (intrapersonelle Diagnostik) etc. Multiaxiale Diagnostik nach ICD-10*	Integrierte ätiologische Diagnostik • Diagnostik der pathogenen Milieus (prävalente) • Phänomenologische und strukturale Diagnostik • Psychodynamische und lerntheoretische Diagnostik • Ätiologische Perspektiven etc.	Interventionsanalyse–Prozessanalyse • Übertragungsanalyse • Gegenübertragungsanalyse etc.

Tab. 14: Mehrperspektivische Verfahren in der psychotherapeutischen Diagnostik; vgl. Osten 2000, S. 476ff.
** International Statistical Classification of Diseases and Related Health Problem. 10. Revision.*

In einer etwas modifizierten Fassung führt Osten fünf Module einer integrativen psychotherapeutischen Diagnostik auf. Hier werden die unter Kapitel 6 aufgeführten Grundzüge einer Sozialen Psychotherapie in die Diagnostik implementiert:

- Psychosoziale Anamnese
- Klassifikation nach ICD bzw. DSM
- Ätiologische Diagnostik (Defizite, prolongierte Mangelerfahrung, Konflikte, maligne Lernerfahrungen, Überforderung und zeitextendierter Stress, Traumatisierungen, sozial-ökologische Einflüsse
- Ressourcen- und Resilienzanalyse
- Therapieplanung (vgl. Osten 2007, S. 205)

Haye und Kleve erweitern den klassischen methodischen Dreischritt in der Sozialen Arbeit von Anamnese (Vorgeschichte), Diagnose (Beurteilung, Erkenntnis im Sinne von kausalen Zusammenhängen/Ätiologie) und Behandlung. Mit anderen Worten ausgedrückt: Die phänomenalen, kausalen und aktionalen Erkenntnisinteressen werden um drei Punkte zu sechs Schritten einer helfenden Kommunikation erweitert:

- Kontextualisierung: Biopsychosoziale Probleme des Klienten können nur im sozialen Kontext verstanden und gelöst werden (systemische Sichtweise). Der soziale Kontext bezieht sich in der Regel auf die Bereiche Lebenswelt/familiärer Kontext, sozioökonomischer Kontext und Hilfesystem-Kontext.
- Problem- und Ressourcenanalyse/Diagnose: Warum besteht dieses Problem und wo liegen die Ressourcen, die zur Lösung des Problems beitragen können?
- Hypothesenbildung in Bezug auf das biopsychosoziale Problem: Daraus leiten sich Behandlungsfragen ab: Wie muss gehandelt werden, um das Problem zu lösen?
- Zieldefinition und Auftragstellung: Ziele sollten klar definiert werden, konkret und überschaubar sein. Ferner sollten sie positiv formuliert werden, und es stellt sich die Frage, wer was wie klärt.
- Handlungsplan,
- Evaluation (vgl. Haye/Kleve 2005, S. 77ff.).

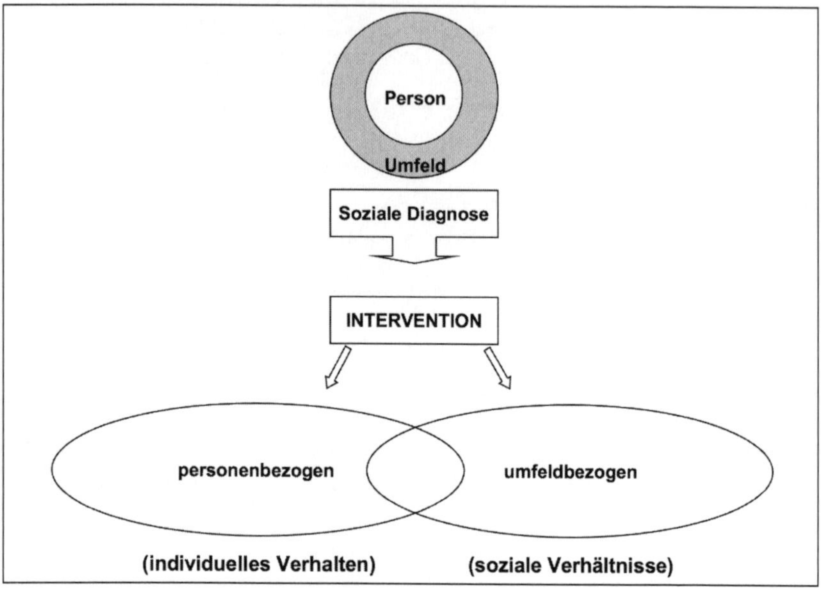

Abb. 8: Doppelter Fokus der Diagnose; Quelle: Geißler-Piltz, S. 2

7.2.2 Kontinuumsanalyse/hermeneutisches Fallverstehen

Der Begriff der Kontinuumsanalyse stammt meiner Kenntnis nach von Petzold und fokussiert den diagnostischen Blick auf die Lebensgeschichte des Klienten/Patienten (»lifespan-development approach«). Beachtet werden hier die prävalenten pathogenen Milieus, kritische Lebensereignisse in der »Zeitachse« (vgl. Petzold 1993b). Neben Gesprächstechniken zur Erhebung der »lebensgeschichtlichen Daten« können hier auch kreative Techniken eingesetzt werden. Osten nennt unter anderem Techniken mit Jaxon-Kreide, mit Tonerde, mit Fotografien und mit dem »leeren Stuhl«. Diese können meiner Einschätzung nach auch durch Rollenspiele, durch Arbeit mit Puppen und vielen anderen Materialien durchgeführt werden. Osten betont, und dies ist auch meine Erfahrung in der Praxis mit Suchtkranken, dass diese Techniken zum Teil ein sehr tiefes, regressionsförderndes Potenzial haben und streng indikationsspezifisch angewandt werden müssen. Meiner Erfahrung nach müssen Patienten auch auf die Techniken behutsam mit »kleinen Vorübungen« vorbereitet werden, und es bedarf eines gewissen Vertrauens zum Therapeuten. Es empfiehlt sich des Weiteren, diese Techniken in der Regel erst in einer späteren Behandlungsphase einzusetzen, um einen neuen Prozess, falls indiziert, anzustoßen bzw. zu vertiefen (vgl. Osten 2000, S. 430ff.).

Aus dem Bereich der Sozialen Arbeit haben sich Ansätze zum Fallverstehen entwickelt, »denen es um das Verstehen und die Interpretation der Wirklichkeit als einer von handelnden Subjekten sinnhaft konstruierten und intersubjektiv vermittelten Wirklichkeiten geht« (Wensierski/Jakob 1997, S. 9). Es geht letztlich darum, rekonstruktive Methoden der qualitativen Sozialforschung für die sozialarbeiterische/sozialpädagogische Praxis zu gewinnen. Die meisten Verfahren setzen sich mit der Konstruktion von Biografie auseinander. Der Adressat soll seine Lebensgeschichte selber »enträtseln« und diese ihm dadurch verstehbar werden. Hier zeigt sich eine gewisse Nähe zu der tiefenpsychologischen/biografischen Anamnese der Tiefenpsychologischen Ansätze. Diese Nähe ist auch aus Traditionslinien dieses hermeneutischen Forschungszweiges zu verstehen, der Psychoanalytischen Pädagogik. Nach Galuske hat einzig das Verfahren der ethnografischen Biografieforschung bzw. der narrativen Interviewstrategien den Versuch eines Praxistransfers in die Soziale Arbeit gestartet. Als Verfahren orientieren sie sich am symbolischen Interaktionismus und der »Chicagoer Schule«. »Die zentrale Grundannahme ist dabei die der prinzipiellen Fremdheit einer biographischen Figur und Konstruktion für den externen Betrachter« (Galuske 2009, S. 214). Um Verstehen bei dieser Grundannahme zu ermöglichen, wurde das narrative Interview entwickelt. Hier erzählt der Klient sein Leben in einer Art Stehgreiferzählung, der Sozialarbeiter hat dabei die Rolle des »Prozesswächters« inne (vgl. ebd., S. 213ff.).

2002 haben mehrere Autoren in dem Band zur Klinischen Sozialarbeit von Dörr Ansätze aus dieser Methodenrichtung für die Klinische Sozialarbeit vorgestellt (vgl. Dörr 2002b). Haupert (2002) versucht mittels der objektiven Hermeneutik nach Oevermann einen eigenen Zugang zu den Adressaten zu schaffen, um »das soziale Netz lebensweltlicher Pathologien zu entziffern« (Dörr 2002a, S. 6). Kraimer (2002) stellt, ebenfalls im Rückgriff auf die objektive Hermeneutik, für die Klinische Sozialarbeit die Methode der »Mäeutik« vor. Sie wird als »geistige Hebammen-Kunst« bezeichnet und als konstitutives Element für eine Klinische Sozialarbeit vorgeschlagen. Diese Gesprächskunst eröffnet den Zugang zu Lebensproblemen der Adressaten. Hanses (2002) entwirft ein Modell der biografischen Diagnostik in der Tradition von Schütze. Die Implementierung dieses Ansatzes hätte nicht nur einen tieferen Einblick in die Lebensgeschichte zur Folge, sondern würde auch zu tiefgreifenden Veränderungen des institutionellen Rahmens der Sozialen Arbeit führen.

Meines Erachtens haben sich die Verfahren der rekonstruktiven Sozialpädagogik im klinisch-sozialarbeiterischen Alltag bislang nicht etablieren können. Aus meinem beruflichen Blickwinkel heraus kann ich sagen, dass mir kein Kollege bekannt ist, der nach diesen Verfahren arbeitet. Galuske (2009, S. 216) hat zu Recht darauf hingewiesen, dass diese aus der Forschung stammenden Ansätze nicht ohne Weiteres in die Handlungspraxis zu übertragen sind. Hierzu gäbe es auch kaum geeignete Vorschläge. Zwar gibt es Konzeptentwürfe von Schütze nach einem verkürzten Verfahren und einen Ansatz von Völzke zur biografisch-narrativen Gesprächsführung, aber es bleibt unklar, wie die Erkenntnisse aus der Biografiearbeit für Handlungsentwürfe genutzt werden können. Sie können zwar einen Beitrag zur Anamnese und Diagnostik leisten, aber es gibt keine Vorschläge, wie sich daraus Interventionen, Handlungen mit den Klienten ableiten lassen. Sympathisch finde ich den Ansatz der ethnografischen Biografieforschung aus dem Grunde, weil Patienten frei aus ihrem Leben erzählen können. Problematisch sehe ich jedoch die Rolle des neutralen Beobachters (Forschers). Therapeuten müssen gerade in der Biografiearbeit den Patienten mit einfühlendem Verstehen, mit emotionaler Stütze, mit Erklärungen zur Seite stehen, da häufig gerade bei den »Hard-to-reach«-Adressaten belastende Lebensgeschichten zutage treten können. Hier ist eine »abstinente«, neutrale Grundhaltung nicht angebracht. Galuske (ebd.) nennt ferner als Kritikpunkt an den Ansätzen des hermeneutischen Fallverstehens noch den hohen zeitlichen Aufwand. Die zeitintensiven Forschungsmethoden sind in der Praxis mit einer hohen Anzahl an Klienten kaum durchführbar. Problematisch ist außerdem der geringe Stellenwert dieser Methoden im Studium der Sozialen Arbeit sowie die theoretische »Sperrigkeit« dieser Ansätze. Die Sprache wirkt hochintellektuell und eher an Kognitionen orientiert. Dies »schreckt« meiner Einschätzung nach Praktiker ab, sich damit auseinanderzusetzen und gegebenenfalls Aspekte in der Arbeit zu adaptieren. Die Sprache, die Theorien wirken nicht »lebensnah« und sind nicht an die »Lebenswelt« der potenziellen Anwender angepasst.

7.2.3 Kontextanalyse

Der Begriff »Kontextanalyse« wird in der Regel auch im Sprachgebrauch der Integrativen Therapie benutzt (vgl. Petzold 1993b). Es wird der Fokus auf die aktuelle Situation, weniger auf die Geschichte der Problemlagen gelegt. Pantucek spricht von Diagnoseverfahren, »die die soziale ›Geographie‹ von Fällen vermessen« (Pantucek 2009, S. 123). Pantucek hat im Rückgriff auf Richmond und Salomon als einer der Ersten im deutschen Sprachraum eine Abhandlung über die Soziale Diagnose verfasst. Er stellt sie klar in den Kontext einer Sozialarbeitswissenschaft und grenzt sich gegen die psychologische Persönlichkeitsdiagnostik mit ihren komplexitätsreduzierenden Aspekten ab. Er sieht den Menschen immer in Verbindung mit seiner Umwelt. Er konzentriert sich dabei auf die »geografische« Diagnostik. Prinzipiell ist er in seinem Ansatz und Diagnostikverständnis eher gegenwarts-, als vergangenheitsorientiert. »Nicht die Genese einer Situation ist im Vordergrund des Interesses, sondern deren Veränderbarkeit. Die Ansätze zur Veränderung müssen aber unweigerlich in der Gegenwart liegen, sonst ist mit ihnen nichts anzufangen« (ebd., S. 92). Ich teile diese Auffassung in ihrer Ausschließlichkeit nicht. Die Erschließung der Genese einer Problematik kann in gewissen Fällen schon Erleichterung schaffen und Veränderungen indizieren. Dennoch halte ich die »geografische« Diagnostik für eine klinisch-sozialarbeiterische Psychotherapie für unumgänglich, und es soll hier ein Verfahren zur Illustration detaillierter aufgeführt werden. Zunächst seien jedoch die Kennzeichen einer sozialen Diagnostik nach Pantucek wie folgt aufgelistet:

»Soziale Diagnostik
- erhebt den […] Problemkontext
- ›verhandelt‹ die […] Problemdefinition mit den Beteiligten
- versucht Ressourcen aufzuspüren
- sucht nach Bearbeitungs- und Lösungsmöglichkeiten
- macht ›Wirkungen‹ und ›Nebenwirkungen‹ von Aktionen und Interventionen verhandelbar
- veranschaulicht problemrelevante Zusammenhänge
- ermöglicht Entscheidungen zur Problembearbeitung für die KlientInnen und zur Interventionsplanung für die SozialarbeiterInnen« (ebd., S. 83).

Netzwerkkarte

»Die Netzwerkkarte ist ein diagnostisches Instrument, das auf einem einigermaßen soliden theoretischen Hintergrund beruht, die Vorteile eines bildgebenden Verfahrens aufweist, weitgehende interpretative Möglichkeiten eröffnet und gleichzeitig gut für kooperative Diagnostik geeignet ist«

(Pantucek 2009, S. 18). Zur Durchführung wird erst eine sogenannte »Ankerperson« (meist der Klient) gewählt, die im Zentrum der Netzwerkkarte positioniert wird. Das Bild wird dann in vier Sektoren unterteilt.

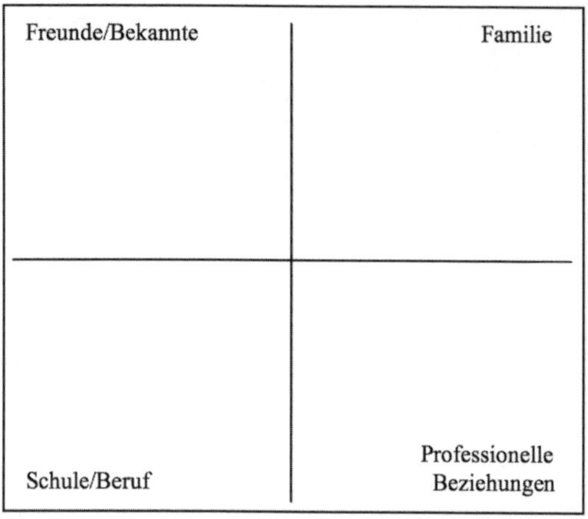

Abb. 9: Sektoreneinteilung der Netzwerkkarte; Quelle: Pantucek 2009, S. 189

Anschließend werden den Menschen aus dem Umfeld der »Ankerperson« in das entsprechende Feld eingetragen. Je wichtiger der Mensch ist, desto mehr wird dieser in Richtung Zentrum (Ankerperson) postiert. Die Erstellung der Netzwerkkarte erfolgt gemeinsam mit dem Berater/Behandler. Mit der Netzwerkkarte kann man auch die Netzwerkdichte ermittelt werden, die als Indikator für die Funktionalität der Netzwerke gilt. »Die Maßzahl der Dichte drückt das Verhältnis der möglichen zu den realisierten Kontaktpaaren aus« (ebd., S. 190). Die Maßzahl liegt zwischen 0,00 (Personen aus den sozialen Netzwerk kennen sich nicht untereinander/Einzelpersonen) und 1,00 (Personen im sozialen Netzwerk haben zu allen Kontakt). Ab einem Wert von 0,5 spricht man von einer relativen hohen Dichte im Netzwerk. Im Kapitel 6.7 bin ich kurz darauf eingegangen, dass Netzwerke mit einer sehr hohen Dichte für die Individuen auch mit enormen Nachteilen verbunden sein können. So können sie unter anderem die Autonomie gravierend schwächen bzw. behindern. Abbildung 10 zeigt eine aus Pantuceks Buch stammende Netzwerkkarte einer Psychiatrie-Patientin, die ihr soziales Netzwerk sehr eindrucksvoll darstellt.

Pantucek betont, und diese Einschätzung teile ich aus meiner Erfahrung als Psychiatrie-Tätiger, dass das Netzwerk dieser Person typische Kennzeichen von Menschen aufweist, die bereits als Klienten von Hilfesystemen identifiziert wurden. Keinen der Helfer hat die Klientin für sich ganz alleine. Alles läuft über die Mutter, sie hat neun Kontakte und damit eine »Star«-Stellung. Es deutet sich insgesamt eine soziale Isolierung an und ein Verlust von Autonomie. Anhand der Netzwerkkarte können dann entsprechende Netzwerkinterventionen eingeleitet werden, die in Kapitel 7.3 vorgestellt werden.

Soziales Atom

Moreno kann in der Netzwerkdiagnostik als ein Pionier bezeichnet werden. Er entwickelte eine praxisrelevante »Netzwerkdiagnostik, die im unmittelbaren Patientenkontakt eingesetzt werden kann und für die klinisch psychotherapeutische und sozialtherapeutische Strategiebildung Informationen und Materialien bietet« (Hass/Petzold 1999, S. 221). Im Soziodrama setzte er multizentrische und im Psychodrama egozentrische Netzwerke in Szene. Morenos Begriff vom »sozialen Atom« fasst beide Sichtweisen zusammen. »Das soziale Atom ist der Kern aller Individuen, mit denen eine Person in bedeutungsvoller Weise verbunden ist, oder die mit ihm zur gleichen Zeit verbunden sind. Diese Verbindung kann dabei emotionaler, sozialer oder kultureller Art sein« (Moreno zit. nach Hass/Petzold 1999, S. 222). Die Durchführung des »sozialen Atoms«, der Netzwerkdiagnostik kann neben dem Spiel auch auf Papier erfolgen, als Zeichnung, auch mit Tonfiguren, Münzen, Stühlen etc. (vgl. von Ameln et al. 2009, S. 254f.; Hass/Petzold 1999, S. 222ff.). In der Suchtkrankenhilfe habe ich gute Erfahrungen mit dem »sozialen Atom« mit Stühlen gemacht, weil direkt in die therapeutische Arbeit übergangen werden kann (vgl. von Ameln et al. 2009, S. 254).

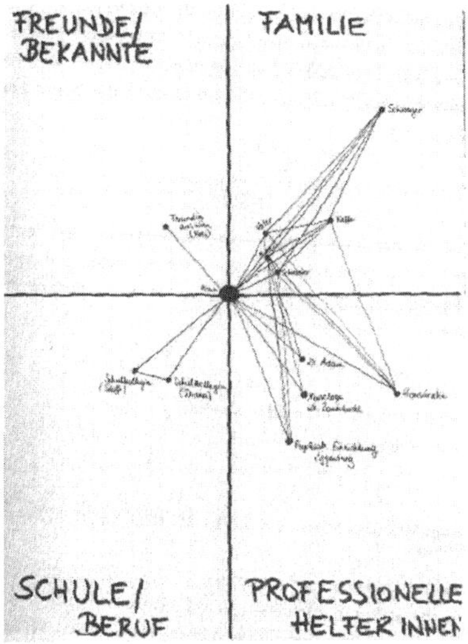

Abb. 10: Netzwerk einer 20-jährigen Psychiatrie-Patientin. Netzwerkgröße: 12; Star: die Mutter mit 9 Kontakten im Netz; Dichte derzeit: 0,21; Quelle: Pantucek 2009, S. 192

7.3 Psychotherapeutische Interventionen im trifokalen Behandlungsansatz Sozialer Psychotherapie

Im Folgenden werde ich exemplarisch Interventionen aus der Netzwerktherapie und Supportförderung darstellen. Auf die anderen Methoden der einzelnen Psychotherapie-Verfahren (vgl. Kapitel 5) wird nur rudimentär eingegangen. Netzwerkarbeit, Netzwerktherapie[22] und Soziale Unterstützung zeigen eine deutliche Nähe zur (Klinischen) Sozialen Arbeit. Kaum eine andere Intervention kann der »Person-in-Environment«-Perspektive so gerecht werden. Das Individuum, das soziale Umfeld und die Wechselbeziehung der beiden Ebenen stehen im Brennpunkt der Interventionen. Netzwerktherapie und Soziale Unterstützungsleistungen sollten aber im Sinne eines trifokalen Behandlungsansatzes in Zusammenhang mit den Interventionsformen auf der intrapersonellen und sozioökonomischen Ebene erfolgen.

Diese Bedeutung auch für die soziale psychotherapeutische Praxis soll hier nachgezeichnet werden. »Grundsätzlich muß davon ausgegangen werde, daß jede Form von Psychotherapie eine Form direkter oder indirekter Netzwerkintervention ist« (Hass/Petzold 1999, S. 232). Hass und Petzold haben zu Recht kritisiert, dass die meisten Psychotherapie-Schulen diesen Ansatz missverstanden haben, mit Ausnahme Morenos, der mit seiner Vorstellung eines sozialen Atoms die Verwobenheit zwischen Individuum und Umwelt so deutlich herauskristallisiert hat. »Der Mensch hat kein Soziales Atom, er ist ein Soziales Atom« (ebd. 1999, S. 233). Wie bereits dargestellt (vgl. Kapitel 6.7), hängen die Begriffe »Netzwerk« und »Soziale Unterstützung« eng zusammen, sind aber nicht identisch. Dass Soziale Unterstützung auch einen engen Bezug zur Sozialen Arbeit hat, wird aus dem bisher Geschilderten deutlich. Dehmel (2008) spricht auch von Klinischer Sozialarbeit als professioneller sozialer Unterstützung. Die hohe Affinität von sozialer Unterstützung und Psychotherapie haben 2009 Röhrle und Laireiter aufgezeigt und weisen auf drei Verbindungen hin:

- *»Soziale Unterstützung als Rahmenbedingung für Psychotherapie«* (Röhrle/Laireiter 2009b, S. 17; vgl. auch den Anhang: Tabelle 21):

  Hiermit ist gemeint, dass sich Social Support in der Regel im positiven Sinne auf die Prozess- und Ergebnisaspekte von psychotherapeutischen Behandlungen auswirkt, falls solche angetreten werden. Bei belastenden oder fehlenden Unterstützungsquellen ist es wichtig, hier zu intervenieren, um das Therapie-Outcome zu verbessern. Lambert et al. schlagen im Rahmen ihres entwickelten Instrumentariums Clinical Support Tools (CSTs) folgende Interventionen vor: Gruppentherapie,

22 Im weiteren Verlauf bevorzuge ich den Terminus »Netzwerktherapie«, um die Bedeutung für die Psychotherapie herauszustellen.

Biofeedback-Behandlung, Durchsetzungsfähigkeitstraining, Rollenspiele sozialer Situationen, »Hausaufgaben«, Exploration der Selbstüberzeugung des Patienten, Einbezug von Angehörigen, Motivierung zu sozialen Aktivitäten, Aufarbeitung von Misstrauen gegenüber anderen (vgl. Röhrle/Laireiter 2009b, S. 17ff.; Lambert 2009, S. 489ff.; vgl auch den Anhang: Abbildung 12).

➢ *»Soziale Unterstützung und Psychotherapie als Äquivalente«* (Röhrle/Laireiter 2009b, S. 23; vgl. auch den Anhang: Tabelle 22):

In Kapitel 5.5 hatte ich bereits aufgezeigt, dass positive Wirkungen durch Psychotherapie nicht nur durch die Methodik der einzelnen Verfahren evoziert werden – hier beträgt die Ergebnisvarianz nur 15% (vgl. Lambert 1992) –, sondern ein Erfolg in der Regel durch ein Bündel von unspezifischen Wirkfaktoren vermittelt wird. Die wissenschaftlichen Untersuchungsergebnisse legen nahe, dass ähnliche Wirkfaktoren bei externen Supportleistungen im Umfeld des Patienten/Klienten zum Tragen kommen. Diesbezüglich haben sich einige Ansätze in der Psychotherapie entwickelt, »bei denen die Vermittlung von Sozialer Unterstützung nicht nur eine unspezifische Methode [...], sondern eine zentrale spezifische Technik der professionellen Hilfe repräsentiert« (Röhrle/Laireiter 2009b, S. 26). Hier werden unter anderem die supportive Psychotherapie, Methoden der Krisenintervention, die Notfallpsychologie, die therapeutische Begleitung und Betreuung genannt (vgl. ebd.).

➢ *»Soziale Unterstützung als Gegenstand und Zielbereich der Psychotherapie«* (ebd., S. 27):

Diese Verbindung von Psychotherapie und sozialer Unterstützung zeigt auf, dass die Psychotherapie nicht nur auf die impliziten oder expliziten Methoden beschränkt ist (Supportive Psychotherapie), sondern die Soziale Unterstützung ein Ziel der therapeutischen Interventionen darstellt. Es geht primär um das Ziel der sozialen Integration und um die Optimierung des Supports von psychosozial belasteten Personen. Und dann, so betonen Röhrle und Laireiter, wird Psychotherapie erst richtig erfolgreich. Die Deckungsgleiche zur (Klinischen) Sozialen Arbeit/sozialen Psychotherapie verdeutlicht die folgende Aussage der genannten Autoren: »Psychotherapie will und sollte deshalb nicht nur die Symptomfreiheit oder intrapersonale Ressourcen als Ziele anstreben, sondern eben auch die objektiven Bedingungen des sozialen Rückhalts mit im Auge haben, ohne die Verbindung intrapersonaler Anteile bei der Wahrnehmung sozialer Stützpotenziale […] aus dem Auge zu verlieren« (ebd., S. 27f.).

Differenziert werden vier prototypische Interventionstypen:

»1. Interventionen zum Aufbau und zur Verbesserung sozialer Beziehungen
2. Interventionen in unterstützenden Beziehungssystemen (Paare, Familie)
3. Interventionen zur Verbesserung von Unterstützung und Unterstützungspotenzial
4. Netzwerkwerkinterventionen« (ebd.).

Tabelle 15 führt Beispiele von direkten und indirekten Interventionen im Zielbereich der sozialen Beziehungen und der sozialen Unterstützung skizzenhaft auf. Einige Interventionen in der Tabelle werden detaillierter beschrieben.

Die Netzwerkinterventionen im Bereich der Sozialen Psychotherapie richten sich in der Regel auf die folgende Ebenen: Individuum, Dyade und Gruppe. Auf der proximalen Ebene des Individuums sollen die Einzelpersonen Netzwerke aufbauen lernen, sie erhalten und pflegen. Ferner geht es darum, Support zu geben und zu empfangen. »Einzelpersonen lernen z.B. in Gesprächen, Rollenspielen, Trainings etc. Netzwerke und ihre Unterstützungsleistungen wahrzunehmen und zu würdigen. Sie lernen Hilfe zu signalisieren, zu mobilisieren, sie zu suchen und anzunehmen, auf Hilfe angemessen zu reagieren, Gegenseitigkeit zuzulassen etc.« (Nestmann 2009, S. 959). Ergänzend erscheint mir auch der Aspekt von Bedeutung, dass Betroffene maligne Supportstrukturen und Netzwerke identifizieren müssen. Die Netzwerkarbeit mit der Klientel der Sozialen Arbeit, mit ihren multiplen psychosozialen Problemlagen, muss im Sinne des trifokalen Ansatzes auch ergänzend, flankierend auf der intrapersonellen Ebene und der sozioökonomischen Ebene erfolgen.

Fallbeispiel III

Eine 45-jährige alkoholkranke Patientin befindet sich zur zweiten sogenannten »Langzeittherapie« in einer Fachklinik. Die Patientin berichtet, dass sich ihre Rückfälle in der letzten Zeit vor der Aufnahme in der medizinischen Rehabilitation häuften. Bei der psychosozialen Anamnese wird deutlich, dass diese Alkoholrückfälle mit unangenehmen Gefühlen im Zusammenhang standen. Vor den Rückfällen hatte sie enorme

Direkte Interventionen	Indirekte Interventionen
Bewältigungstrainings in Partnerschaften zum Ausbau von Bewältigungsstrategien (dyadisches Coping) *Hintergrund:* unter Stress brechen häufig Kommunikationskompetenzen ab. *Methode:* 3-Phasenmodell. 1. Partner/-in berichtet unter spezifischen Regeln von Stresssituationen, der andere hört unter spezifischen Regeln zu. 2. Der Zuhörer versucht, nachdem der verstanden hat, worin der Stress begründet ist, Support zu geben. 3. Supportempfänger gibt Feedback über den Support Quelle: vgl. Bodenmann 2009, S. 465ff.	*Positive Effekte durch Psychotherapie auf soziale Beziehungen, initiiert durch adäquateres soziales Verhalten*
Kommunikations- und Problemlösetraining (im Rahmen von Paar- bzw. Familientherapie Quelle: vgl. Bodenmann 2005	*Trainings sozialer Kompetenzen (beziehungsorientiert)* • Aufbau von sozialen Kontakten und Beziehungen • Training der Reziprozität • Unterstützungsmobilisierung • Verbesserung des Nutzungsverhaltens • Optimierung von Netzwerkeinstellungen
Förderung der familiären Kohäsion und positiven Kommunikation durch familientherapeutische Interventionen Quelle: vgl. Heekerens 2005	*Stressbewältigungstrainings* • Wahrnehmung von Supportern und deren Verfügbarkeit • Training zur Aktivierung des Social Support • Überprüfung des »Nutzungsverhaltens« von Social Support
Verbesserung des Unterstützungspotenzials bei psychsozial belasteten Personen durch Gruppentherapie Quelle: vgl. Röhrle et al. 1998	*Kognitive Therapie* • Kognitive Umstrukturierung von beziehungs- und unterstützungsfeindlichen Schemata • Verbesserte Wahrnehmung von Social Support • Förderung positiver sozialer kognitiver Strukturen
Netzwerkinterventionen zur sozialen Integration, Erweiterung von Netzwerkteilen und Bewältigung und Klärung von Netzwerkproblemen und -konflikten *Paradigmen (Veränderungsziel):* individuumszentriert, systemzentriert (Verhalten versus Verhältnisse) *Vorgehensweise:* edukativ, kognitiv, verhaltens- und übungszentriert, emotionalorientiert, Ansätze, die unterschiedliche Hilfearten verknüpfen *Vorgehenensfokus:* Netzwerkinterventionen im engeren Sinne, Modifikationen in Netzwerken als Nebenprodukt anderer Interventionen. *Level der Intervention:* Mikro-, Meso- und Makroebenen *Proximale Ebenen der Interventionen:* Individuum, Dyade, Gruppen, Soziale Netzwerke, Organisationen, Gemeinde *Distale Ebene:* Raum/physikalische Ebene, materielle Lage und soziale Lage, kulturelle/subkulturelle Aspekte, institutionelle Strukturen der Lebens- und Arbeitswelt Quelle: vgl. Nestmann 2009(a/b)	*Störungsbezogene Ansätze* • Interpersonelle Therapie bei depressiven Störungen • Verhaltenstherapie bei depressiven Störungen • Dialektische Verhaltenstherapie bei »Borderline-Patienten« Quelle: vgl. Röhrle/Laireiter 2009, S. 29

Tab. 15: Direkte und indirekte Interventionen in sozialen Beziehungs- und Unterstützungssystemen; vgl. Röhrle/Laireiter 2009, S. 28f.

Wut verspürt, die mit interpersonellen Problemen im Zusammenhang standen. Zunächst wurde auf der *intrapersonellen Ebene* gearbeitet. Mit gestalttherapeutischen Übungen wurde die Patientin für ihre Gefühle sensibilisiert. Sie spürte zunehmend, dass hinter ihrer Wut eine seelische »Verletzung« stand, die sie zunächst abwertete. Neben dem besseren

Zugang zu ihren Emotionen ging es darum, zu lernen, mit diesen Gefühle adäquat umzugehen, sich Hilfe zu holen, dies zunächst auf der Rehabilitationsstation, später auch im privaten Umfeld (Wahrnehmung von sozialer Unterstützung, Annahme von sozialer Unterstützung). Es wurde aber auch mit »biografischem Material« gearbeitet, da die Patienten aus »schlechten Erfahrungen« heraus Hilfe nicht gut annehmen konnte. Für Krisensituationen wurde ferner auch an Möglichkeiten gearbeitet, mit der aufsteigenden Wut besser umzugehen und diese nicht, im Sinne eines autoaggressiven Aktes, gegen sich selbst zu richten (Alkoholrückfall). Neben der Suche nach Gesprächspartnern wurde sie angeregt, in solchen Situationen aktiv Sport zur Spannungsreduktion durchzuführen *(gesundheitsfördernder Aspekt)*. Parallel zur Gruppentherapie arbeitete sie auf der *interpersonellen Ebene*. Sie setzte sich mit ihrem sozialen Netz auseinander, da ihre negativen Gefühlslagen stark mit der familiären Situation in Zusammenhang standen. Mit leeren Stühlen baute sie im Gruppenraum ihr »soziales Atom« (Netzwerkdiagnostik). Hier zeigte sich eine hohe Netzwerkdichte im familiären Bereich. Ansonsten berichtete sie von einer Freundin und keinen weiteren Kontakten. In diesem Zusammenhang ist von Bedeutung, dass die Patientin einen Migrationshintergrund hat. Sie, ihre Herkunftsfamilie und die Familie ihres Mannes stammen aus Osteuropa und leben aktuell in einer kleinen Gemeinde, alle in relativer Nachbarschaft. Die Patientin berichtete, dass sie sich insbesondere von der Mutter kontrolliert fühle, vor allem in Erziehungsfragen. Konflikthaft sei auch der Umstand, dass nahezu alle Personen aus dem Netzwerk, inklusive ihres Mannes, Alkohol in hohen Mengen trinken und auch in ihrer Gegenwart keine Rücksicht auf ihre Abstinenz nahmen. Auch als sie betonte, dass sie keinen Alkohol in ihrem Hause dulde, setzten sich die Angehörigen über ihren Wunsch hinweg. Die Patientin hatte bereits während des Antragsverfahrens mit beginnender »Trockenheit« bis zur Therapie den Kontakt zu allen Angehörigen abgebrochen, trotz damit korrelierender Schuldgefühle. Aus der Netzwerkdiagnostik entwickelte sich direkt eine Netzwerkintervention. Es wurde ihr deutlich, dass sie ihr Netzwerk ausbauen musste. Dies gelang ihr, indem sie bereits in der Therapie während des teilstationären Settings Kontakt zu einer Selbsthilfegruppe aufnahm und dort schnell Anschluss fand. Bereits gegen Ende der Therapie hatte sie auch erste private Kontakte aus der Selbsthilfegruppe. Aus dem Bild des »sozialen Atoms« entwickelte sich auch ein Rollenspiel mit einem Dialog mit ihrem Mann. Dabei wurde auch eine bis dahin beim therapeutischen Personal noch nicht bekannte Schuldensituation deutlich. In den weiteren Einzelgesprächen wurde an der Schuldensituation gearbeitet, welche die Patientin deutlich belastete. Neben einer ersten Auflistung der Schuldensumme, um sich einen ersten Überblick zu verschaffen, wurden Möglichkeiten der sozialarbeiterischen Hilfen gesucht. Aufgrund der hohen Schuldenlast wurde im Sinne einer Vermittlungsarbeit eine Schuldnerberatungsstelle empfohlen und der erste Kontakt vorbereitet. Es erfolgte auch eine telefonische Übergabe an die Kollegin aus der Schuldnerberatungsstelle *(sozioökonomische Ebene)*.

Schwerpunkt bildete die Einbeziehung des Ehemannes in Paargespräche *(interpersonelle Gespräche)*. Der Ehemann konnte als Resultat ebenfalls zu einer Rehabilitationsmaßnahme motiviert werden.

Das Beispiel illustriert das häufig komplexe Geschehen in einer stationären Suchtbehandlung. Die vielschichtigen therapeutischen Prozesse verdeutlichen, dass die Patienten mit einer Suchterkrankung unter massiven psychosozialen Belastungen leiden, die sich gegenseitig bedingen und potenzieren. Wenn Patienten mit beispielsweise materiellen Sorgen in die Einzeltherapie kommen, könnte man natürlich auf andere Kollegen verweisen (generalistische Sozialarbeiter), aber damit wäre auch eine Chance vertan, denn es bieten sich unzählige Ansatzpunkte für die therapeutische Praxis. Patienten mit multiplen psychosozialen Problemlagen, so meine Vorstellung, brauchen eine *integrierte intra-, interpersonelle und sozioökonomische Behandlung*, d.h., sie brauchen Soziale Psychotherapie durch Klinische Sozialarbeiter mit psychotherapeutischer Zusatzqualifikation.

8 Plädoyer für eine Soziale Psychotherapie als heilende und inklusionsfördernde Profession

Die zentrale Fragestellung der vorliegenden Arbeit nach Konstituierung, Etablierung und Legitimation (psycho-)therapeutischer Sozialer Arbeit soll nun vor dem Hintergrund zweier Perspektiven, dem professionstheoretischen Hintergrund und einem Bedarfsdiskurs, der adressatenbezogenen Ebene, beantwortet werden.

8.1 Professionstheoretische Überlegungen zu einer Sozialen Psychotherapie

Mühlum und Gahleitner haben auf den Bedeutungsgewinn der Hierarchisierung von Berufen in den gesellschaftlichen und arbeitsweltlichen Kontexten hingewiesen. Zentraler Begriff sei hier der der »Professionalität«. Die Professionalisierung Sozialer Arbeit sei in vielen Ländern nach Auffassung der genannten Autoren zwischenzeitlich weit fortgeschritten, und zwar im Gegensatz zur Situation in Deutschland (vgl. Mühlum/Gahleitner 2008, S. 44ff.). Oevermann spricht diesen expliziten Professionalisierungsanspruch der Sozialen Arbeit auch ab und billigt ihr gerade noch den Stellenwert einer Semiprofession zu, da sie nur über bestimmte Autonomie gegen weisungsbefugte Professionen verfüge, in nicht klar abgrenzbaren Arbeitsfeldern ausgeübt werde und keine abgrenzte disziplinäre Domäne habe. Den Begriff der Profession sollten seiner Einschätzung nach nur Berufe führen,

> »die sich auf die Macht des Geistes in der Form der Logik des besseren Argumentes beriefen. Darüber hinaus sei jedoch noch ein weiteres Bestimmungs-

> merkmal von Relevanz: Als Professionelle könnten sich nämlich nur diejenigen bezeichnen, welche ein Repertoire an voneinander abgrenzbaren und praktisch folgenreichen Interventionsmaßnahmen vorzuweisen hätten. Um als Profession anerkannt zu sein, müsse also Soziale Arbeit über spezielle Bearbeitungsformen verfügen, die nicht nur in ihren Interventionen Wirkung zeigten. Sie müssten – indem sie beanspruchen, auf ebenso unterscheidbare Probleme zu antworten – sich darüber hinaus auch von denen anderer Professionen unterscheiden« (May 2009, S. 70).

Mit anderen Worten bedarf eine Profession eines Expertenwissens, einer Gemeinwohlorientierung und einer Autonomie (vgl. Oevermann 1996, S. 70ff.; May 2009, S. 70). Oevermann bleibt in seinem strukturtheoretischen Professionsansatz der klassischen Sicht von professionellen Kriterien, dem Status und der Exklusivität verhaftet. Wenn man seiner Logik zunächst folgt, muss man zumindest für das amerikanische Clinical Social Work konstatieren, dass dieses ein hohes Maß an Professionalität erreicht hat. Im ersten Teil dieser Arbeit wurde unter dem Blickwinkel des Therapeutischen in der Sozialen Arbeit insbesondere auf die amerikanischen Verhältnisse eingegangen und die Spezialisierung in klinischen Arbeitsfeldern als »Professionalisierungsmotor« hervorgehoben. Die für die »Hard-to-reach«-Adressaten geforderten Kompetenzen der Praktiker führten in den USA zu einer starken wissenschaftlichen Orientierung Sozialer Arbeit und einem hochschwelligen Lizenzierungsverfahren, letztlich zu einer Konstituierung klinisch kompetenter Profession. Die Interventionen erfolgten bereits bei den »Gründerinnen« der Sozialen Arbeit, dem Casework, vor dem Hintergrund des Paradigmas der »Person-in-Environment«-Perspektive. Dieser »exklusive« Blickwinkel zeigt sich auch in den aktuellen Ansätzen des amerikanischen Clinical Social Work und ist auch für die Professionsentstehung der deutschen Klinischen Sozialarbeit von herausragender Tragweite. Für die in dieser Arbeit vorgeschlagene Soziale Psychotherapie ist die »Person-in-der-Umwelt«-Perspektive eine tragende sinnstiftende Theoriesäule und grenzt sie damit maßgeblich von anderen psychotherapeutischen Berufen ab. Interventionen sollten aus dem trifokalen Ansatz heraus immer die intrapersonelle, interpersonelle und sozioökonomische Ebene anvisieren. Mit der »Direct Practice« hat die Klinische Sozialarbeit auch ein klar umrissenes Tätigkeitsfeld und ist spezialisiert auf die Behandlung von psychosozialen Notlagen. Damit erfüllt das amerikanische Clinical Social Work in Gänze die Kriterien der Exklusivität und hat sich auch einen hohen Status erarbeiten können. Die Klinische Sozialarbeit in Deutschland befindet sich in einem Professionalisierungsprozess, weil sie sich auch als werdende Wissenschaft versteht. Somit kann an dieser Stelle der Argumentation von Oevermann nicht gefolgt werden, zumindest was die Klinische Sozialarbeit angeht – und dieser Terminus schließt für mich immer die Soziale Psychotherapie mit ein. Sie hat ein klar abgegrenztes Arbeitsfeld und zeigt keine diffuse Alltäglichkeit. Sie setzt Expertenwissen über die psychosozialen Notlagen ihrer Adressaten voraus, muss ihren Anspruch auf eine selbstständige Behandlungsinstanz neben der Medizin und Psychologie deutlich proklamieren. Dass sie eine starke Gemeinwohlorientierung hat, steht für mich außer Frage. Dies muss von (klinisch) sozialarbeiterischer Seite selbstbewusst vertreten werden. Ob ihr von außen diese Bedeutung gegeben wird, ist natürlich eine andere Frage, aber sie hat das Potenzial, sich entsprechend zu positionieren. Oevermanns skeptischer Sicht eines vergleichsweise gering potenten sozialen Berufes, der auch eine starke Verwaltungsabhängigkeit aufweist, muss im Anschluss an Schütze (1984, S. 354ff.) widersprochen werden. Die Soziale Arbeit ist aus seiner Sicht eine Profession, die einen bedeutsamen Auftrag für das Allgemeinwohl durchführt. Sie verfügt über wirksame Verfahren, die zu maßgeblichen Veränderungen ihrer Klientel beitragen. Ich glaube nur, dass diese Fähigkeiten aus einer noch immer schwachen beruflichen Identität heraus von den Sozialarbeitern nur rudimentär wahrgenommen werden. Oevermann hat auch als einen Aspekt von Professionen eine autonome disziplinäre Kompetenzdomäne beschrieben. Die Medizin und die juristischen Fächer würden dies beispielsweise erfüllen. Betrachtet man aber die medizinische Wissenschaft genauer, besteht auch sie aus einem Bündel bzw. einer Zusammenführung von unterschiedlichen Fächern wie Biologie, Chemie etc. Die Abhängigkeit von anderen Bezugswissenschaften ist kein singuläres Problem Sozialer Arbeit, sondern vieler Disziplinen (vgl. Engelke et al. 2009). Die geringe disziplinäre Identität der Sozialarbeiter mag eher dem geschuldet sein, dass es in der Bundesrepublik, im Gegensatz zu den Verhältnissen in den USA, erst spät zu einer »Disziplinierung« kam, die ihren vorläufigen Endpunkt mit der Einführung der Bachelor- und Masterabschlüsse gefunden hat. Soziale Arbeit hat damit jetzt die Chance, durch berufseigene »vollakademische« Kräfte vorangetrieben zu werden. Promovierte Sozialarbeiter werden vermehrt in die Hochschulen drängen und sicher zu einer veränderten, klareren beruflichen Identität beitragen. Aus einer autonomen, selbstbewussteren Warte lassen sich dann, wie in dieser Arbeit für die Psychotherapie aufgezeigt, Spezialisationen des Berufes voranbringen, ohne das Gefühl des Identitätsverlustes zu befürchten. Mühlum hat bezüglich der Spezialisierung Sozialer Arbeit unter dem Gesundheitsaspekt einen Weg skizziert, der in Tabelle 16 dargestellt ist und um den Punkt der Sozialen Psychotherapie von mir ergänzt wurde, als dritte Spezialisationsstufe. Die in der Einleitung aufgeführten Aspekte der Psychotherapie im Kontext Sozialer Arbeit werden in der Tabelle hinzugefügt, d.h., es wird aufgezeigt, welche Bedeutung die einzelnen Aspekte für den jeweiligen Spezialisationsgrad Sozialer Arbeit haben.

Hier kann nicht im Detail auf den Diskurs unterschiedlicher Professionstheorien im Bereich der Sozialen Arbeit eingegangen werden. Dass aber andere Interpretationsfolien von Professionalität als die oben beschriebenen von Oevermann existieren, zeigt sich in der Sicht von Heiner deutlich. Als Merkmal einer jeden Profession benennt Heiner hohe Reflexivität. In diesem Kontext spricht sie von der Bedeutung des im wissenschaftlichen Studium erworbenen »Habitus des systematischen Zweifelns am eigenen Kenntnisstand, an den eigenen Prämissen, Bewertungen und Schlussfolgerungen« (Heiner 2004, S. 26). Diese Selbstreflexivität ist etwas, das von jedem Klinischen Sozialarbeiter und Sozialen Psychotherapeuten in der konkreten Arbeit mit seinen Adressaten zu erwarten ist. Er hat die in dieser Arbeit vorgestellten handlungsrelevanten Paradigmen, Modelle, Theorien und praxisrelevanten Strategien als Interpretationsmittel immer kritisch zu hinterfragen. Wenn wir eine Psychosoziale Diagnose und entsprechende Interventionen daraus ableiten, anhand der Psychotherapiemodelle etc., müssen wir uns der Vorläufigkeit dieser Strategien bewusst und im prozessualen Geschehen mit den Klienten bereit sein, diese gegebenenfalls zu revidieren und neue »Suchbewegungen« diagnostischer und therapeutischer Art zu starten. Ich denke, dieses Erfordernis einer Professionalität ist ebenfalls eine Stärke der (Klinischen) Sozialarbeit mit ihrer reflexiven Denktradition.

Klinische Sozialarbeit ist, so haben es Mühlum und Gahleitner formuliert, »zunächst und vor allem Sozialarbeit und damit Teil der Sozialen Arbeit bzw. Social Work« (Mühlum/Gahleitner 2008, S. 46). Für eine Soziale Psychotherapie wäre eine solche klare Zuordnung zur Sozialen Arbeit zu vereinfacht. Die Soziale Psychotherapie – und hiermit ist das funktionale Moment angesprochen – hat ihre Wurzeln in der Sozialen Arbeit, ist ein Teil der Klinischen Sozialarbeit, basiert auf deren grundsätzlichen Paradigmen, überschreitet aber auch die Grenze zu der eigenständigen Profession des Psychotherapeuten. Soziale Arbeit bzw. Klinische Sozialarbeit wäre die berufliche Basisqualifikation für diese Profession ganz im Sinne der »Straßburger Erklärung«, die ja die

Psychotherapie als eigene Wissenschaft versteht. Mit ihrem sozialarbeiterischen Background, mit ihrer »Person-in-Environment«-Perspektive erweitert die Soziale Psychotherapie aber die klassischen Psychotherapieverfahren um die soziale Dimension. Hiermit bleibt sie auch reine Sozialarbeit im Sinne

	SAP Sozialarbeits-praxis	**SAL** Sozialarbeitslehre	**SAF** Sozialarbeits-forschung	**SPT** Soziale Psychotherapie (Psychotherapie im Kontext Sozialer Arbeit)
I SA* als allgemeine Gesundheits-aufgabe	Gesundheits-relevanz aller SA wird betont: **Gesundheits-arbeit**	Gesundheit Thema der Basisausbildung: **Bachelor/Diplom**	Gesundheits-aspekte der Lebenswelt: **Alltagsforschung**	Reflexionsaspekt
II SA als spezifische Gesundheits-aufgabe	Gesundheits-förderung als Auftrag: **Gesundheits-sozialarbeit**	Gesundheitswissen Vertiefungsstudium **Zertifikat**	Gesundheits-förderliche Projekte: **Begleitforschung**	Reflexionsaspekt Methodischer Aspekt
III SA als gesundheits-dienliche Fachsozial-arbeit	Spezialisierte Beratung und Behandlung: **Klinische Sozialarbeit**	Klinische Fachlichkeit als Aufbaustudium: **Masterstudium/Approbation**	Evaluation/ Wirksamkeits-studien: **Therapie-forschung**	Reflexionsaspekt Methodischer Aspekt Funktionaler Aspekt
IV SA als heilkundliche Tätigkeit	Sozial-arbeiterische Behandlung: **Soziale Psychotherapie**	Sozial-psychotherapeutische Fachlichkeit durch Weiterbildung/postgraduales Studium: **Kinder-Jugendlichenpsychotherapie/ Approbation** **Suchttherapie/VDR-Anerkennung Approbation Suchttherapeut** **Sozialer Psychotherapeut (Erwachsenen-psychotherapie)/Approbation, Schwer-punkt multiple psychosoziale Notlagen**	Evaluation/ Wirksamkeits-studien: **Psychotherapie-forschung**	Reflexionsaspekt Methodischer Aspekt Funktionaler Aspekt

*Tab. 16: Gestufte Gesundheitskompetenz in Praxis-Lehre-Forschung; erweiterte Tabelle nach Mühlum 2008, S. 68. *Die Abkürzung SA steht für Soziale Arbeit.*

des amerikanischen Casework und der aus ihr entstandenen Klinischen Sozialarbeit. Es bleibt jener »doppelte Fokus« für diesen Zweig der Sozialen Arbeit und Psychotherapie konstituierend, der die Person, deren Umwelt und die Interaktion zwischen beiden Phänomen beachtet. Der wissenschaftliche »Hauptort« einer Klinischen Sozialarbeit, wie Mühlum darstellt, stellt die Sozialarbeitswissenschaft mit ihrem Fokus auf »soziale Problemlagen und die Lebensführung unter erschwerten Bedingungen« (Mühlum 2009, S. 25) vor dem Hintergrund der Mensch-Umwelt-Perspektive dar. Dies gilt in Ansätzen auch für die Soziale Psychotherapie, die aber mehr »Anleihen« bei bezugswissenschaftlichen Quellen nehmen oder diese mehr betonen muss, wenngleich dies sowieso für eine Sozialarbeitswissenschaft gilt. Erath hat ja die Notwendigkeit der Integration von bezugswissenschaftlichen Quellen in der Sozialarbeitswissenschaft (transdisziplinäre-postmoderne Disziplin) betont (vgl. Erath 2006, S. 196). Der Sozialen Psychotherapie als Klinische Sozialarbeit geht es im Sinne ihrer generalistisch-sozialarbeiterischen Tradition um die Förderung der Inklusion ihrer Adressaten und als psychotherapeutisches Verfahren um den kurativen Aspekt.

Insgesamt kann konstatiert werden, dass eine zunehmende Spezialisierung in Richtung Klinische Sozialarbeit und Soziale Psychotherapie für die Professionalisierung Sozialer Arbeit gewinnbringend erscheint.

8.2 Soziale Psychotherapie aus Sicht der Adressaten und ihrer Lebenswelt

In der Psychotherapie ist es üblich, mit dem zu arbeiten, was die Adressaten in die Therapiestunde einbringen. Probleme, Sorgen, Ängste, Krisen etc. können die Inhalte sein. Wenn ich auf meine langjährige Tätigkeit als Suchttherapeut zurückschaue, sind es häufig die Themen, die aus dem sozioökonomischen und interpersonellen Bereich stammen, mit denen die »Sucht-Klienten« in die Einzeltherapie kommen, zumindest zu Beginn des Behandlungsprozesses. Geldsorgen, Arbeitsplatzverlust, Trennung, Scheidung, Ärger mit der Justiz etc. stellen prototypische soziale Problemlagen dar. Seltener wird initial intrapersonelles Geschehen angesprochen. Natürlich ist diese Ebene auch in der initialen Phase der Therapie implizit vorhanden, steht aber nicht unbedingt im Vordergrund. Diese Ebene rückt sukzessive in der Therapie nach. Das Heilsame liegt häufig schon in der Bearbeitung, Klärung, Lösung des sozioökonomischen und interpersonellen Bereiches, ohne die eine erfolgreiche Suchttherapie nicht durchzuführen wäre.

Psychotherapie will, vereinfacht ausgedrückt, seelisches Leiden heilen oder mildern. Wenn dafür auch soziale Mittel – und dies impliziert die Definition »Soziale Psychotherapie« bereits – notwendig sind, so sind diese einzusetzen. Dafür ist die Soziale Arbeit als Grundprofession für die Psychotherapie unabdingbar. Wenn, wie in der Bundesrepublik gesetzlich durch das Psychotherapeutengesetz geregelt, Sozialberufe aus der Erwachsenenpsychotherapie ausgeschlossen werden und in der Suchttherapie nur eine von Leistungsträgerseite legitimierte Psychotherapie unter Fachaufsicht der Ärzte durchgeführt werden kann, ist dies aus Sicht der Adressaten mit ihren multiplen psychosozialen Notlagen schlicht nicht tragbar. Darüber hinaus trägt dieses Ausschlusskriterium dazu bei, gesundheitliche Ungleichheit zu fördern. Aber auch die »Hard-to-reach«-Adressaten haben einen Anspruch auf eine ihrer Situation »zugeschnittene« Psychotherapie. Dafür ist, wie in dieser Arbeit dargestellt, ein spezielles psychosoziales oder sozial-psychotherapeutisches Fachwissen und methodisches Instrumentarium vonnöten.

Das Aufgabenspektrum einer sozialen Psychotherapie und der Bedarf danach werden durch das sukzessive Wegbrechen traditioneller sozialer Netzwerke meiner Auffassung nach auch noch wachsen. Als Beispiel ist die Zunahme von Ein-Personen-Haushalten zu nennen und der damit zunehmende Verlust von sozialem Rückhalt oder sozialer Unterstützung. In diesem Kontext bekommt die Beck'sche Individualisierungstheorie eine besondere Bedeutung. Vermehrter materieller Wohlstand in den westlichen Industrienationen, zunehmende Freizeit und Mobilität, höheres Bildungsniveau haben den Menschen seit den 1960er Jahren mehr individuelle Freiräume geschaffen. Nach Beck (1986) können, müssen Menschen aber auch individueller handeln, da sie sich immer weniger an bestimmten traditionellen Vorbildern wie Familie, Religion oder Schicht orientieren können. Aber problematisch kommt aktuell hinzu, dass eine Vielzahl von Menschen nicht mehr am Wohlstand der Gesellschaft teilhaben kann, sondern unter zunehmenden prekären sozioökonomischen Verhältnissen lebt. Unter diesen Bedingungen sozialer/gesundheitlicher Ungleichheit werden gesundheitliche Belastungen zunehmen und es wird eine Soziale Arbeit in allen ihren Gesundheitskompetenzen gefordert sein, inklusive einer Sozialen Psychotherapie.

Zusammenfassung

Im ersten Teil dieser Arbeit wurde die professionelle Historie Sozialer Arbeit unter der besonderen Perspektive des amerikanischen Casework und des Clinical Social Work analysiert und die Psychotherapie unter der »Person-in-Environment«-Perspektive als integraler Bestandteil, als Spezialisation des amerikanischen Social Work identifiziert. Während der behandelnde Aspekt Sozialer Arbeit in den USA sogar Eingang in den wissenschaftlichen Bereich gefunden hat, wurde (psycho-)therapeutische Soziale Arbeit in der Bundesrepublik dieser Profession als nicht zugehörig angesehen. Das Verhältnis von Sozialer Arbeit zur Therapie in Deutschland kann als ambivalent markiert werden. Von einem Teil der bundesrepublikanischen Sozialarbeitspraxis wurden jedoch (psycho-)therapeutische Konzepte aufgegriffen. Dieser als »Therapeutisierung« Sozialer Arbeit bezeichnete Prozess wurde innerhalb dieser Studie nur insofern kritisch bewertet, als lediglich eine geringe Rückkopplung an die Wissenschaft(en) »Soziale Arbeit« stattgefunden hat.

Im zweiten Teil der vorliegenden Arbeit stand die neue Fachsozialarbeit »Klinische Sozialarbeit«, verstanden im Anschluss an Pauls als psychosoziale Behandlung, mit ihren unterschiedlichen Modellen und Konzepten im Fokus der Betrachtung, unter der besonderen Prämisse einer Sozialen Psychotherapie. Klinische Sozialarbeit wird als professionelle Plattform, als Basis für die hier konzipierte Soziale Psychotherapie angesehen. Eine besondere Affinität besteht zu den Ansätzen von Crefeld, Pauls und dem amerikanischen Clinical Social Work.

Im dritten Teil wurde eine Soziale Psychotherapie konzeptualisiert, die einen kurativen, gesundheitsfördernden, persönlichkeitsentwickelnden

Aspekt verfolgt und gesundheitliche Ungleichheit zu reduzieren versucht. Es handelt sich um eine Psychotherapie, die sich ins Soziale ausweitet und die individualisierende Psychologische und Medizinische Psychotherapie zu überschreiten versucht. Es wurde aufgezeigt, dass Psychotherapiedefinitionen einen Niederschlag in entsprechenden Psychotherapie-Gesetzen finden und Exklusions- oder Inklusionsphänomene von Adressaten und Psychotherapeuten provozieren können. Ausgehend von der Beschreibung der relevantesten Psychotherapieansätze, die als bezugswissenschaftliche Quellen Eingang in diese Form der Psychotherapie finden, wurden die Paradigmen einer Sozialen Psychotherapie skizziert. Im Zentrum der Betrachtung steht der Mensch in Bezug zu seiner Umwelt. Praxeologisch wurde in Anlehnung an Rauchfleisch ein trifokaler Behandlungsansatz vorgeschlagen. Dieses – nicht exklusiv gemeinte – Verfahren richtet sich hauptsächlich an die »Hard-to-reach«-Adressaten und interveniert auf drei Ebenen, der intra-, der interpersonellen und der sozioökonomischen Ebene. Ergänzend wurden »moderne« psychotherapeutische Vorgehensweisen der Netzwerktherapie und der Sozialen Unterstützung als Exemplare für eine Soziale Psychotherapie dargestellt. Soziale Psychotherapie kann als Spezialisation Sozialer Arbeit im Gesundheitswesen verstanden werden, die zur Professionalisierung der Sozialarbeit und Sozialpädagogik beiträgt und exklusiv Menschen in prekären psychosozialen Notlagen behandeln kann. Soziale Arbeit im Gesundheitswesen – und mit ihr ihre Klientel – braucht einen heilkundlichen, psychotherapeutisch kompetenten Sektor.

Anhang

Referenzkonzepte	Begründer
Erkenntnisse aus der Praxis	keine Angaben
Psychoanalyse	Freud/Anna Freud/ Abraham
Psychoanalytische Psychosomatik	Alexander
Pädagogische Psychoanalyse	Aichorn/Federn
Neo-Psychoanalyse	French/Kardiner/Rapaport
Psychoanalytische Ich-Psychologie	Erikson/Hartmann/Kris/ Rapaport
Entwicklungspsychologie, kognitive Entwicklung des Kindes	Piaget
Sozialpsychologie	Lewin/Dollard/Allport
Motivationspsychologie	Murray
Gestaltpsychologie	keine Angaben
Sozialwissenschaften (Untersuchungen über Familie, Kinderpflege und -erziehung, eheliches und sexuelles Verhalten u.a.)	keine Angaben
Kulturelle Anthropologie (Schwerpunkt Persönlichkeitsentwicklung und der Einfluss der Kultur auf die Persönlichkeitswerdung)	keine Angaben
Soziologische Systemtheorie/strukturell-funktionale Systemtheorie	Parson
Kommunikationstheorie	Watzlawick u.a.

Tab. 17: Referenzkonzepte des psychosozialen Ansatzes; vgl. Hollis 1982, S. 52

Art der Schwierigkeiten: In der Therapie werden eher Persönlichkeitsstörungen behandelt, in der Beratung geht es um Prävention.
Methoden: In der Therapie werden aufdeckende und deutende, in der Beratung in der Regel unterstützende Methoden eingesetzt.
Stärke bzw. Tiefe der Beeinflussung: Aspekt der Zeit, der Themen, der helfenden Beziehung. Die genannten Aspekte sind stärker/tiefer bei der Therapie.
Zielsetzungen: Die Ziele der Beratung sind im Bereich der Erziehung, im Wachstum, in der Prävention und in seelischer Gesundheit zu suchen. Bei der Therapie stehen Heilung und »Umstrukturierung« des Individuums im Fokus.

Tab. 18: Beratung und Therapie: Unterscheidungskriterien nach Dietrich; vgl. Dietrich 1991

Therapie/Therapeut	**Beratung/Berater**
Längere Ausbildung	Kürzere Ausbildung
Höhere Honorare	Niedrigere Honorare
Spezialisierte Orientierung	Generalistische Ausrichtung
Geringe Fallzahlen	Höhere Fallzahlen
Mittel- und oberschichtorientiert	Schichtenunspezifisch
Bearbeitung von starken, schweren Krisen und Störungen	Bearbeitung von Problemen mittlerer Reichweite
Persönlichkeitsprobleme, Probleme mit dem inneren Erleben als primäre Themen	Praktische und spziale Probleme als primäre Themen
Reduziert Komplexität	Eher offen gestaltet
Längere Zeitdauer	Kürzere Zeitdauer
Festlegung auf bestimmte methodische Kommunikationsformen	Offener gehalten
Stärkere Distanz, höhere emotionale Dichte	Geringere Distanz, geringere emotionale Dichte
Differenzierte Erarbeitung von Therapiezielen und -setting (Ort/Zeit)	Vermittlung von Veränderungstechniken (Selbstkontrolltechniken)

Tab. 19: Beratung und Therapie: Unterscheidungskriterien nach Gerstenmaier und Nestmann; vgl. Gerstenmaier/Nestmann 1984, S. 26ff.

Richtung	Methode[1]	Österreich	Deutschland	Schweiz
Psychoanalytische Methoden; Tiefenpsychologisch fundierte Methoden	Psychoanalyse	✓	✓	✓
	Individualpsychologie	✓	✓	✓
	Analytische Psychologie	✓	✓	✓
	Gruppenpsychoanalyse	✓	✓	✓
	Autogene Psychotherapie	✓		
	Daseinsanalyse	✓		✓
	Dynamische Gruppenpsychotherapie (DG)	✓		✓
	Hypnosepsychotherapie	✓		✓
	Katathym-Imaginative Psychotherapie	✓		✓
	Konzentrative Bewegungstherapie (KBT)	✓		
	Transaktionsanalytische Psychotherapie	✓		✓
Humanistisch-existenzielle Orientierung	Existenzanalyse und Logotherapie	✓		✓
	Gestalttheoretische Psychotherapie	✓		
	Integrative Gestalttherapie	✓		Gestalttherapie ✓
	Integrative Therapie	✓		
	Klientenzentrierte/Personenzentrierte Psychotherapie	✓	Gesprächspsychotherapie[2] ✓	✓
	Psychodrama	✓		✓
Systemische Orientierung	Systemische Familientherapie	✓	Systemische Therapie[3] ✓	✓
Verhaltenstherapeutische Orientierung	Verhaltenstherapie	✓	✓	✓
Körperorientierte Verfahren	Bioenergetische Analyse			✓
	Körperpsychotherapie (verschiedene »Schulen«)			✓
Kunstorientierte Verfahren	Kunsttherapie			✓

Tab. 20: Anerkannte psychotherapeutische Methoden/Verfahren im deutschsprachigen Raum; Quelle: Wikipedia (modifizierte und erweiterte Tabelle; vgl. Bundesministerium für Gesundheit [Österreich]; Wissenschaftlicher Beirat Psychotherapie und Gemeinsamer Bundesausschuss

[1] Auflistung der Richtungen und Methoden: vgl. Bundesministerium für Gesundheit [Österreich]

[2] Vom »Wissenschaftlichen Beirat Psychotherapie« als psychotherapeuti-

sches Verfahren für die vertiefte psychotherapeutische Ausbildung zum Psychotherapeuten bei Erwachsenen (Psychologische Psychotherapie) empfohlen. Vgl. Wissenschaftlicher Beirat Psychotherapie 2002. Aktuell keine Leistung der GKV. Vgl. Gemeinsamer Bundesausschuss (G-BA) 2009(a), S. 8ff.

[3] Vom »Wissenschaftlichen Beirat Psychotherapie« als Ansatz zur vertieften Weiterbildung/Ausbildung zur Erwachsenen-, Kinder- und Jugendlichenpsychotherapie empfohlen. Vgl. Wissenschaftlicher Beirat Psychotherapie 2008(b), S. 8. Aktuell keine Leistung der GKV. Vgl. G-BA 2009 (a), S. 8 ff.

SOZIALE DIAGNOSE

A. BILD DER PERSÖNLICHKEIT

I. Körperliche Entwicklung:	*II. Geistige Entwicklung:*	*III. Seelische Entwicklung:*
a) *Gestalt und Körperbau*	a) *Aufnahmefähigkeit*	a) *Empfindungsfähigkeit*
1. gleichmäßig entwickelt	1. aufgeschlossen	1. empfindsam
2. ungleichmäßig entwickelt	2. begrenzt	2. überempfindsam
3. unentwickelt	3. einseitig	3. schwach empfindsam
4. abnorm entwickelt	4. unentwickelt	4. unempfindsam
b) *Organbefund*	b) *Urteilsfähigkeit*	b) *Gestaltungsfähigkeit*
1. gesund	1. sicher	1. gemeinschaftsbildend
2. gefährdet	2. unsicher	2. gemeinschaftsführend
3. verkümmert	3. verkümmert	3. gemeinschaftsfern
4. krank	4. unentwickelt	4. gemeinschaftstörend
c) *Kräftezustand*	c) *Kräftezustand*	c) *Kräftezustand*
1. normal	1. normal	1. normal
2. geschwächt	2. geschwächt	2. geschwächt
3. erschöpft	3. erschöpft	3. erschöpft
d) *Befund*	d) *Befund*	d) *Befund*
1. Arbeitsfähigkeit	1. Arbeitsfähigkeit	1. Arbeitsfähigkeit
2. Familienfähigkeit	2. Familienfähigkeit	2. Familienfähigkeit
3. Gesellschaftsfähigkeit	3. Gesellschaftsfähigkeit	3. Gesellschaftsfähigkeit

B. BILD DER UMWELT

I. Physische Wirkungen:	*II. Geistige Wirkungen:*	*III. Seelische Wirkungen:*
a) *Entwicklung der Persönlichkeit*	a) *Entwicklung der Persönlichkeit*	a) *Entwicklung der Persönlichkeit*
1. kräfteerhaltend	1. kräfteerhaltend	1. kräfteerhaltend
2. kräfteschaffend	2. kräfteschaffend	2. kräfteschaffend
3. kräftefördernd	3. kräftefördernd	3. kräftefördernd
b) *Gefährdung der Persönlichkeit*	b) *Gefährdung der Persönlichkeit*	b) *Grfährdung der Persönlichkeit*
1. kräfteschwächend	1. kräfteschwächend	1. kräfteschwächend
2. kräftezerstreuend	2. kräftezerstreuend	2. kräftezerstreuend
3. kräftezerstörend	3. kräftezerstörend	3. kräftezerstörend
c) *Kräftezustand*	c) *Kräftezustand*	c) *Kräftezustand*
1. wirksam	1. wirksam	1. wirksam
2. wenig wirksam	2. wenig wirksam	2. wenig wirksam
3. unwirksam	3. unwirksam	3. unwirksam
d) *Befund*	d) *Befund*	d) *Befund*
1. Arbeitsmöglichkeiten	1. Arbeitsmöglichkeiten	1. Arbeitsmöglichkeiten
2. Familienmöglichkeiten	2. Familienmöglichkeiten	2. Familienmöglichkeiten
3. Gesellschaftsmöglichkeiten	3. Gesellschaftsmöglichkeiten	3. Gesellschaftsmöglichkeiten

Abb. 11: Soziale Diagnose/Katalog nach Wronsky und Kronfeld; Quelle: Wronsky/Kronfeld 1932, S. 48

1) Soziale Unterstützung als ätiologischer Faktor • Soziale Unterstützung als protektiver Faktor der Erhöhung der Resistenz • Defizite und negative Formen Sozialer Unterstützung als Risikofaktoren • Defizite und negative Formen Sozialer Unterstützung als störungsaufrechterhaltende Bedingungen • Soziale Unterstützung als Komponente der Bewältigung von Störungen (Vorstufe zur Psychotherapie)
2) Soziale Unterstützung als Komponente der Suche nach Psychotherapie • Unterstützende Beziehungen als Zielort der Hilfesuche bei Problemen • Soziale Unterstützung als Moderator von Bedarf und Inanspruchnahme von Psychotherapie • Soziale Unterstützung als Vermittler von Psychotherapie • Psychotherapie als Kompensation fehlender Unterstützung
3) Soziale Unterstützung als Begleiter von Psychotherapie • Interaktionen mit dem Netzwerk bei bestehender Psychotherapie • Unterstützung fördert/unterstützt Aufrechterhaltung von Psychotherapie • Unterstützung konkurriert mit/behindert Psychotherapie • Unterstützung und Psychotherapie kooperieren (synergetische Effekte) • Unterstützende Beziehungen als Übungsfeld therapeutischer Effekte
4) Soziale Unterstützung als Determinante des Therapieerfolgs • Unterstützung als Voraussetzung und Prädiktor für positive Therapieergebnisse • Unterstützung als Mediator psychotherapeutischer Effekte • Unterstützung als Bedingung für die Stabilität der Therapieeffekte

Tab. 21: Soziale Unterstützung als Rahmenbedingung von Psychotherapie; Quelle: Röhrle/Laireiter 2009, S. 18

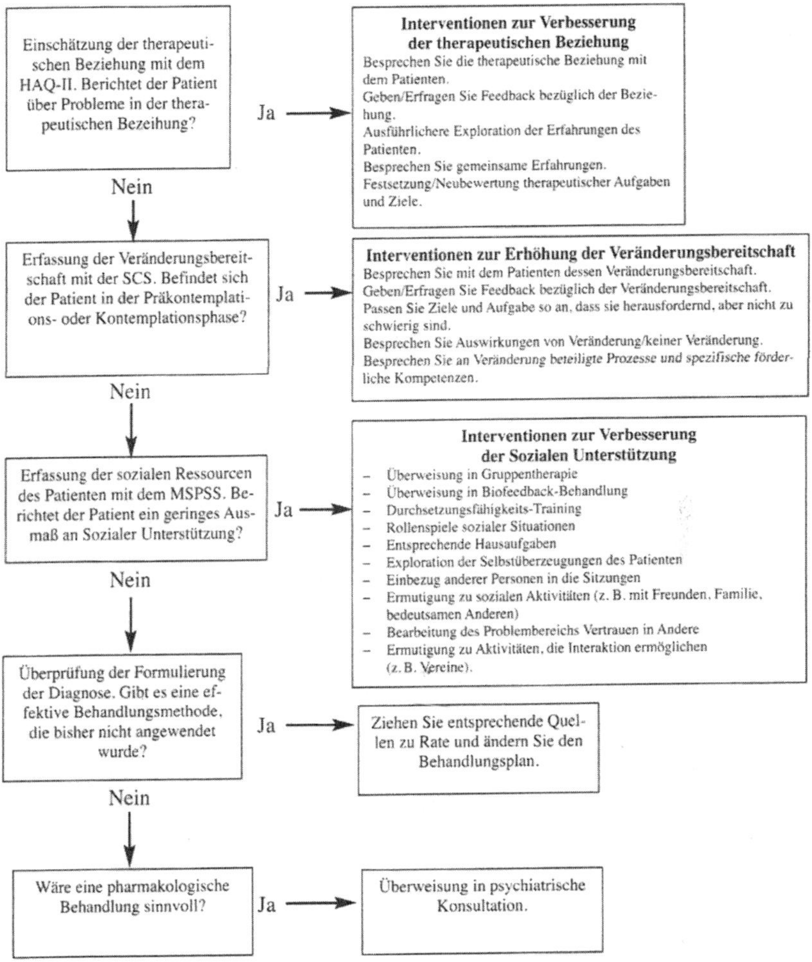

Abb. 12 : Methodik der Clinical Support Tools; Quelle: Lambert et al. 2009, S. 500

1) Ergebnisäquivalenzen

- Dodo Bird Verdikt (Luborsky, Singer & Luborsky 1975)
- Zweites Dodo Bird Verdikt (Faust & Zlotnik 1995)

2) Äquivalenzen in den Rahmenbedingungen und Prozessen des Helfens

- Vergleichbare Ausgangspunkte, identische Probleme
- Kommunale Rahmenbedingungen des Helfens
- Therapeuten-/Helfermerkmale
- Klientenmerkmale
- Überzeugungen, Erwartungen, Hoffnungen
- Gemeinsame Ziele von Unterstützung und Psychotherapie
- Vergleichbare Prozessmerkmale des Helfens

3) Beziehungsäquivalenzen

- Gemeinsame strukturelle und relationale Merkmale helfender Beziehungen
- Psychotherapie als enge persönliche Beziehung
- Psychotherapie als Bindungsbeziehung

4) Interventionsäquivalenzen

- Psychotherapie als eine Form sozialer Intervention
- Psychotherapie als Unterstützung/Freundschaft (Soziale Unterstützung in der Psychotherapie)
- Unterstützung als Psychotherapie (Psychotherapeutische Interventionen in helfenden Interaktionen)
- Psychotherapie und Soziale Unterstützung als soziales Coping bzw. Copingassistenz
- Vergleichbare allgemeine Interventionen (Ratschläge, Empfehlungen, Hausaufgaben etc.)

5) Äquivalente Wirkfaktoren – Common factors, z.B.:

- Intensive emotionale Beziehung
- Verbindung zur Gesellschaft und Umwelt
- Reduktion von Demoralisation
- Vermitteln von Unterstützung
- Klärung von Hintergründen
- Soziale Bewältigung

6) Unterstützung als Interventions- und Therapieform

- Unterstützendes Therapeutenverhalten
- Supportive Psychotherapie
- Krisenintervention und Notfallpsychologie
- Therapeutische Begleitung
- Selbst- und Laienhilfe

Tab. 22: Funktionale Äquivalenzen von Psychotherapie und Sozialer Unterstützung; Quelle: Röhrle/Laireiter 2009, S. 24

Literatur

Adam-Lauer, G. (2008): Psychotherapie. In: Kreft, D. & Mielenz, I. (Hg.): Wörterbuch Soziale Arbeit. Aufgaben, Praxisfelder, Begriffe und Methoden der Sozialarbeit und Sozialpädagogik. 6., überarbeitete und aktualisierte Auflage. Weinheim/München, S. 690–693.

Aichhorn, A. (1987): Verwahrloste Jugend. Die Psychoanalyse in der Fürsorgeerziehung. 10., unveränderte Auflage. Bern.

Ameln, F. von; Gerstmann, R. & Kramer, J. (2009): Psychodrama. 2., überarbeitete und erweiterte Auflage. Heidelberg.

Ansen, H. (2008): Soziale Beratung in der Klinischen Sozialarbeit und ihr spezifischer Behandlungsauftrag bei Krankheit. In: Ortmann, K. & Röh, D. (Hg.): Klinische Sozialarbeit. Konzepte – Praxis – Perspektiven. Freiburg im Breisgau, S. 51–69.

Ansen, H. (2002):Theoretisch-systematische Grundlagen der Klinischen Sozialarbeit im Gesundheitswesen. In: Gödecker-Geenen, N. & Nau, H. (Hg.): Klinische Sozialarbeit. Eine Positionsbestimmung. Münster/Hamburg/London, S. 83–125.

Antonovsky, A. (1979): Health, stress and coping. San Francisco.

Antonovsky, A. (1997): Salutogenese. Zur Entmystifizierung der Gesundheit. Deutsche erweiterte Ausgabe von Alexa Franke. Tübingen.

Bäuerle, W. (1976): Zur Entwicklung einer sozialen Technologie, Theorie und Praxis der sozialen Arbeit. Bonn.

Bandura, A. (1982): Self-efficacy mechanism in human agency. The American Psychologist 37, 122–147.

Bastine, R.; Fiedler, P.A.; Grawe, K.; Schmidtchen, S. & Sommer, G. (Hg.) (1982): Grundbegriffe der Psychotherapie. Weinheim/Deerfield Beach, Florida/Basel.

Bauer, J. (2006): Warum ich fühle, was du fühlst. Intuitive Kommunikation und das Geheimnis der Spiegelneurone. 12. Auflage. München.

Becker, P. (1999): Allgemeine und Differentielle Psychotherapie auf systemischer Grundlage. In: Wagner, R. F. & Becker, P. (Hg.): Allgemeine Psychotherapie. Neue Ansätze zu einer Integration psychotherapeutischer Schulen. Göttingen/Bern/Toronto/Seattle, S. 169–226.

Belardi, N. (2000): Psychotherapie und Sozialpädagogik. In: Stimmer, F. (Hg.): Lexikon der Sozialpädagogik und der Sozialarbeit. 4., völlig überarbeitete und erweiterte Auflage. München/Wien, S. 394–400.

Belardi, N. (2008): Familienberatung. In: Kreft, D. & Mielenz, I. (Hg.): Wörterbuch Soziale Arbeit.

Aufgaben, Praxisfelder, Begriffe und Methoden der Sozialarbeit und Sozialpädagogik. 6., überarbeitete und aktualisierte Auflage. Weinheim/München, S. 282–284.

Berkman, L. F. (1995): The role of social relations in health promotion. Psychosomatic Medicine 57, 245–254.

Berkman, L. F. & Syme, S. L. (1979): Social Networks, Host Resistance and Mortality. A Nine Year Follow-Up Study of Alameda County Residents. American Journal of Epidemiology 109(2), 186–204.

Binner, U. & Ortmann, K. (2008): Klinische Sozialarbeit als Sozialtherapie. In: Ortmann, K. & Röh, D. (Hg.): Klinische Sozialarbeit. Konzepte – Praxis – Perspektiven. Freiburg im Breisgau, S. 71–87.

Binner, U. & Ortmann, K. (o. J.): Sozialarbeit als Therapie – ein Entwurf. URL: http://www.khsb-berlin.de/fileadmin/user_upload/Weiterbildung/Binner_Ortmann_Sozialtherapie.pdf (Stand: 06.11.2009).

Bodenmann, G. (2005): Partnerschaftsstörungen: Interventionen. In: Perrez, M. & Baumann, U. (Hg.): Lehrbuch Klinische Psychologie – Psychotherapie. Bern, S. 1125–1137.

Bodenmann, G. (2009): Dyadische Unterstützungs- und Copingprozesse und ihre Bedeutung für die Prävention und Therapie von Paaren. In: Röhrle, B. & Laireiter, A.-R. (Hg.): Soziale Unterstützung und Psychotherapie. Tübingen, S. 465–486.

Briar, S. & Miller, H. (1971): Problems and Issues in Social Case Work. New York/London.

Bronson, D. E. & Thyer, B. A. (2001): Behavioral social work: where has it been and where is it going?. URL: http://findarticles.com/p/articles/mi_6884/is_3_2/ai_n28128039/?tag=content;col1 (Stand: 14.10.2009).

Bundesministerium für Gesundheit: PatientInnen-Information über die in Österreich anerkannten psychotherapeutischen Methoden. URL: http://www.bmg.gv.at/cms/site/attachments/5/5/5/CH0962/CMS1143559577254/informationen_fuer_patienteninnen_und_patienten_ueber_in_oesterreich_anerkannte_psychotherapiemethoden.pdf (Stand: 29.11.2009).

Bundesministerium für Justiz (a): Gesetz über die berufsmäßige Ausübung der Heilkunde ohne Bestallung (Heilpraktikergesetz). Stand: 23.10.2001. URL: http://www.gesetze-im-internet.de/heilprg/BJNR002510939.html (Stand: 02.01.2009).

Bundesministerium für Justiz (b): Gesetz über die Berufe des Psychologischen Psychotherapeuten und des Kinder- und Jugendlichenpsychotherapeuten (Psychotherapeutengesetz – PsychThG). Stand: 02.12.2007. URL: http://www.gesetze-im-internet.de/bundesrecht/psychthg/gesamt.pdf (Stand: 28.11.2009).

Bundesministerium für Justiz (c): Gesetz über den Vollzug der Freiheitsstrafe und der freiheitsentziehenden Maßregeln der Besserung und Sicherung (Strafvollzugsgesetz – StVollzG). Stand: 29.07.2009. URL: http://www.gesetze-im-internet.de/bundesrecht/stvollzg/gesamt.pdf (Stand: 02.01.2010).

Bundesministerium für Justiz (d): Sozialgesetzbuch (SGB) Fünftes Buch (V) – Gesetzliche Krankenversicherung. Stand: 30.07.2009. URL: http://www.gesetze-im-internet.de/bundesrecht/sgb_5/gesamt.pdf (Stand: 02.01.2010).

Bundespsychotherapeutenkammer: Beruf »Psychotherapeut« – Die gesetzlichen Grundlagen. URL: http://www.bptk.de/psychotherapie/zahlen_fakten/89065.html#49 (Stand: 28.11.2009).

Bundeszentrale für gesundheitliche Aufklärung (Hg.) (2001): Was erhält Menschen gesund? Antonovskys Modell der Salutogenese – Diskussionsstand und Stellenwert. Eine Expertise von Jürgen Bengel, Regine Strittmatter und Hildegard Willmann im Auftrag der BZgA. Erweiterte Neuauflage. Köln.

Bundeszentrale für gesundheitliche Aufklärung (Hg.) (2003): Leitbegriffe der Gesundheitsförderung. Glossar zu Konzepten, Strategien und Methoden in der Gesundheitsförderung. 4. erweiterte und überarbeitete Auflage. Schwabenheim an der Selz.

Cohen, S.; Doyle, W.J. & Skoner, D.P. (1997): Social ties and susceptibility to the common Cold. Journal of the American Medical Association 277, 1940–1944.

Cohen, S. & Wills, T. (1985): Stress, social support, and the buffering hypothesis. Psychological Bulletin 98, 310–357.

Crefeld, W. (2002a): Klinische Sozialarbeit – nur des Kaisers neue Kleider? In: Dörr, M. (Hg.): Klinische Sozialarbeit – eine notwendige Kontroverse. Baltmannsweiler, S. 23–38.

Crefeld, W. (2002b): Psychosoziale Beratung bei Krankheit oder Behinderung braucht eine sozialarbeitswissenschaftliche Grundlage. In: Gödecker-Geenen, N. & Nau, H. (Hg.): Klinische Sozialarbeit. Eine Positionsbestimmung. Münster/Hamburg/London, S. 57–82.

Crefeld, W. (2004): Positionen und Perspektiven der Klinischen Sozialarbeit. URL: http://www.klinische-sozialarbeit.de/Positionen%20und%20Perspektiven%20der%20Klinischen%20Sozialarbeit%20%20-%20Wolf%20Crefeld.pdf (Stand: 2.11.2009).

Crefeld, W. (2005): Behandeln können. In: Geißler-Piltz, B.: Psychosoziale Diagnosen und Behandlung in Arbeitsfeldern der Klinischen Sozialarbeit. Münster, S. 207–216.

Crefeld, W. (2006): Sozialtherapie: Zur heilkundlichen Tätigkeit von Sozialarbeitern im Gesundheitswesen. Klinische Sozialarbeit. Zeitschrift für psychosoziale Praxis und Forschung (Online Sonderausgabe) 2, 29–31. URL: http://eccsw.de/download/klinsa_special_2006.pdf (Stand: 28.10.2009).

Davison, G.C.; Neale, J.M. & Hautzinger, M. (2007): Klinische Psychologie. Ein Lehrbuch. 7., vollständig überarbeitete und erweiterte Auflage. Weinheim/Basel.

Dehmel, S. (2008): Klinische Sozialarbeit als professionelle soziale Unterstützung. In: Ortmann, K. & Röh, D. (Hg.): Klinische Sozialarbeit. Konzepte – Praxis – Perspektiven. Freiburg im Breisgau, S. 17–33.

Deloie, D. (2008): Sozialarbeitswissenschaft. Ein wissenschaftlicher Bezugsrahmen für die Profession Soziale Arbeit?. URL: http://www.grin.com/e-book/111612/sozialarbeitswissenschaft-ein-wissenschaftlicher-bezugsrahmen-fuer# (Stand: 31.10.2009).

Dentler, P. (2005): Clinical Social Work – Eröffnet die Situation in den USA Perspektiven für Deutschland? In: Geißler-Piltz, B.: Psychosoziale Diagnose und Behandlung in Arbeitsfeldern der Klinischen Sozialarbeit. Münster, S. 194–206.

Deutsche Gesellschaft für Soziale Arbeit e.V. Arbeitskreis Sozialarbeit und Gesundheit (2001): Plädoyer für klinische Sozialarbeit – KlinSA – als Fachgebiet der Sozialen Arbeit. Forum-SOZIAL 2, 16–17.

Deutsche Rentenversicherung (2007): Klassifikation therapeutischer Leistungen in der medizinischen Rehabilitation. 5. Auflage. Berlin.

Deutscher Arbeitskreis für Gruppentherapie und Gruppendynamik. URL: http://www.dagg.de (Stand: 02.01.2010).

Deutscher Dachverband für Psychotherapie e.V.: Straßburger Erklärung. URL: http://www.dvp-ev.de/infomaterial.html#2 (Stand: 30.11.2009).

Deutsches Institut für Medizinische Dokumentation und Information (2009): ICD-10-GM. Version 2010. Systematisches Verzeichnis. Internationale statistische Klassifikation der Krankheiten und verwandter Gesundheitsprobleme, 10. Revision – German Modification. URL: http://www.dimdi.de/dynamic/de/klassi/downloadcenter/icd–10-gm/version2010/systematik (Stand: 29.11.2009).

Dietrich, G. (1991): Allgemeine Beratungspsychologie. Eine Einführung in die psychologische Theorie und Praxis der Beratung. 2. Auflage. Göttingen.

Diewald, M. (2009): Soziale Beziehungen: Verlust oder Liberalisierung? Soziale Unterstützung in informellen Netzwerken. Berlin.
Dörr, M. (2002a): Einleitung. In: Dörr, M. (Hg.): Klinische Sozialarbeit – eine notwendige Kontroverse. Baltmannsweiler, S. 1–8.
Dörr, M. (Hg.) (2002b): Klinische Sozialarbeit – eine notwendige Kontroverse. Baltmannsweiler.
Donau-Universität Krems (2006): Integrative Therapie: Neue Psychotherapie-Methode in Österreich. URL: http://www.donau-uni.ac.at/de/aktuell/presse/archiv/05998/index.php (Stand: 28.11.2009).
Dore, M.M. (2008): Functional Theory: Its History and Influence on Contemporary Social Work Practice. In: Cnaan, R.A.; Dichter, M.E. & Draine, J. (Hg.): A Century of Social Work and Social Welfare at Penn. Philadelphia, S. 165–181.
Dorfman, R.A. (Hg.) (1988): Paradigms of Clinical Social Work. New York.
Dorfman, R.A. (1996): Clinical Social Work. Definition, Practice and Vision. New York.
Dorfman, R.A. (Hg.) (1998): Paradigms of Clinical Social Work. Bd. 2. New York.
Dorfman, R.A.; Meyer, P. & Morgan, M.L. (Hg.) (2004): Paradigms of Clinical Social Work. Emphasis on Diversity. Bd. 3. New York.
Ebert, W. & Könnecke-Ebert, B. (2007): Einführung in die Integrative Beratung und Therapie mit Suchtkranken. Grundlegungen des Integrativen Konzeptes der Europäischen Akademie für psychosoziale Gesundheit. In: Petzold, H.G.; Schay, P. & Ebert, W. (Hg.): Integrative Suchttherapie. Theorie, Methoden, Praxis, Forschung. 2., überarbeitete Auflage. Wiesbaden, S. 159–200.
Ellis, A. (1999): Thesen: Die Psychotherapie ist in beunruhigendem Maße mit überflüssigen Mythen belastet. In: Petzold, H.G. & Orth, I.: Mythen der Psychotherapie. Ideologien, Machtstrukturen und Wege kritischer Praxis. Paderborn, S. 79–86.
Engel, F.; Nestmann, F. & Sickendiek, U. (2007): »Beratung« – Ein Selbstverständnis in Bewegung. In: Nestmann, F.; Engel, F. & Sickendiek, U. (Hg.): Das Handbuch der Beratung. Band 1: Disziplinen und Zugänge. 2. Auflage. Tübingen, S. 33–44.
Engelke, E.; Borrmann, S. & Spatscheck, C. (2008): Theorien der Sozialen Arbeit. Eine Einführung. 4., überarbeitete und erweiterte Auflage. Freiburg im Breisgau.
Engelke, E.; Spatscheck, C. & Borrmann, S. (2009): Die Wissenschaft Soziale Arbeit. Werdegang und Grundlagen. 3., überarbeitete und erweiterte Auflage. Freiburg im Breisgau.
Europäische Akademie für psychosoziale Gesundheit und Kreativitätsförderung/Fritz Perls Institut GmbH (2011): Jahresprogramm 2011. Hückeswagen.
European Association for Psychotherapy. URL: http://www.europsyche.org (Stand: 02.01.2010).
European Centre for Clinical Social Work e.V.: Definition. URL: http://eccsw.de/about/selbstverstaendnis.html (Stand: 09.11.2009).
Ewalt, P. (1980): Toward a definition of clinical social work. Washington D.C.
Eyferth, H; Otto, H.-U. & Thiersch, H. (Hg.) (1984): Handbuch zur Sozialarbeit/Sozialpädagogik. Neuwied.
Faltermaier, T. (2005): Gesundheitspsychologie. Stuttgart.
Federn, E. (1999): Woher kommt und was ist psychoanalytische Sozialarbeit. In: Becker, U.; Hermann, A. & Stanek, M. (Hg.): Chaos und Entwicklung. Theorie und Praxis psychoanalytisch orientierter sozialer Arbeit. Gießen, S. 32–38.
Feinbier, R.J. (1997): Klinische Sozialarbeit. Ein Prolog. 1. Auflage. Sankt Augustin.
Fengler, J. (Hg.) (2002): Handbuch der Suchtbehandlung. Beratung – Therapie – Prävention. Landsberg/Lech.

Fengler, J. (2004): Resilienz und Salutogenese – Wie wir den Helfer-Beruf ertragen, gestalten und genießen können. In: Gunkel, S. & Kruse, G. (Hg.): Salutogenese, Resilienz und Psychotherapie: Was hält gesund? – Was bewirkt Heilung? Hannover, S. 349–368.

Fetscher, K. (2008): Die Bedeutung neurowissenschaftlicher Aspekte in der Klinischen Sozialarbeit am Beispiel der beruflichen Eingliederung von Menschen mit einer mesialen Temporallappenepilepsie (mTLE). Klinische Sozialarbeit. Zeitschrift für psychosoziale Praxis und Forschung 4(4), 10–12.

Feustel, A. (2005): Soziale Diagnose und Therapie – Konzeption von Alice Salomon. In: Geißler-Piltz, B.: Psychosoziale Diagnosen und Behandlung in Arbeitsfeldern der Klinischen Sozialarbeit. Münster, S. 26–38.

Finger-Trescher, U. (2001): Psychoanalytische Sozialarbeit. In: Otto, H.-U. & Thiersch, H. (Hg.): Handbuch Sozialarbeit Sozialpädagogik. Neuwied, S. 1454–1461.

Frank, J. D. (1997): Die Heiler. Wirkungsweisen psychotherapeutischer Beeinflussung. Vom Schamanismus bis zu den modernen Therapien. 2., in der Ausstattung veränderte Auflage. Stuttgart.

Franke, A. (2006): Modelle von Gesundheit und Krankheit. Bern.

Franzkowiak, P. (2003): Risikofaktoren. In: Bundeszentrale für gesundheitliche Aufklärung (Hg.): Leitbegriffe der Gesundheitsförderung. Glossar zu Konzepten, Strategien und Methoden in der Gesundheitsförderung. 4., erweiterte und überarbeitete Auflage. Schwabenheim an der Selz, S. 195–198.

Franzkowiak, P. (2006): Präventive Soziale Arbeit im Gesundheitswesen. München/Basel.

Franzkowiak, P. & Wenzel, E. (2005): Gesundheitserziehung und Gesundheitsförderung. In: Otto, H.-U. & Thiersch, H. (Hg.): Handbuch zur Sozialarbeit/Sozialpädagogik. München, S. 716–722.

Fürstenau, P. (1977): Die beiden Dimensionen des psychoanalytischen Umgangs mit strukturell ich-gestörten Patienten. Psyche – Z psychoanal 31, 197–207.

Furman, B. (2005): Es ist nie zu spät, eine glückliche Kindheit zu haben. Dortmund.

Furman, R. (2008): Jessie Taft and the Functional School: The Impact of Our History. In: Cnaan, R. A.; Dichter, M. E. & Draine, J. (Hg.): A Century of Social Work and Social Welfare at Penn. Philadelphia, S. 200–208.

Gahleitner, S. & Borg-Laufs, M. (2007): Wer wird Kinder- und JugendlichenpsychotherapeutIn nach der Bologna-Reform? Perspektiven der Sozialarbeit, Sozialpädagogik und Heilpädagogik. Psychotherapeutenjournal 2, 108–117.

Gahleitner, S. & Hahn, G. (Hg.) (2008): Klinische Sozialarbeit. Zielgruppen und Arbeitsfelder. Beiträge zur psychosozialen Praxis und Forschung 1. Bonn.

Galuske, M. (2009): Methoden der Sozialen Arbeit. Eine Einführung. 8. Auflage. Weinheim/München.

Galuske, M. & Müller, C. W. (2005): Handlungsformen in der Sozialen Arbeit. Geschichte und Entwicklung. In: Thole, W. (Hg.): Grundriss Soziale Arbeit. Ein einführendes Handbuch. 2., überarbeitete und aktualisierte Auflage. Wiesbaden, S. 485–508.

Gambrill, E. (1995): Behavioral Social Work: Past, Present, and Future. Research on Social Work Practice 5, 460–484.

Gambrill, E.; Thomas, E. J. & Carter, R. D. (1971): Procedure for socio-behavioral practice in open settings. Social Work 16, 51–62.

Gassmann, D. & Grawe, K. (2009): Ressourcenorientierte Psychotherapie – Schwerpunkt soziale Ressourcen. In: Röhrle, B. & Laireiter, A.-R. (Hg.): Soziale Unterstützung und Psychotherapie. Tübingen, S. 99–120.

Geißler-Piltz, B.: Die Entwicklung der Klinischen Sozialarbeit – eine Historie mit vielen Brüchen. URL: http://www.ash-berlin.eu/uploads/media/Entwicklung_Klinische_SA_GPiltz_01.pdf (Stand: 04.10.2009).

Geißler-Piltz, B. (2004): Im Brennpunkt liegt der Alltag der erkrankten Menschen. Sozial Extra 1, 32–35.

Geißler-Piltz, B. (2005): Psychosoziale Diagnosen und Behandlung in Arbeitsfeldern der Klinischen Sozialarbeit. Münster.

Geißler-Piltz, B.; Mühlum, A. & Pauls, H. (2005): Klinische Sozialarbeit. München/Basel.

Gemeinsamer Bundesausschuss (2009a): Richtlinie des Gemeinsamen Bundesausschusses über die Durchführung der Psychotherapie (Psychotherapie-Richtlinie). URL: http: // www.g-ba.de / downloads / 62–492–323 / RL-Psycho–2009-02–19.pdf (Stand: 29.11.2009).

Gemeinsamer Bundesausschuss (2009b): Verfahren der Psychotherapie in der GKV. Stand 17.06.2009. URL: http://www.g-ba.de/institution/themenschwerpunkte/psychotherapie/verfahren (Stand: 13.11.2009).

Germain, C. (1982): Soziale Einzelhilfe und Wissenschaft. In: Roberts, R.W. & Nee, R.H. (Hg.): Konzepte der Sozialen Einzelhilfe. Stand der Entwicklung. Neue Anwendungsformen. 3. Auflage. Freiburg im Breisgau, S. 17–46.

Gerstenmaier, J. & Nestmann, F. (1984): Alltagstheorien von Beratung. Opladen.

Gildemeister, R. & Robert, G. (2005): Therapie und Soziale Arbeit. In: Otto, H.-U. & Thiersch, H. (Hg.): Handbuch Sozialarbeit Sozialpädagogik. 3. Auflage. München/Basel, S. 1901–1909.

Goddemeier, C. (2009): Otto Rank: Vom Trauma der Geburt. URL: http://www.aerzteblatt.de/v4/archiv/artikel.asp?src=heft&id=64133 (Stand: 11.10.2009).

Gödecker-Geenen, N. & Nau, H. (2002): Klinische Sozialarbeit. Eine Positionsbestimmung. Münster/Hamburg/London.

Goldbrunner, H. (1989): Arbeit mit Problemfamilien. Systemische Perspektiven für Familientherapie und Sozialarbeit. Mainz.

Goldstein, E.G. (1996): What is clinical social work? Looking back to move ahead. Clinical Social Work Journal 24, 89–104.

Goldstein, E.G. (2009): The Relationship Between Social Work and Psychoanalysis: The Future Impact of Social Workers. Clinical Social Work Journal 37, 7–13.

Goodman, P. & Goodman, P. (1994): Communitas. Lebensformen und Lebensmöglichkeiten menschlicher Gemeinschaften. Köln.

Grawe, K. (1999): Allgemeine Psychotherapie: Leitbild für eine empiriegeleitete psychologische Therapie. In: Wagner, R.F. & Becker, P. (Hg.): Allgemeine Psychotherapie. Neue Ansätze zu einer Integration psychotherapeutischer Schulen. Göttingen/Bern/Toronto/Seattle, S. 117–167.

Grawe, K. (2000): Psychologische Therapie. 2., korrigierte Auflage. Göttingen/Bern/Toronto/Seattle.

Grawe, K. (2005a): Empirisch validierte Wirkfaktoren der Psychotherapie. Report Psychologie 7/8, 311–315.

Grawe, K. (2005b): (Wie) kann Psychotherapie durch empirische Validierung wirksamer werden? In: Psychotherapeutenjournal 1, 4–11.

Grawe, K.; Donati, R. & Bernauer, F. (1994): Psychotherapie im Wandel. Von der Konfession zur Profession. Göttingen.

Grawe, K. & Grawe-Gerber, M. (1999): Ressourcenaktivierung. Ein primäres Wirkprinzip der Psychotherapie. Psychotherapeut 44, 63–73.

Graziano, R. (2006): Clinical Social Work Practice in the U.S.: A Brief History of the Past 100 Years. Klinische Sozialarbeit. Zeitschrift für psychosoziale Praxis und Forschung 2(4), 7–8.

Greene, R.R. (Hg.) (2002): Resiliency. An Integrated Approach to Practice, Policy, and Research. Washington D.C.

Gunkel, S. & Kruse, G. (Hg.) (2004): Salutogenese, Resilienz und Psychotherapie Was hält gesund? – Was bewirkt Heilung? Hannover.

Gunzelmann, T.; Schiepe, K. & Reinecke, H. (1987): Laienhelfer in der psychosozialen Versorgung. Gruppendynamik 18(4), 361–384.

Hahn, G. & Pauls, H. (2008): Bezugspunkte Klinischer Sozialarbeit. In: Gahleitner, S. & Hahn, G. (Hg.): Klinische Sozialarbeit. Zielgruppen und Arbeitsfelder. Beiträge zur psychosozialen Praxis und Forschung 1. Bonn, S. 22–43.

Hahn, P. (2000): Wissenschaft und Wissenschaftlichkeit in der Medizin. In: Pieringer, W. & Ebner, F. (Hg.): Zur Philosophie der Medizin. Wien/New York, S. 35–53.

Hamilton, G. (1948): Theory and Practice of Social Case Work. 8th printing. New York.

Hanses, A. (2002): Biographische Diagnostik als Veränderung professioneller »Interaktionsordung«. In: Dörr, M. (Hg.): Klinische Sozialarbeit – eine notwendige Kontroverse. Baltmannsweiler, S. 86–102.

Hartman, A. (1988): Foreword. In: Dorfman, R.A. (Hg.): Paradigms of Clinical Social Work. New York, S. vii–xi.

Haselmann, S. (2008): Psychosoziale Arbeit in der Psychiatrie – systemisch oder subjektorientiert? Ein Lehrbuch. Göttingen.

Hass, W. & Petzold, H.G. (1999): Die Bedeutung der Forschung über soziale Netzwerke, Netzwerktherapie und soziale Unterstützung für die Psychotherapie – diagnostische und therapeutische Perspektiven. In: Petzold, H.G. & Märtens, M. (Hg.): Wege zu effektiven Psychotherapien. Psychotherapieforschung und Praxis. Band 1: Modelle, Konzepte, Settings. Opladen, S. 193–272.

Haupert, B. (2002): Klinische Sozialarbeit aus professionstheoretischer Perspektive oder von der theoretischen und professionellen Fremdbestimmung Sozialer Arbeit zur Selbstbestimmung. In: Dörr, M. (Hg.): Klinische Sozialarbeit – eine notwendige Kontroverse. Baltmannsweiler, S. 65–85.

Hautzinger, M. & Eckert, J. (2007): Wirkfaktoren und allgemeine Merkmale der Psychotherapie. In: Reimer, C.; Eckert, J.; Hautzinger, M. & Wilke, E.: Psychotherapie. Ein Lehrbuch für Ärzte und Psychologen. 3. Auflage. Heidelberg, S. 17–31.

Haye, B. & Kleve, H. (2005): Die sechs Schritte helfender Kommunikation als eine methodische Grundlage Klinischer Sozialarbeit. In: Geißler-Piltz, B.: Psychosoziale Diagnosen und Behandlung in Arbeitsfeldern der Klinischen Sozialarbeit. Münster, S. 75–100.

Heekerens, H.-P. & Ohling, M. (2005): Am Anfang war Otto Rank: 80 Jahre Experienzielle Therapie. Integrative Therapie. Zeitschrift für vergleichende Psychotherapie und Methodenintegration 31(3), 276–293.

Heigl, F.; Schultze-Dierbach, E. & Heigl-Evers, A. (1994): Die Bedeutung des psychoanalytisch-interaktionellen Prinzips für die Sozialisation des Suchtkranken. In: Bilitza, K.W. (Hg.): Suchttherapie und Sozialtherapie. Göttingen, S. 230–249.

Herwig-Lempp, J. (2002): Von der Familientherapie zur Systemischen Sozialarbeit. URL: http://www.herwig-lempp.de/daten/veroeffentlichungen/0201ft-systemJHL.pdf (Stand: 11.12.2009).

Hey, G. (2000): Klinische Sozialarbeit. Zu den Aufgaben Sozialer Arbeit in Einrichtungen des Gesundheitswesens. In: Sting, S. & Zurhorst, G. (Hg.): Gesundheit und Soziale Arbeit.

Gesundheit und Gesundheitsförderung in den Praxisfeldern Sozialer Arbeit. Weinheim/München, S. 163–175.
Hildenbrand, A.; Sonntag, D.; Bauer, C. & Bühringer, G. (2009): Versorgung Suchtkranker in Deutschland: Ergebnisse der Suchtstatistik 2007. Sonderheft 1. Sucht 55(1), 515–534.
Hildenbrand, B. (2007): Pflegefamilien als Ort der Entwicklung von Resilienz. Klinische Sozialarbeit. Zeitschrift für psychosoziale Praxis und Forschung 3(1), 4–6.
Hoffmann, N. (Hg.) (1977): Therapeutische Methoden in der Sozialarbeit. 2. Auflage. Salzburg.
Hollis, F. (1982): Die psychosoziale Arbeitsweise als Grundlage Sozialer Einzelhilfe-Praxis. In: Roberts, R.W. & Nee, R.H. (Hg.): Konzepte der Sozialen Einzelhilfe. Stand der Entwicklung. Neue Anwendungsformen. 3. Auflage. Freiburg im Breisgau, S. 47–90.
Horton, E.H. (1910): New York State Charities Aid Association Annual Report. New York.
Hurrelmann, K. (2006): Gesundheitssoziologie. Eine Einführung in sozialwissenschaftliche Theorien von Krankheitsprävention und Gesundheitsförderung. 6., vollständig überarbeitete Auflage. Weinheim/München.
Hurrelmann, K.; Grundmann, M. & Walper, S. (Hg.) (2008a): Handbuch Sozialisationsforschung. 7., vollständig überarbeitete Auflage. Weinheim/Basel.
Hurrelmann, K.; Grundmann, M. & Walper, S. (2008b): Zum Stand der Sozialisationsforschung. In: Hurrelmann, K.; Grundmann, M. & Walper, S. (Hg.): Handbuch Sozialisationsforschung. 7., vollständig überarbeitete Auflage. Weinheim/Basel, S. 14–31.
Hurrelmann, K.; Klotz, T. & Haisch, J. (Hg.) (2009a): Lehrbuch der Prävention und Gesundheitsförderung. 2., überarbeitete Auflage. Bern.
Hurrelmann, K.; Klotz, T. & Haisch, J. (2009b): Einführung: Krankheitsprävention und Gesundheitsförderung. In: Hurrelmann, K.; Klotz, T. & Haisch, J. (Hg.): Lehrbuch der Prävention und Gesundheitsförderung. 2., überarbeitete Auflage. Bern, S. 11–19.
International Federation for Psychotherapie. URL: http://www.ifp.name (Stand: 02.01.2010).
International Federation of Social Workers: Neue Definition von Sozialarbeit. URL: http://www.dbsh.de/internationale.pdf (Stand: 30.11.2009).
Junglas, J. (2002): Allgemeine Psychotherapie. In: Fengler, J. (Hg.): Handbuch der Suchtbehandlung. Beratung – Therapie – Prävention. Landsberg/Lech, S. 25–31.
Jusline Österreich (2009): Psychotherapiegesetz (PsthG). URL: http://www.jusline.at/index.php?cpid=f04b15af72dbf3fdc0772f869d4877ea&law_id=421 (Stand: 28.11.2009).
Kähler, H. (1975): Das Konzept des sozialen Netzwerks. Eine Einführung in die Literatur. Zeitschrift für Soziologie 4, 283–290.
Kamphuis, M. (1973): Die persönliche Hilfe der Sozialarbeit unserer Zeit. Eine Einführung in die Methode der Einzelfallhilfe für Praxis und Ausbildung. Stuttgart.
Kanfer, F.H.; Reinecker, H. & Schmelzer, D. (2006): Selbstmanagement-Therapie. Ein Lehrbuch für die klinische Praxis. 4. Auflage. Heidelberg.
Karasu, T.B. (1986): The »specificity vs. nonspecificity« dilemma: towards identifying therapeutic change agents. Am J Psychiatry 143, 687–695.
Kardorff, E. von (2005): Rezension vom 08.02.2005 zu: Pauls, H.: Klinische Sozialarbeit. Grundlagen und Methoden psycho-sozialer Behandlung. Weinheim 2004. URL: http://www.socialnet.de/rezensionen/1837.php (Stand: 08.11.2009).
Klein, U. (2006): Editorial. Klinische Sozialarbeit. Zeitschrift für psychosoziale Praxis und Forschung 2(3), 3.
Klein, U. (2007): Editorial. Klinische Sozialarbeit. Zeitschrift für psychosoziale Praxis und Forschung 3(1), 3.
Kleve, H.: Theorien Sozialer Arbeit. Vorlesung 8. Exemplarische Theorien I: Psychoanalyse in

der Sozialen Arbeit. URL: http://www.vpech-irrpeace.ch/wcms/ftp//v/vpech-irrpeace.ch/uploads/Vorlesung_8_Exemplarische_Theorien_I_Psychoanalyse___Kritik.ppt (Stand: 17.11.2009).

Kleve, H. (2002): Methoden Sozialer Arbeit. Einführungstexte und Übersichten für das Grundstudium. URL: http://users.asfh-berlin.de/kleve/grundmethoden.doc (Stand: 19.12.2009).

Kleve, H. (2007): Postmoderne Sozialarbeit. Ein systemtheoretisch-konstruktivistischer Beitrag zur Sozialarbeitswissenschaft. 2. Auflage. Wiesbaden.

Kling-Kirchner, C. (2005): Aspekte klinisch-sozialarbeiterischer Diagnostik. In: Geißler-Piltz, B.: Psychosoziale Diagnosen und Behandlung in Arbeitsfeldern der Klinischen Sozialarbeit. Münster, S. 58–74.

Klosterhuis, H. & Müller-Fahrnow, W. (1994): Sozialschicht und Sterblichkeit bei männlichen Angestellten aus den alten Bundesländern. In: Mielck, A. (Hg.): Krankheit und soziale Ungleichheit. Ergebnisse der sozialepidemiologischen Forschung in Deutschland. Opladen, S. 319–330.

Klüsche, W. (1990): Professionelle Helfer. Anforderungen und Selbstdeutungen. Analyse Sozialpädagogik. Aachen.

Kolk, B.A. van der; McFarlane, A.C. & Weisaeth, L. (Hg.) (1996): Traumatic Stress. The Effects of Overwhelming Experience on Mind, Body, and Society. New York.

Kraimer, K. (2002): Klinische Praxis im Fadenkreuz von Disziplin und Profession. Die Methode der Maieutik in Gespräch und Erzählung. In: Dörr, M. (Hg.): Klinische Sozialarbeit – eine notwendige Kontroverse. Baltmannsweiler, S. 120–142.

Krause, R. (1982): Psychoanalyse. In: Bastine, R.; Fiedler, P.A.; Grawe, K.; Schmidtchen, S. & Sommer, G. (Hg.): Grundbegriffe der Psychotherapie. Weinheim/Deerfield Beach, Florida/Basel, S. 275–286.

Kreft, D. & Mielenz, I. (2008): Wörterbuch Soziale Arbeit. Aufgaben, Praxisfelder, Begriffe und Methoden der Sozialarbeit und Sozialpädagogik. 6., überarbeitete und aktualisierte Auflage. Weinheim/München.

Laireiter, A.-R. (2009): Soziales Netzwerk und soziale Unterstützung. In: Lenz, K. & Nestmann, F. (Hg.): Handbuch Persönlicher Beziehungen. Weinheim/München, S. 75–99.

Lambert, M.J. (1992): Implications of outcome research for psychotherapy integration. In: Norcross, J.C. & Goldstein, M.R. (Hg.): Handbook of psychotherapy integration. New York, S. 94–129.

Lambert, M.J.; Vermeersch, D.A. & Chesley, G.C. (2009): Interventionen zur Verbesserung Sozialer Unterstützung bei Patienten mit Risiko für negative Therapieergebnisse. In: Röhrle, B. & Laireiter, A.-R. (Hg.): Soziale Unterstützung und Psychotherapie. Tübingen, S. 489–533.

Lampert, T. & Mielck, A. (2008): Gesundheit und soziale Ungleichheit. Eine Herausforderung für Forschung und Politik. G+G Wissenschaft (GGW) 8(2), 7–16.

Langosch, A. (2008): Ressourcen, Stärken, Möglichkeiten. Praxishandbuch für ressourcenorientiertes Arbeiten in Management, Selbstmanagement, Supervision, Coaching, Therapie, Beratung und sozialer Arbeit. 3., verbesserte Auflage. Kiel.

Lenz, K. & Nestmann, F. (Hg.) (2009): Handbuch Persönlicher Beziehungen. Weinheim/München.

Ludewig, K. (1999): Psychosoziale Versorgung. Zwischen Expertentum und Nicht-Wissen. Eine systemische Sicht. URL: http://www.kurtludewig.de/Downloads/03%20Hilfe%20Fuersorge%201999.pdf (Stand: 28.11.2009).

Lux, M. (2008): Neurowissenschaftliche Aspekte Personenzentrierter Psychotherapie und

Beratung. Klinische Sozialarbeit. Zeitschrift für psychosoziale Praxis und Forschung 4(4), 4–7.
Mackenbach, J. P. (2006): Health inequalities: Europe in Profile. An independent expert report commissioned by UK presidency of the EU. URL: http://ec.europa.eu/health/ph_determinants/socio_economics/documents/ev_060302_rd06_en.pdf (Stand: 30.12.2009).
Maoz, B. (2004): Salutogenese – Die Geschichte einer Idee und ihre Anwendung in der Psychotherapie. In: Gunkel, S. & Kruse, G. (Hg.): Salutogenese, Resilienz und Psychotherapie: Was hält gesund? – Was bewirkt Heilung? Hannover, S. 69–98.
Margraf, J. (2003): Lehrbuch der Verhaltenstherapie. Band 1: Grundlagen – Diagnostik – Verfahren – Rahmenbedingungen. 2., vollständig überarbeitete und erweiterte Auflage. 1. Nachdruck. Berlin/Heidelberg/New York.
Märtens, M. & Petzold, H. (1998): Diskurs und Ko-respondenz. Wer und Was wirkt Wie in der Psychotherapie? Mythos »Wirkfaktoren« oder hilfreiches Konstrukt? Integrative Therapie. Zeitschrift für vergleichende Psychotherapie und Methodenintegration 24(1), 98–110.
Märtens, M. (2009): Heilfaktoren. In: Stumm, G. & Pritz, A. (Hg.): Wörterbuch der Psychotherapie. 2. Auflage. Wien, S. 271–272.
May, M. (2009): Aktuelle Theoriediskurse Sozialer Arbeit. Eine Einführung. 2., überarbeitete und erweiterte Auflage. Wiesbaden.
Meinhold, M. (2005): Über Einzelfallhilfe und Case Management. In: Thole, W. (Hg.): Grundriss Soziale Arbeit. Ein einführendes Handbuch. 2., überarbeitete und aktualisierte Auflage. Wiesbaden, S. 509–522.
Messer, S. B. & Warren, C. S. (1995): Models of Psychodynamic Therapy. A Comparative Approach. New York.
Meyer, A.; Richter, R.; Grawe, K.; Schulenburg, J. M. & Schulte, B. (1991): Forschungsgutachten zu Fragen eines Psychotherapeutengesetzes. Hamburg.
Mitchell, C.J. (1969): The concept and use of social network. In: Mitchell, C.J. (Hg.): Social networks in urban situations. Analysis of personal relationships in central African towns. Manchester, S. 1–50.
Möller, H.J.; Laux, G. & Deister, A. (2009): Psychiatrie und Psychotherapie. Mit einem Beitrag zur Kinder- und Jugendpsychiatrie von Hellmut Braun-Scharm. 4., vollständig überarbeitete und erweiterte Auflage. Stuttgart.
Mühlum, A. (2002): Gesundheitsförderung und klinische Fachlichkeit. Auf dem Weg zur Klinischen Sozialarbeit. In: Dörr, M. (Hg.): Klinische Sozialarbeit – eine notwendige Kontroverse. Baltmannsweiler, S. 10–22.
Mühlum, A. (2008): Klinische Sozialarbeit und Gesundheitsförderung. In: Gahleitner, S. & Hahn, G. (Hg.): Klinische Sozialarbeit. Zielgruppen und Arbeitsfelder. Beiträge zur psychosozialen Praxis und Forschung 1. Bonn, S. 62–74.
Mühlum, A. (2009): Der wissenschaftliche Ort Klinischer Sozialarbeit: Sozialarbeitswissenschaft. In: Gahleitner, S. & Hahn, G. (Hg.): Klinische Sozialarbeit. Forschung aus der Praxis – Forschung für die Praxis. Beiträge zur psychosozialen Praxis und Forschung 2. 1. Auflage. Bonn, S. 20–31.
Müller, C. W. (1997): Wie helfen zum Beruf wurde. Band 2. Eine Methodengeschichte der Sozialen Arbeit 1945–1995. 3. Auflage. Weinheim/München.
Müller, C. W. (2006): Wie helfen zum Beruf wurde. Eine Methodengeschichte der Sozialen Arbeit. 4., erweiterte und aktualisierte Auflage. Neuauflage. Weinheim/München.
National Association of Social Workers (2009). URL: http://www.socialworkers.org/practice (Stand: 30.09.2009).

Nestmann, F. (2009): Netzwerkintervention und soziale Unterstützungsförderung. In: Lenz, K. & Nestmann, F. (Hg.): Handbuch Persönlicher Beziehungen. Weinheim/München, S. 955–977.

Neuffer, M. (2000): Beratung als Kernkompetenz Sozialer Arbeit. Der Beratungsbegriff in der Geschichte der Profession. Blätter der Wohlfahrtpflege 5/6, 100–103.

Northen, H. (1995): Clinical Social Work. Knowledge and Skills. New York.

Oei, T. P. & Shuttlewood, G. J. (1996): Specific and Nonspecific Factors in Psychotherapy: A Case of Cognitive Therapy for Depression. Clinical Psychology Review 16, 83–103.

Ohlmeier, D. (1984): Psychoanalyse und Sozialarbeit. In: Eyferth, H.; Otto, H.-U. & Thiersch, H. (Hg.): Handbuch zur Sozialarbeit/Sozialpädagogik. Neuwied, S. 812–822.

Olk, T. (1986): Abschied vom Experten. Sozialarbeit auf dem Weg zu einer alternativen Professionalität. Weinheim/München.

Orlinsky, D. E. (1999): »Learning from Many Masters«. Ansätze zu einer wissenschaftlichen Integration psychotherapeutischer Behandlungsmodelle. In: Petzold, H. G. & Märtens, M. (Hg.): Wege zu effektiven Psychotherapien. Psychotherapieforschung und Praxis. Band 1: Modelle, Konzepte, Settings. Opladen, S. 31–43.

Orlinsky, D. E. (2009): Die psychotherapeutische Beziehung, Soziale Unterstützung und die heilende Energie des Therapeuten: Eine Neo-Durkheimsche Perspektive. In: Röhrle, B. & Laireiter, A.-R. (Hg.): Soziale Unterstützung und Psychotherapie. Tübingen, S. 47–76.

Orlinsky, D. E.; Grawe, K. & Parks, B. (1994): Process and Outcome in Psychotherapy. In: Bergin, A. E. & Garfield, S. L. (Hg.): Handbook of Psychotherapy and Behavior Change. 3rd Edition. New York, S. 311–381.

Orth, I. & Petzold, H. G. (2001): Vorwort und Einführung. Integrative Therapie: Das »biopsychosoziale« Modell kritischer Humantherapie und Kulturarbeit – ein »lifespan development approach«. Theorie, Praxis, Wirksamkeit, Entwicklungen. In: Petzold, H. G. (Hg.): Integrative Therapie: Das »biopsychosoziale« Modell kritischer Humantherapie und Kulturarbeit – ein »lifespan development approach«. Theorie, Praxis, Wirksamkeit. Paderborn, S. 3–16.

Ortmann, K. & Röh, D. (Hg.) (2008): Klinische Sozialarbeit. Konzepte – Praxis – Perspektiven. Freiburg im Breisgau.

Osten, P. (2000): Die Anamnese in der Psychotherapie. Klinische Entwicklungspsychologie in der Praxis. 2., völlig neu bearbeitete und erweiterte Auflage. München/Basel.

Osten, P. (2007): Integrative Diagnostik der Sucht- und Abhängigkeitserkrankungen. In: Petzold, H. G.; Schay, P. & Ebert, W. (Hg.): Integrative Suchttherapie. Theorie, Methoden, Praxis, Forschung. 2., überarbeitete Auflage. Wiesbaden, S. 201–268.

Otto, H.-U. & Thiersch, H. (2005): Handbuch Sozialarbeit Sozialpädagogik. 3. Auflage. München/Basel.

Pantucek, P. (2009): Soziale Diagnostik. Verfahren für die Praxis Sozialer Arbeit. 2., verbesserte Auflage. Wien/Köln/Weimar.

Papou ek, H. & Papou ek, M. (1981): Intuitives elterliches Verhalten im Zwiegespräch mit Neugeborenen. Sozialpädagogische Praxis 3, 229–238.

Pauls, H. (o. J. a): Klinische Sozialarbeit als Rahmen für Soziale Arbeit in Kliniken. URL: http://www.zentralklinik-bad-berka.de/rka/cms/kip_2/deu/download/13_symp_vortrag_pauls.pdf (Stand: 08.11.2009).

Pauls, H. (o. J. b): Unterwegs zur Klinischen Sozialarbeit. URL: http://www.hs-coburg.de/uploads/media/Unterwegs_zur_klinsichen_Sozialarbeit_Pauls_03.pdf (Stand: 08.11.2009).

Pauls, H. (2004): Klinische Sozialarbeit. Grundlagen und Methoden psycho-sozialer Behandlung. Weinheim/München.

Pauls, H. (2005): Klinische Sozialarbeit und Kinder- und Jugendlichenpsychotherapie. Klinische Sozialarbeit. Zeitschrift für psychosoziale Praxis und Forschung 1(1), 10–11.

Perlman, H.H. (1978): Soziale Einzelhilfe als problemlösender Prozeß. 4. Auflage. Freiburg im Breisgau.

Perlman, H.H. (1982): Das Modell des problemlösenden Vorgehens in der Sozialen Einzelhilfe. In: Roberts, R.W. & Nee, R.H. (Hg.): Konzepte der Sozialen Einzelhilfe. Stand der Entwicklung. Neue Anwendungsformen. 3. Auflage. Freiburg im Breisgau, S. 145–197.

Petzold, C. & Petzold, H. (1993): Soziotherapie als methodischer Ansatz in der Integrativen Therapie. In: Petzold, H. & Sieper, J. (Hg.): Integration und Kreation. Modelle und Konzepte der Integrativen Therapie, Agogik und Arbeit mit kreativen Medien. Band 2: Strukturen, Methoden, Organisation. Paderborn, S. 459–478.

Petzold, H.G. (o.J.): Was ist Integrative Therapie? – Leitideen und Grundkonzepte. URL: http://www.eag-fpi.com/images/stories/downloads/was_ist_integrative_therapie.pdf (Stand: 28.07.2011).

Petzold, H.G. (1986): Die modernen Verfahren der Bewegungs- und Leibtherapie und die »Integrative Bewegungstherapie«. In: Petzold, H.G. (Hg.): Leiblichkeit. Philosophische, gesellschaftliche und therapeutische Perspektiven. 2. Auflage. Paderborn, S. 347–389.

Petzold, H.G. (1993a): Integrative Therapie. In: Petzold, H. & Sieper, J.(Hg.): Integration und Kreation. Band 1: Modelle und Konzepte der Integrativen Therapie, Agogik und Arbeit mit kreativen Medien. Paderborn, S. 17–24.

Petzold, H.G. (1993b): Integrative Therapie. Modelle, Theorien und Methoden für eine schulenübergreifende Psychotherapie. Band 1: Klinische Philosophie. Band 2: Klinische Theorie. Paderborn.

Petzold, H.G. (1999): Psychotherapie, ein integrativer Ansatz oder weiterhin schulengebundene Ideologie? – Probleme, Hintergründe, Argumente. In: Petzold, H.G. & Orth, I. (Hg.): Mythen der Psychotherapie. Ideologien, Machtstrukturen und Wege kritischer Praxis. Paderborn, S. 87–124.

Petzold, H.G. (unter Mitarbeit von Hildenbrand, C.-D. und Jüster, M.) (2002): Coaching als »soziale Repräsentation« – sozialpsychologische Reflexionen und Untersuchungsergebnisse zu einer modernen Beratungsform. In: SUPERVISION. Theorie – Praxis – Forschung. Eine interdisziplinäre Internet-Zeitschrift. 02/2002. URL: http://www.fpi-publikation.de/images/stories/downloads/supervision/Petzold-Coaching-Supervision-02–2002.pdf (Stand: 13.12.2010).

Petzold, H.G. (2007): Drogenabhängigkeit als Krankheit. In: Petzold, H.G.; Schay, P. & Ebert, W. (Hg.): Integrative Suchttherapie. Theorie, Methoden, Praxis, Forschung. 2., überarbeitete Auflage. Wiesbaden, S. 465–481.

Petzold, H.G. (2009): »Mit Jugendlichen auf dem Weg ...«. Biopsychosoziale, entwicklungspsychologische und evolutionspsychologische Konzepte für die Jugendlichenpsychotherapie und für »Integrative Sozialpädagogische Modelleinrichtungen«. Integrative Therapie. Zeitschrift für vergleichende Psychotherapie und Methodenintegration 35(2/3), 277–331.

Petzold, H.G. & Ebert, W. (und Mitarbeiter der Fachklinik »Sieben Zwerge«) (2006): »Menschen wachsen lassen«. Behandlungsmodell und Therapiekonzept der anthroposophischen Fachklinik für Drogenkrankheiten »Sieben Zwerge«. In: Petzold,H.G.; Schay, P. & Scheiblich, W. (Hg.): Integrative Suchtarbeit. Innovative Modelle, Praxisstrategien und Evaluation. Wiesbaden, S. 321–353.

Petzold, H.G. & Märtens, M. (Hg.) (1999): Wege zu effektiven Psychotherapien. Psychotherapieforschung und Praxis. Band 1: Modelle, Konzepte, Settings. Opladen.

Petzold, H.G. & Orth, I. (1999): Mythen der Psychotherapie. Ideologien, Machtstrukturen und Wege kritischer Praxis. Paderborn.

Petzold, H.G.; Orth, I. & Sieper, J. (2006): Erkenntniskritische, entwicklungspsychologische, neurobiologische und agogische Positionen der »Integrativen Therapie« als »Entwicklungstherapie«. Grundlagen für Selbsterfahrung in therapeutischer Weiterbildung, Supervision und Therapie – Theorie, Methodik, Forschung. In: Petzold, H.G.; Schay, P. & Scheiblich, W. (Hg.): Integrative Suchtarbeit. Innovative Modelle, Praxisstrategien und Evaluation. Wiesbaden, S. 627–713.

Petzold, H.G.; Schay, P. & Ebert, W. (Hg.) (2007): Integrative Suchttherapie. Theorie, Methoden, Praxis, Forschung. 2., überarbeitete Auflage. Wiesbaden.

Petzold, H.G.; Schay, P. & Scheiblich, W. (Hg.) (2006): Integrative Suchtarbeit. Innovative Modelle, Praxisstrategien und Evaluation. Wiesbaden.

Petzold, H.G.; Scheiblich, W. & Thomas, G. (2006): Drogentherapie – Entwicklung, Formen, Methoden, Wirkungen und »der Integrative Ansatz«. In: Petzold, H.G.; Schay, P. & Scheiblich, W. (Hg.): Integrative Suchtarbeit. Innovative Modelle, Praxisstrategien und Evaluation. Wiesbaden, S. 41–94.

Petzold, H.G. & Sieper, J. (Hg.) (1993): Integration und Kreation. Band 1: Modelle und Konzepte der Integrativen Therapie, Agogik und Arbeit mit kreativen Medien. Band 2: Strukturen, Methoden, Organisation. Paderborn.

Petzold, H.G. & Sieper, J. (2004): Das Willensthema in den psychotherapeutischen Schulen und Orientierungen – Positionen und Konzepte. Vorwort, Einführung und Diskurs. In: Petzold, H.G. & Sieper, J. (Hg.): Der Wille in der Psychotherapie. Band 1: Tiefenpsychologische und humanistische Verfahren. Göttingen, S. 7–106.

Phillips, D.G. (2009): Clinical Social Work and Psychoanalysis: Introduction to the Special Issue. Clinical Social Work Journal 37, 1–6.

Pieringer, C. & Pieringer, W. (2008): Die Kontroverse zwischen Psychotherapie und Pharmakotherapie. Integrative Therapie. Zeitschrift für vergleichende Psychotherapie und Methodenintegration 34(1/2), 147–158.

Psychotherapeutisches Propädeutikum Graz: Psychotherapie – Eine Definition. URL: http://www.propaedeutikum-graz.at/psy/48-psychotherapie-eine-definition (Stand: 29.11.2009).

Rahm, D. (2004): Gestaltberatung. Grundlagen und Praxis integrativer Beratungsarbeit. 9. Auflage. Paderborn.

Rahm, D.; Otte, H.; Bosse, S. & Ruhe-Hollenbach, H. (1993): Einführung in die Integrative Therapie. Grundlagen und Praxis. Paderborn.

Rauchfleisch, U. (1996): Menschen in psychosozialer Not. Beratung, Betreuung, Psychotherapie. Göttingen/Zürich.

Rauchfleisch, U. (2006): Psychoanalytische Sozialarbeit mit dem bifokalen Behandlungsmodell. Klinische Sozialarbeit. Zeitschrift für psychosoziale Praxis und Forschung 2(3), 4–7.

Richmond, M.E. (1917): Social Diagnosis. New York.

Richmond, M.E. (1922): What is Social Case Work. New York.

Richter, M. & Hurrelmann, K. (2007): Warum die gesellschaftlichen Verhältnisse krank machen. Aus Politik und Zeitgeschichte (APuZ) 42, 3–10.

Richter, M. & Hurrelmann, K. (2009): Gesundheitliche Ungleichheit: Ausgangsfragen und Herausforderungen. In: Richter, M. & Hurrelmann, K. (Hg.): Gesundheitliche Ungleichheit. Grundlagen, Probleme, Perspektiven. 2., aktualisierte Auflage. Wiesbaden, S. 13–33.

Roberts, R.W. & Nee, R.H. (1982): Konzepte der Sozialen Einzelhilfe. Stand der Entwicklung. Neue Anwendungsformen. 3. Auflage. Freiburg im Breisgau.

Röhrle, B. & Laireiter, A.-R. (Hg.) (2009a): Soziale Unterstützung und Psychotherapie. Tübingen.
Röhrle, B. & Laireiter, A.-R. (2009b): Soziale Unterstützung und Psychotherapie. Zwei eng vernetzte Forschungsfelder. In: Röhrle, B. & Laireiter, A.-R. (Hg.): Soziale Unterstützung und Psychotherapie. Tübingen, S. 12–46.
Saleeby, D. (Hg.) (2008): The Strengths Perspective in Social Work Practice. 5. Aufl. New York.
Salomon, A. (1926): Soziale Diagnose. Berlin.
Schaub, H.-A. (2008): Klinische Sozialarbeit. Ausgewählte Theorien, Methoden und Arbeitsfelder in Praxis und Forschung. Göttingen.
Schay, P.; Dreger, B. & Siegele F. (2006a): Die Wirksamkeit von Supervision für den Patienten – Eine Evaluationsstudie zur Wirksamkeit von Supervision für das Patientensystem in Einrichtungen der medizinischen Rehabilitation Drogenabhängiger. In: Schay, P. (Hg.): Innovationen in der Drogenhilfe. Beispiele alternativer Finanzierungsmöglichkeit und inhaltlicher Weiterentwicklung. 1. Auflage. Wiesbaden, S. 247–305.
Schay, P.; Petzold, H.G.; Jakob-Krieger, C. & Wagner, M. (2006b): Lauftherapie als übungs- und erlebniszentrierte Behandlungsmethode der Integrativen Therapie in der medizinischen Rehabilitation Drogenabhängiger – Theorie, Praxis, Forschung. In: Petzold, H.G.; Schay, P. & Scheiblich, W. (Hg.): Integrative Suchtarbeit. Innovative Modelle, Praxisstrategien und Evaluation. Wiesbaden, S. 159–204.
Schemmel, H. & Schaller, J. (Hg.) (2003a): Ressourcen. Ein Hand- und Lesebuch zur therapeutischen Arbeit. Tübingen.
Schemmel, H. & Schaller, J. (2003b): Ressourcen: Ausgangspunkte. In: Schemmel, H. & Schaller, J. (Hg.): Ressourcen. Ein Hand- und Lesebuch zur therapeutischen Arbeit. Tübingen, S. 9–23.
Schlippe, A. von & Schweitzer, J. (1996): Lehrbuch der systemischen Therapie und Beratung. Göttingen.
Schulte, D. (1996): Therapieplanung. Göttingen.
Sekot, C. & Jacobi, F. (2001): Inhalte und Methoden einer evidenzbasierten Qualitätssicherung für Psychotherapie und klinische Psychologie. In: Zeitschrift für Integrative Therapie 27(1/2), 29–62.
Senf, W. & Broda, M. (2007): Praxis der Psychotherapie. Ein integratives Fachbuch. 4., aktualisierte Auflage. Stuttgart/New York.
Senftleben, H.U. (unter Mitarbeit von Ruff, H.-J. und Schmidt, U.) (1988): Klinische Sozialarbeit. Eine empirische Untersuchung in hessischen Krankenhäusern des somatischen Versorgungsbereichs. Niedernhausen.
Senftleben, H.U. (2001): Gesundheitswesen, Krankenhaussozialarbeit und »Clinical Social Work«. ForumSOZIAL 2, 18–22.
Smalley, R.E. (1982): Die funktionelle Methode als Grundlage der Sozialen Einzelhilfe-Praxis. In: Roberts, R.W. & Nee, R.H. (Hg.): Konzepte der Sozialen Einzelhilfe. Stand der Entwicklung. Neue Anwendungsformen. 3. Auflage. Freiburg im Breisgau, S. 91–144.
Sonntag, D.; Bauer, C. & Hellwich, A.K. (2005): Deutsche Suchthilfestatistik 2004 für ambulante Einrichtungen. In: Sucht 51(2), 6–38.
Sonntag, D.; Bauer, C. & Hellwich, A.K. (2006): Deutsche Suchthilfestatistik 2005 für ambulante Einrichtungen. In: Sucht 52(1), 7–43.
Sonntag, D.; Bauer, C. & Hellwich, A.K. (2007): Deutsche Suchthilfestatistik 2006 für ambulante Einrichtungen. In: Sucht 53(1), 7–41.
Staub-Bernasconi, S. (1994): Soziale Probleme – Soziale Berufe – Soziale Praxis. In: Heiner, M.; Meihold, M.; Spiegel, H. von & Staub-Bernasconi, S. (Hg.): Methodisches Handeln in der Sozialen Arbeit. Freiburg im Breisgau, S. 11–137.

Staub-Bernasconi, S. (2005): Soziale Arbeit und soziale Probleme. Eine disziplin- und professionsbezogene Bestimmung. In: Thole, W. (Hg.): Grundriss Soziale Arbeit. Ein einführendes Handbuch. 2., überarbeitete und aktualisierte Auflage. Wiesbaden, S. 245–258.

Stimmer, F. (Hg.) (2000): Lexikon der Sozialpädagogik und der Sozialarbeit. 4., völlig überarbeitete und erweiterte Auflage. München/Wien.

Stock, C. (2002): Die neue »Vereinbarung Abhängigkeitserkrankungen« und das Psychotherapeutengesetz – Auswirkungen auf die berufliche Tätigkeit als Behandler von Abhängigkeitskranken. SUCHT. Zeitschrift der Hauptstelle gegen die Suchtgefahren und der Deutschen Gesellschaft für Suchtforschung und Suchttherapie 1, 50–55.

Strauß, B.; Barnow, S.; Brähler, E.; Fegert, J.; Fliegel, S.; Freyberger, H.J.; Goldbeck, L.; Leuzinger-Bohleber, M. & Willutzk, U. (2009): Forschungsgutachten zur Ausbildung von Psychologischen PsychotherapeutInnen und Kinder- und JugendlichenpsychotherapeutInnen. Im Auftrag des Bundesministeriums für Gesundheit. Berlin.

Strotzka, H. (1965): Einführung in die Sozialpsychiatrie. Reinbek bei Hamburg.

Strotzka, H. (1975): Psychotherapie. Grundlagen, Verfahren, Indikation. München.

Strotzka, H. (1982): Psychotherapie und Tiefenpsychologie. Ein Kurzlehrbuch. Wien/New York.

Strupp, H. & Hadley, S.W. (1979): Specific versus non-specific factors in psychotherapy. A controlled study of outcome. Archives of General Psychiatry 36, 1125–1136.

Stumm, G. & Pritz, A. (Hg.) (2009): Wörterbuch der Psychotherapie. 2. Auflage. Wien.

Swenson, C.R. (1995): Clinical social work. In: Encyclopedia of Social Work. 19. Aufl. Band 1. Washington D.C., S. 502–512.

Textor, M. (1984): Schulen der Familientherapie. In: Textor, M. (Hg.): Das Buch der Familientherapie. Sechs Schulen in Theorie und Praxis. Eschborn, S. 1–39.

The Epigenome Network of Excellence (Das Epigenom-Exzellenznetz): Was ist Epigenetik? URL: http://epigenome.eu/de/1,1,0 (Stand: 02.01.2010).

Thiersch, H. (1978): Zum Verhältnis von Sozialarbeit und Therapie. Neue Praxis 8, 6–24.

Thiersch, H. (2006): Die Erfahrung der Wirklichkeit. Perspektiven einer alltagsorientierten Sozialpädagogik. 2., ergänzte Auflage. Weinheim/München.

Thiersch, H. (2009): Lebensweltorientierte Soziale Arbeit. Aufgaben der Praxis im sozialen Wandel. 7. Auflage. Weinheim/München.

Thole, W. (Hg.) (2005): Grundriss Soziale Arbeit. Ein einführendes Handbuch. 2., überarbeitete und aktualisierte Auflage. Wiesbaden.

Thomas, E.J. (1982): Verhaltensänderung und Soziale Einzelhilfe. In: Roberts, R.W. & Nee, R.H. (Hg.): Konzepte der Sozialen Einzelhilfe. Stand der Entwicklung. Neue Anwendungsformen. 3. Auflage. Freiburg im Breisgau, S. 199–236.

Thomas, E.J & Vinter, R.D. (1967): The Socio-behavioral approach and applications to social work. Ann Arbor.

Tölle, R. & Windgassen, K. (2009): Psychiatrie einschließlich Psychotherapie. 15., erweiterte und zum Teil neuverfasste Auflage. Kinder- und jugendpsychiatrische Bearbeitung von Lempp, R. und du Bois, R. Heidelberg.

Tress, W. (1987): Seelische Widerstandskraft trotz schwerer Kinderjahre. Sozialpädiatrie 9(9), 606–612.

Trost, M. (2001): Clinical Social Work – keine Hilfe für die Praxis. ForumSOZIAL 2, 10–11.

Tscheulin, D. (1992): Wirkfaktoren psychotherapeutischer Intervention. Göttingen.

Tschuschke, V. (2009a): Wirkfaktoren, spezische. In: Stumm, G. & Pritz, A. (Hg.): Wörterbuch der Psychotherapie. 2. Auflage. Wien, S. 783–784.

Tschuschke, V. (2009b): Wirkfaktoren, unspezische. In: Stumm, G. & Pritz, A. (Hg.): Wörterbuch der Psychotherapie. 2. Auflage. Wien, S. 784–785.

Turner, F.J. (1978): Psychosocial Therapy. New York/London.
Turner, F.J. (1979): Psychosocial Therapy. In: Turner, F.J. (Hg.): Social Work treatment. Interlooking theoretical approaches. 2. Aufl. New York/London, S. 69–90.
Uexküll, T. von (Hg.) (unter Mitarbeit von Adler, R.; Herrmann, J.M.; Köhle, K.; Schonecke, O. & Wesiack, W.) (1979): Lehrbuch der Psychosomatischen Medizin. München/Wien/Baltimore.
Vereinbarung »Abhängigkeitserkrankungen« vom 04.05.2001. URL: http://www.dhs.de/makeit/cms/cms_upload/dhs/vereinbarung.pdf (Stand: 28.10.2009).
Verein für psychoanalytische Sozialarbeit Zürich (2009): Psychoanalytische Sozialarbeit. URL: http://www.vpsz.ch/index.php?menuid=12 (Stand: 29.10.2009).
Viehauser, R. (2009a): Gestalttherapie. URL: http://people.fh-landshut.de/~rviehh/Download_students/LV-SS09/Klinische%20Sozialarbeit%20-%20Verfahren%20und%20Anwendungen/KlinSA5-Gestalttherapie.pdf (Stand: 22.11.2009).
Viehauser, R. (2009b): Klientenzentrierte Gesprächpsychotherapie. Weiterentwicklungen – Anwendungen – Bewertungen – Bedeutung für die KlinSA. URL: http://people.fh-landshut.de/~rviehh/Download_students/LV-SS09/Klinische%20Sozialarbeit%20-%20Verfahren%20und%20Anwendungen/KlinSA4-Klientenzentrierte%20Therapie-We iterentwicklung.pdf (Stand: 22.11.2009).
Viehauser, R. (2009c): Klinische Sozialarbeit. Verfahren und Anwendungen. Einführung »Humanistischer Ansatz«. URL: http://people.fh-landshut.de/~rviehh/Download_students/LV-SS09/Klinische%20Sozialarbeit%20-%20Verfahren%20und%20Anwendungen/KlinSA1-Humanistischer%20Ansatz.pdf (Stand: 14.11.2009).
Viehauser, R. (2009d): Verhaltenstherapie. Grundlagen. URL: http://people.fh-landshut.de/~rviehh/Download_students/LV-SS09/Klinische%20Sozialarbeit%20-%20Verfahren%20und%20Anwendungen/KlinSA6-Verhaltenstherapie-Grundlagen.pdf (Stand: 22.11.2009).
Wagner, R.F. & Becker, P. (Hg.) (1999): Allgemeine Psychotherapie. Neue Ansätze zu einer Integration psychotherapeutischer Schulen. Göttingen/Bern/Toronto/Seattle.
Waldfogel, D. & Rosenblatt, A. (1983): Handbook of clinical social work. San Francisco.
Wendt, W.R. (1998): Behandeln können. Klinische Kompetenzen in Praxisfeldern Sozialer Arbeit. In: Blätter der Wohlfahrtspflege. Deutsche Zeitschrift für Sozialarbeit 9/10, 173–175.
Wensierski, H.-J. von & Jakob, G. (1997): Rekonstruktive Sozialpädagogik. Sozialwissenschaftliche Hermeneutik, Fallverstehen und sozialpädagogisches Handeln. In: Jakob, G. & Wensierski, H.-J. (Hg.): Rekonstruktive Sozialpädagogik. Konzepte und Methoden sozialpädagogischen Verstehens in der Forschung und Praxis. Weinheim/München, S. 7–22.
Werner, E.E. & Smith, R.S. (1998): Vulnerable, but invincible: a longitudinal study of resilient children and youth. New York.
Willutzki, U. (2003): Ressourcen: Einige Bemerkungen zur Begriffserklärung. In: Schemmel, H. & Schaller, J. (Hg.): Ressourcen. Ein Hand- und Lesebuch zur therapeutischen Arbeit. Tübingen, S. 91–109.
Wissenschaftlicher Beirat Psychotherapie (2002): Gutachten zum Nachtrag zur Gesprächspsychotherapie. URL: http://www.wbpsychotherapie.de/page.asp?his=0.1.17.57.59 (Stand: 29.11.2009).
Wissenschaftlicher Beirat Psychotherapie (2008a): Glossar zu wiederkehrenden Begriffen im Zusammenhang mit den Stellungnahmen des Wissenschaftlichen Beirats Psychotherapie. URL: http://www.wbpsychotherapie.de/page.asp?his=0.1.16 (Stand: 29.11.2009).
Wissenschaftlicher Beirat Psychotherapie (2008b): Gutachten zur wissenschaftlichen Anerkennung der Systemischen Therapie. URL: http://www.wbpsychotherapie.de/downloads/GutachtenSystemischeTherapie20081214–1.pdf (Stand: 29.11.2009).

Woods, M. E. & Hollis, F. (2000): Casework. A Psychosocial Therapy. 5. Aufl. Boston.
World Council for Psychotherapy: http://www.worldpsyche.org (Stand: 02.01.2010).
World Health Organization (WHO), Regionalbüro für Europa (2004): Soziale Determinanten von Gesundheit. Die Fakten. 2. Auflage. Kopenhagen.
World Health Organization (WHO), Regionalbüro für Europa (2006): Ottawa-Charta zur Gesundheitsförderung. Stand: 01.04. 2006. URL: http://www.euro.who.int/AboutWHO/Policy/20010827_2?language=German (Stand: 12.12.2009).
World Health Organization (WHO) (1997): Jakarta Declaration on Leading Health Promotion into the 21st Century. URL: http://www.who.int/healthpromotion/conferences/previous/jakarta/declaration/en (Stand: 10.12.2009).
World Health Organization (WHO) (2001): The WORLD HEALTH REPORT 2001. Mental Health: New Understanding, New Hope. URL: www.who.int/entity/whr/2001/en/whr01_en.pdf (Stand: 28.11.2009).
Wright, M. T. (2008): Klinische Sozialarbeit: Auf dem richtigen Weg? In: Orthmann, K. & Röh, D. (Hg.): Klinische Sozialarbeit. Konzepte – Praxis – Perspektiven. Freiburg im Breisgau, S. 223–239.
Wronsky, S. & Kronfeld, A. (1932): Sozialtherapie und Psychotherapie. Berlin.
Zentralstelle für Klinische Sozialarbeit: Anerkennung als Fachsozialarbeiter/in für Klinische Sozialarbeit (ZKS). URL: http://www.klinische-sozialarbeit.de (Stand: 12.12.2009).
Zurhorst, G. (2006a): Profil der Sozialberufe bei der Zulassung zur staatlich anerkannten Ausbildung in Kinder- undJugendlichenpsychotherapie. Klinische Sozialarbeit. Zeitschrift für psychosoziale Praxis und Forschung 2(3), 10–12.
Zurhorst, G. (2006b): Zum Verhältnis von Klinischer Sozialarbeit und Psychotherapie. Die aktuelle Debatte um die Zulassung von Sozialberufen zur Kinder- und Jugendlichenpsychotherapie (KJP). In: Klinische Sozialarbeit. Zeitschrift für psychosoziale Praxis und Forschung (Online Sonderausgabe) 2, 24–38. URL: http://eccsw.de/download/klinsa_special_2006.pdf (Stand: 28.10.2009).

Psychosozial-Verlag

Bernd Ahrbeck (Hg.)

Von allen guten Geistern verlassen?

Aggressivität in der Adoleszenz

2010 · 238 Seiten · Broschur
ISBN 978-3-89806-620-4

Aggressivität und Gewalttätigkeit von Jugendlichen sind zentrale Gegenwartsprobleme. Wer die Lebensphase der Adoleszenz umfassend verstehen will, muss sich dem Faktum stellen, dass in diesem Lebensabschnitt ein ungewöhnlich hohes Maß an Aggressivität aktiviert wird: sowohl gegen die Außenwelt als auch gegen die eigene Person. Das vorliegende Buch trägt dieser Tatsache Rechnung, indem es die Ausdrucksformen adoleszenter Aggressivität analysiert und ihre spezielle Psychodynamik in Fallstudien betrachtet. Der Austausch von deutschen und französischen Autorinnen und Autoren eröffnet neue, bisher wenig bekannte Sichtweisen und ermöglicht neue Perspektiven in der Fachdiskussion.

Jürgen Körner, Burkhard Müller (Hg.)

Schuldbewusstsein und reale Schuld

2010 · 283 Seiten · Broschur
ISBN 978-3-8379-2030-7

Der Band führt interdisziplinär in ein Thema ein, das vielen Praktikern in Pädagogik und Therapie, aber auch Jugendgerichtsbarkeit oder Seelsorge auf den Nägeln brennt. Beim Umgang mit jugendlichen Gewalttätern, die lebensgeschichtlich zugleich Opfer sind, aber weder als solche behandelt werden können noch wollen, stellen sich Fragen wie: Welchen Umgang mit Schuld erwarten wir von ihnen? Was könnte unsere Aufgabe bei der »Verarbeitung« von Schuld sein? Die Beiträge zeigen, warum die Pädagogik bei diesen Fragen über den eigenen Tellerrand blicken und die Auseinandersetzung mit Juristen, Therapeuten, Theologen und dem politischen Zeitgeschehen führen muss.

Walltorstr. 10 · 35390 Gießen · Tel. 0641-969978-18 · Fax 0641-969978-19
bestellung@psychosozial-verlag.de · www.psychosozial-verlag.de